体育与健康

陈 刚 陈 虹 黄德明 主 编
张 鑫 谢爱林 副主编

北京体育大学出版社

策划编辑：李志诚　孙思学
责任编辑：李志诚
责任校对：仝杨杨
版式设计：水分子

图书在版编目（CIP）数据

体育与健康 / 陈刚，陈虹，黄德明主编．— 北京：北京体育大学出版社，2023.8（2025.8 重印）
ISBN 978-7-5644-3842-5

Ⅰ．①体…　Ⅱ．①陈…　②陈…　③黄…　Ⅲ．①体育—教材②健康教育—教材　Ⅳ．① G807.4 ② G479

中国国家版本馆 CIP 数据核字（2023）第 100346 号

体育与健康　　陈　刚　陈　虹　黄德明　主　编
TIYU YU JIANKANG

出版发行：北京体育大学出版社
地　　址：北京市海淀区农大南路 1 号院 2 号楼 2 层办公 B-212
邮　　编：100084
网　　址：http：//cbs.bsu.edu.cn
发 行 部：010-62989320
邮 购 部：北京体育大学出版社读者服务部 010-62989432
印　　刷：三河市龙大印装有限公司
开　　本：787mm × 1092mm　1/16
成品尺寸：185mm × 260mm
印　　张：16.75
字　　数：380 千字
版　　次：2023 年 8 月第 1 版
印　　次：2025 年 8 月第 3 次印刷
定　　价：49.80 元

Preface 前言

党的二十大报告从全面建设社会主义现代化国家和全面推进中华民族伟大复兴的战略全局的高度，首次对教育、科技、人才作出一体化部署，强调要加快建设教育强国、人才强国，办好人民满意的教育，落实立德树人根本任务，培养德智体美劳全面发展的社会主义建设者和接班人。

学校体育是我国教育事业的重要组成部分，是培养新时代全面发展的高素质人才的重要手段，是实现高素质人才培养目标不可缺少的一个方面，是学生树立终身体育意识和养成良好的体育运动习惯的重要途径。新时代，学校体育工作必须以党的二十大精神为指引，以《全国普通高等学校体育课程教学指导纲要》《国家学生体质健康标准（2014 年修订）》等文件为指导，坚持学校体育高质量发展目标，突出学生主体、健康主题、体育课程思政教育主题，将“素质教育”“健康第一”“终身体育”的理念贯穿始终。本教材坚持基础性、实践性、专业性和发展性的有机统一，具有理念先进、内容丰富、形式新颖等特点，满足新时代学校体育工作高质量发展的需求。

本教材由陈刚、陈虹、黄德明担任主编，张鑫、谢爱林担任副主编。本教材按项目、任务的形式进行编排，分3篇，共有15个项目，其中项目一（健康概述）、项目二（营养与人的健康）、项目三（体育运动与人的健康）三个项目由陈刚编写；项目四（科学体育锻炼）、项目六（运动安全）、项目七（体质的测试与评价）、项目八（田径运动）四个项目由陈虹编写；项目五（发展运动能力）、项目十（游泳运动）、项目十一（艺术体育运动）、项目十五（特定专项运动）四个项目由黄德明编写；项目九（球类运动）由张鑫老师编写；项目十二（武术搏击类运动）、项目十三（传统养生功法）、项目十四（时尚休闲运动）三个项目由谢爱林老师编写。

在编写过程中，编者参考和借鉴了大量的文献资料，并得到了有关专家的指导和大力支持，在此表示衷心的感谢。

由于编者水平有限，不妥之处在所难免，恳请广大师生批评指正，以便今后修订和完善。

编者

2023年8月

Contents

目录

健康基础知识篇

体育锻炼常识篇

体育技能方法篇

健康基础知识篇

项目一 健康概述

任务一　健康

一、健康的概念

健康是人类的基本权利和幸福的源泉。随着社会经济和文化的发展，健康模式由“生物健康模式”转变为“生物—心理—社会健康模式”，人们对健康的认识也不断完善，逐渐从“无病即健康”到健康是“生理、心理、社会适应和道德品质的良好状态”，形成了对健康较为全面、科学、完整、系统的定义。对健康的追求也从仅关注疾病的治疗转变到疾病的预防和健康的全面教育。现代健康的含义并不仅是传统所指的身体没有病而已，根据世界卫生组织的解释，健康不仅指一个人身体没有出现疾病或虚弱现象，而是指一个人生理上、心理上和社会上的完好状态。这就是现代关于健康的较为完整的科学定义。

二、健康的基石与标准

世界卫生组织在健康定义的基础上，提出了维护健康的四大基石和衡量健康的十大标准。

维护健康的四大基石：平衡饮食、适量运动、戒烟限酒、心理健康。

衡量健康的十大标准：①精力充沛，从容不迫地应对日常生活琐事和繁重工作而不感到过分紧张、劳累。②处事乐观，态度积极，乐于承担责任，事无大小，不挑剔。③善于休息，睡眠好。④应变能力强，能适应外界的各种环境变化。⑤能抵抗一般疾病，如感冒。⑥体重适当，体形匀称，站立时，头、肩、臀位置协调。⑦眼睛明亮，反应敏捷，眼睑不发炎。⑧牙齿清洁，无龋齿，无疼痛，牙龈颜色正常，无出血现象。⑨头发有光泽，无头屑。⑩肌肉丰满，皮肤有弹性。

任务二　亚健康

一、亚健康的概念

2017年,《老年医学名词》指出，亚健康是指人在身体、心理和社会环境等方面表现出的不适应，介乎健康与疾病之间的临界状态。亚健康已经成为21世纪人类医学的重大命题。亚健康状态下大学生会出现身体不适、学习效率低下、承受压力的能力较差等现象。

二、亚健康状态的表现及原因

亚健康状态是指人体处于非病非健康、有可能趋向疾病的状态。亚健康状态临床表现多种多样。其中，躯体方面可表现为疲乏无力、肌肉及关节酸痛、头昏头痛、心悸胸闷、睡眠紊乱、食欲不振、脘腹不适、便溏便秘、性功能减退、怕冷怕热、易于感冒、眼部干涩等；心理方面可表现为情绪低落、心烦意乱、焦躁不安、急躁易怒、恐惧胆怯、记忆力下降、注意力不能集中、精力不足、反应迟钝等；社会交往方面可表现为不能较好地承担相应的社会角色，工作、学习困难，不能正常地处理好人际关系、家庭关系，难以进行正常的社会交往等。

导致亚健康状态的主要原因包括饮食不合理、作息不规律、睡眠不足、精神紧张、心理压力大、长期不良情绪等。

三、亚健康状态的测评方法与诊断标准

国内外针对亚健康状态的测评方法主要有5类，分别为体质测量法、血液生化检测法、健康评估法、症状标准评价法和问卷评定量表法，在此不做详细介绍。目前，我国医学界普遍接受的亚健康状态诊断参考标准如下：

（1）持续 3 个月以上反复出现不适状态或适应能力显著减退，但能维持正常工作。

（2）无重大器官器质性疾病及精神心理疾病。

（3）尽管有明确的非重大器官器质性疾病或精神心理疾病诊断，但无须用药维持，且与目前不适状态或适应能力的减退无因果关系。

四、预防或摆脱亚健康状态的方法

亚健康状态属于非疾病状态，要摆脱它，主要是靠自己主动自觉地预防，通过均衡营养、保障睡眠、善待压力、培养兴趣、参加户外活动等进行自身生活规律的调节。

任务三　健康教育与健康促进

一、健康教育

健康教育是以传播、教育、干预为手段，以帮助个体和群体改变不健康行为并建立健康行为为目标，以促进健康为目的所进行的系列活动及其过程的总称。健康教育的重点是人，健康教育以评估人的需求为前提。健康教育的目标是鼓励大众养成健康的生活方式，合理地利用现有卫生服务，改善生活环境，提高生活质量。健康教育的任务包括疾病的预防控制，帮助患者更好地治疗和康复，帮助普通人群主动提高健康水平。

二、健康促进

世界卫生组织对健康促进的定义是："健康促进是促使人们维护和提高自身健康的全过程，是协调人类与环境的战略，它规定了个人与社会对健康各自所负的责任。"1995年，世界卫生组织西太平洋地区办事处发表《健康新视野》，提出，健康促进指个人与其家庭、社区和国家一起采取措施，鼓励健康的行为，以增强人们改进和处理自身健康问题的能力。在这个定义中，健康促进是旨在改进健康相关行为的活动。

由此可知，人们对健康促进存在着广义和狭义的理解。从社会发展层面（包括经济生产力、文化等）和社会医学的角度将健康促进视为改变影响健康的社会决定性因素、增进健康的总体战略，这是广义的健康促进。它主要由国家和政府主导，负责总体顶层设计与策划，调动、协调各方各类资源，统筹规划，全面推进。狭义的健康促进是把健康促进本身看作公共健康领域的一项具体工作策略，主要由卫生体系人员操作。不管是广义的健康促进还是狭义的健康促进，均能发挥各自的重要作用。它们的根本目标都是维护公众健康，但就我国当前情况而言，广义的健康促进更需要被高度关注和大力推进。

思政课堂

党的二十大报告提出："人民健康是民族昌盛和国家强盛的重要标志。把保障人民健康放在优先发展的战略位置，完善人民健康促进政策。"

项目二
营养与人的健康

任务一　人体必需的营养素

营养素是人体从食物中摄取的用于维持正常生长发育、新陈代谢所必需的物质。目前已知的人体所必需的营养素有40多种，按其化学组成和生理作用可分为蛋白质、脂类、碳水化合物、矿物质、维生素、膳食纤维和水七大类。

一、蛋白质

机体组织细胞成分主要为蛋白质，体液中也含蛋白质。蛋白质的营养作用在于它富含各种氨基酸。组成蛋白质的氨基酸有 20 种，其中有多种氨基酸不能在人和动物体内合成，必须从食物中获得，这些氨基酸被称为必需氨基酸。对成人而言，必需氨基酸有8种，即甲硫氨酸、赖氨酸、色氨酸、苏氨酸、缬氨酸、苯丙氨酸、亮氨酸和异亮氨酸。除必需氨基酸以外的其他氨基酸，因为都能在机体内合成，被称为非必需氨基酸。不同蛋白质所含的氨基酸的种类与数量是不同的。有的蛋白质缺少某种必需氨基酸，如明胶蛋白不含色氨酸，玉米胶蛋白不含赖氨酸。因此，评价一种食物蛋白质的营养价值的高低，主要依据是其所含的各种必需氨基酸数量是否能满足机体的需要。当必需氨基酸含量不足时，机体就不能有效地合成蛋白质，非必需氨基酸只能经脱氨代谢，生成糖（糖原异生）和作为燃料供给热能。由此可知，食物中蛋白质所含氨基酸种类与数量是决定其营养价值的关键。

二、脂类

脂类又称脂质，包括脂肪和类脂。脂肪通常是由甘油和脂肪酸结合形成的三酰甘油。类脂是一类性质类似于油脂的物质，包括磷脂、糖脂、脂蛋白、固醇类等。固醇类主要包括胆固醇、维生素 D、雄激素、雌激素和孕激素等。日常膳食中的脂类通常统称为脂肪，主要是中性脂肪，类脂仅占少数。人体中的脂类，按生理功能不同可分为两大类：一类是作为身体基本组织的，如磷脂、胆固醇、脑苷脂等，在体内含量相对稳定；另一类称为动脂，是体内能量储存的主要形式，含量变动较大。如果人体长期摄入过多的热量，多余的热量会以脂肪的形式储存起来，即可导致肥胖，长期饥饿则会使人消瘦。

三、碳水化合物

碳水化合物又称糖类，是由碳、氢、氧三种元素组合而成的一类化合物，包括单糖、双糖和多糖。食物中的糖类，除一些不能被消化吸收的如低聚糖、膳食纤维等以外，其他的都在消化道中被分解为单糖，主要是葡萄糖，被吸收后进入血液成为血糖。血糖随血液循环被转运到组织中供细胞利用。血糖是人体内最主要也是最佳的能源物质。人体的有些组织如大脑基本上完全靠血糖供应能量。糖类在体内主要以糖原的形式储存，其中绝大多数储存在肌肉中，其次储存在肝脏中。人体储存糖类的能力有限，体内糖原和血糖的总量不到体重的1%。人体内血糖的浓度通常保持在一定的范围内。当摄入的糖过多时，多余的糖会转化为脂肪储备起来。当血糖降低时，体内的脂肪和蛋白质可转化为葡萄糖。当血糖降低时，大脑将出现供能不足，表现为头晕、心悸、出冷汗及饥饿感等；当血糖过低时，可能出现低血糖休克。

四、矿物质

矿物质又称无机盐。人体中所含的元素，除碳、氢、氧、氮主要以有机化合物的形式存在外，其余各种元素多以无机盐的形式存在。根据体内含量的多少，矿物质被分成两大类：含量较高的元素，如钙、镁、钾、钠、磷、硫和氯7种称为常量元素。其他元素含量极少，目前技术水平可检出的有70余种，其中铁、铜、锌、锰、钴、铬、钼、钒、氟、锡、镍、硒、碘和硅14种元素已被确认为对健康有益，是人体所必需的微量元素。矿物质在人体内不能合成，只能通过食物来补充。矿物质在体内代谢过程中也不会消失，只能排出体外。大多数矿物质在食物中分布很广，人体一般通过正常饮食即可得到满足。人体比较容易缺乏的矿物质是铁、钙、碘、锌和硒，其中中国居民普遍缺乏或摄入不足的是铁和钙，而易摄入过多的是钠。

五、维生素

维生素是维持人体正常生理功能所必需的一类有机化合物。它们具有以下特点：在天然食物中存在，或存在其前体，即维生素原，但没有一种天然食物含有人体所需的全部维生素；在体内不能合成（维生素D除外），必须由食物不断供给；参与维持机体正常的生理功能，需要量极少，但是必不可少；在体内既不参与构成细胞和组织，也不提供能量。目前，已知的维生素通常分成脂溶性维生素和水溶性维生素两大类。脂溶性维生素包括维生素A、维生素D、维生素E和维生素K，其他的为水溶性维生素。脂溶性维生素随脂肪一起被吸收，可大量滞留在体内，过量时将导致中毒。水溶性维生素随水一起被吸收，体内多余的则随尿液一起排出，因此在体内储备量很小，必须每天补充。每种维生素都具有特殊的生理功能。

六、膳食纤维

膳食纤维是一类不能被人类消化吸收的多糖类物质，如纤维素、半纤 维素、木质素和果胶、藻类多糖等。膳食纤维的生理作用主要表现在以下几个方面：降低血浆中的胆固醇；降低餐后血糖升高的幅度；改善大肠的功能，预防便秘，加快有毒物质的排出；改善大肠中的代谢，减少毒素和致癌物质的产生。过多地摄入膳食纤维也会引起一些副作用，如引起腹部不适，影响人体对蛋白质、矿物质、维生素的吸收等。

七、水

水是生命的起源。它不仅仅是我们赖以生存的战略资源，也是人体主要的组成成分。水作为人体营养素，对于机体具有以下作用：细胞和体液的组成；调节体温；参与体内物质的代谢。

任务二　平衡膳食

膳食指南是根据营养科学原则和人体营养需要，结合当地食物生产供应情况及人群生活实践，由政府或权威机构研究并提出的食物选择和身体活动的指导意见。2022年中国营养学会发布的《中国居民膳食指南（2022）》提炼出了平衡膳食八准则。

一、食物多样，合理搭配

（1）坚持采用以谷类为主的平衡膳食模式。

（2）每天的膳食应包括谷薯类、蔬菜水果、畜禽鱼蛋奶和豆类食物。

（3）平均每天摄入12种以上食物，每周25种以上，合理搭配。

（4）每天摄入谷类食物200～300克，其中包含全谷物和杂豆类50～150克；薯类50～100克。

二、吃动平衡，健康体重

（1）各年龄段人群都应天天进行身体活动，保持健康体重。

（2）食不过量，保持能量平衡。

（3）坚持日常身体活动，每周至少进行5天中等强度身体活动，累计150分钟以上；主动身体活动最好每天6000步。

（4）鼓励适当进行高强度有氧运动，加强抗阻运动，每周2～3天。

（5）减少久坐时间，每小时起来动一动。

三、多吃蔬果、奶类、全谷、大豆

（1）蔬菜水果、全谷物和奶制品是平衡膳食的重要组成部分。

（2）每餐有蔬菜，保证每天摄入不少于300克的新鲜蔬菜，深色蔬菜应占1/2。

（3）天天吃水果，保证每天摄入200～350克的新鲜水果，果汁不能代替鲜果。

（4）吃各种各样的奶制品，摄入量相当于每天300毫升以上液态奶。

（5）经常吃全谷物、大豆制品，适量吃坚果。

四、适量吃鱼、禽、蛋、瘦肉

（1）鱼、禽、蛋类和瘦肉摄入量应适宜，平均每天120～200克。

（2）每周最好吃鱼2次或300～500克，蛋类300～350克，畜禽肉300～500克。

（3）少吃深加工肉制品。

（4）鸡蛋营养丰富，吃鸡蛋不弃蛋黄。

（5）优先选择鱼，少吃肥肉、烟熏和腌制肉制品。

五、少盐少油，控糖限酒

（1）培养清淡饮食习惯，少吃高盐和油炸食品。成年人每天摄入食盐不超过5克，烹调油25～30克。

（2）控制添加糖的摄入量，每天不超过50克，最好控制在25克以下。

（3）反式脂肪酸每天摄入量不超过2克。

（4）不喝或少喝含糖饮料。

（5）儿童青少年、孕妇、乳母以及慢性病患者不应饮酒。成年人如饮酒，一天饮用的酒精量不超过15克。

六、规律进餐，足量饮水

（1）合理安排一日三餐，定时定量，不漏餐，每天吃早餐。

（2）规律进餐、饮食适度，不暴饮暴食、不偏食挑食、不过度节食。

（3）足量饮水，少量多次。在温和气候条件下，低身体活动水平成年男性每天喝水1700毫升，成年女性每天喝水1500毫升。

（4）推荐喝白水或茶水，少喝或不喝含糖饮料，不用饮料代替白水。

七、会烹会选，会看标签

（1）在生命的各个阶段都应做好健康膳食规划。

（2）认识食物，选择新鲜的、营养素密度高的食物。

（3）学会阅读食品标签，合理选择预包装食品。

（4）学习烹饪、传承传统饮食，享受食物天然美味。

（5）在外就餐，不忘适量与平衡。

八、公筷分餐，杜绝浪费

（1）选择新鲜卫生的食物，不食用野生动物。

（2）食物制备生熟分开，熟食二次加热要热透。

（3）讲究卫生，从分餐公筷做起。

（4）珍惜食物，按需备餐，提倡分餐不浪费。

（5）做可持续食物系统发展的践行者。

任务三　运动与营养

一、运动前的营养

（一）运动前的食物选择

运动前应以高糖类、低脂肪的食物为主，如面包、米饭、面条和水果等，这些食物容易消化，又能提供糖类作为运动时的能量来源。如果运动时间为60～90分钟，可以选择升糖指数较低的食物，如水果、脱脂牛奶、米饭和豆类等，这些食物会被缓慢地消化成糖类，能够长时间地给运动中的肌肉供应糖类。如果运动时间少于60分钟，可以选择高升糖指数的食物，如面包、运动饮料等，这些食物很快会被消化，能够迅速提供糖类。

高纤维的食物因为需要较长时间才能被消化，容易使肠胃不舒服。有些高纤维的食物也富含糖类，如全麦面包、高纤饼干和某些高纤饮料等。如果这些食物使人在运动中感觉不舒服，就应该避免在运动前吃这些食物。

（二）运动前的最佳进食时间

进食的时间因运动时间和食物种类的不同而有所不同，总体原则是摄入的食物可以在运动过程中提供充足的营养和能量，而又不至于在运动过程中引起肠胃不适。

在进行身体震动比较大的运动（如打篮球、跑步等）时，人体对胃内的食物通常比较敏感，即使是摄入少量的食物也可能会感到不舒服，这就需要在开始运动前更早的时间进食，或是减少食物的摄入，以减轻这些症状。在进行身体震动比较小的运动（如骑自行车、游泳等）时，人体一般不会受到胃中食物的影响，在进食的时间和食物的选择上有较大的弹性。

1. 上午8点的运动

运动前一天的晚餐或夜宵必须富含糖类，补充足够的水分。经过一夜后，肝脏中糖原的含量已经降低，而在运动前补充富含糖类的食物可以提高运动能力。在运动前90～120分钟应吃少量的早餐，如面包加果酱或水果，避免食用含高脂肪的食物，如包子、油饼等，它们不容易被消化，会在胃中停留比较长的时间，也无法提供足够的糖类。有时牛奶也会造成一些人的肠胃不适。若是习惯吃丰盛的早餐，就需要在运动前2～3小时进食，这样机体才有足够的时间消化。如果无法早起，在运动前10～30分钟也可以喝运动饮料或吃两片面包补充前一天晚上消耗的体内糖原。

2. 上午10点的运动

运动前一天晚餐必须富含糖类，补充足够的水分。在运动当天早上7点左右吃丰盛而富含糖类的早餐，这样身体就有3个小时的时间来消化这些食物，既补充了糖原，又不会造成肠胃不适，但是要避免吃油腻的食物。

3. 午间12点的运动

运动前一天晚餐必须富含糖类，补充足够的水分。当天吃丰盛且富含糖类的早餐。若是8点吃早餐，在11点左右可以再吃少量的高糖类点心，如面包、果汁或水果等。若是9点吃早餐，运动前10 ~ 30分钟可以再补充一些运动饮料。

4. 午后4点的运动

运动前一天晚餐必须富含糖类，补充足够的水分。当天早上8点吃丰盛的早餐，中午12点吃富含糖类的午餐，下午3点吃少量高糖类的点心。同时，在一天中必须摄入充足的水分，运动前20 ~ 30分钟可以再补充一些运动饮料。

5. 晚间8点的运动

当天吃丰盛而富含糖类的早餐和午餐，下午5点吃丰盛而富含糖类的晚餐，或是下午6点吃少量但是富含糖类的晚餐，避免吃高脂肪的食物，如油炸的食物、肥肉等。运动前20 ~ 30分钟喝200 ~ 300毫升运动饮料或果汁。在一天中都要摄入充足的水分。

二、运动后的营养

（一）糖类的补充

糖原是运动时的主要能量来源之一，存在于肌肉和肝脏中。肌肉中的糖原只能供给肌细胞使用，而肝脏中的糖原能以葡萄糖的形式释放到血液中，供肌肉和身体其他器官使用。体内糖原存量不足以提供运动所需是造成疲劳、运动能力降低、无法持续运动的原因之一。运动后体内的糖原存量显著降低，若是没有及时补充糖原，下次运动时就会受到糖原不足的影响而导致运动水平下降。

研究显示，在运动后的2小时内，身体合成糖原的效率最高，2小时后则恢复到平常的水平，因此在运动后迅速补充糖原，就可以在这一自然的高效率时段迅速地补充体内被消耗的糖原。如果下次运动是在10 ~ 12小时后，这一高效率时段则特别重要。如果错过这个时段，即使身体在后续的时间摄入了足够的富含糖类的食物，也可能没有足够的时间来完全补充消耗掉的糖原，使得体内的糖原存量一次比一次低，运动后身体越来越容易疲劳。若是下一次运动在 24 ~ 48 小时之后，即使错过这一高效率时段，也不要紧，只要着重摄入高糖类的食物，仍然有足够的时间补充消耗掉的糖原。

在运动后15 ~ 30分钟之内进食50 ~ 100克的糖类食物（大约每千克体重需要补充1克糖类），然后每隔2小时摄入50 ~ 100克糖类食物。正餐及其他运动期间的饮食也应该以摄入富含糖类的食物为主。

（二）肌肉和组织的营养恢复

即使是没有身体接触的运动也可能会造成肌纤维和结缔组织损伤，而一些接触性的运动（如篮球、足球等）会造成更多的肌纤维和结缔组织损伤。运动后迅速补充蛋白质有助于修复受伤的肌纤维和结缔组织。由于受伤的肌肉合成和储存糖原的效率会降低，身体接触性运动或者比赛后受伤的运动员需要补充更多的糖类食物，更需要把握运动后2小时的高效率时段，从而有效地补充体内消耗掉的糖原。

思政课堂

北京市全民健身与营养社区行启动

2023年，北京市全民健身与营养社区行首站活动在北京市劲松街道举行，来自辖区的400余名居民参与其中。

本次活动分为全民健身营养知识讲座和国民体质监测两部分。在全民健身营养知识讲座环节，既有专业眼科专家讲解眼睛保健知识，让居民了解爱护眼睛、保护视力的重要性，也有营养专业人士讲解日常肠道养生和科学均衡饮食健康知识，让社区居民通过营养知识的学习，调整自己的膳食习惯。在国民体质监测环节，社区居民可通过相关项目进一步了解自身的肺活量、握力、平衡力、反应力等身体素质指标。社区居民在工作人员的专业指导下逐一完成测试，能够直观地了解自身体态、身体机能、身体素质等，便于日后有针对性地进行科学健身。此外，本次活动还设置了飞盘体验项目以及VR（Virtual Reality，虚拟现实）模拟滑雪、冰蹴球等冰雪项目的体验和比赛。通过体验、比赛和互动相结合的方式，让大家积极参与体育运动，感受体育魅力。

北京市社区体育协会相关负责人表示，本次活动是今年北京市全民健身与营养社区行的首站，坚持以群众为中心的理念，结合当前群众关心、关注的健身健康问题，持续推动群众身边的健身活动的开展，以科学有效的手段助力健康中国建设。本次活动将深入北京城市副中心等地的5个社区，将科学健身方法和营养知识带到群众身边，为大家科学健身保驾护航。

（资料来源：《中国体育报》，2023年4月19日，有删改）

项目三
体育运动与人的健康

任务一　体育运动与生理健康

一、体育运动对运动系统的影响

（一）体育运动对骨骼、关节和韧带的影响

坚持适量体育运动能促进人体血液循环和新陈代谢，确保有充足的营养物质供应给骨骼，从而促进骨细胞生长发育、骨密质增厚。骨小梁的排列根据运动的压力和拉力不同变得更加整齐有规律；骨的表面突起更加明显和粗壮，有利于肌肉和韧带牢固地附在骨骼上。

体育运动能增强关节周围肌肉和韧带的弹性和收缩性，增加关节的“摩擦”，使关节囊增厚。所以，关节显得灵活、敏捷、活动幅度大，韧带收缩性能好。

（二）体育运动对肌肉的影响

在进行体育运动时，肌肉内的毛细血管开放数目要比平时增加25～30倍，血管口径也会扩大，所以肌细胞所得到的营养物质要比平时多25～30倍。充裕的营养物质能促进肌细胞生长发育，肌纤维变粗（力量锻炼使白肌细胞变粗，耐力锻炼使红肌细胞表面积增大，速度锻炼使红、白两种肌纤维都变粗），肌肉表面积增大。体育运动促进肌肉组织的化学成分中的肌糖原、肌球蛋白和肌红蛋白等含量增加，从而增加肌肉收缩力、耐久力和弹性。坚持适量体育运动的人，肌肉丰满、结实有力、匀称、协调和有弹性，要比一般人的肌肉重10%～15%。

二、体育运动对心血管系统的影响

坚持适量的体育运动可改善心血管形态结构，具体表现为：①提高血液、氧气和营养物质的储备能力，大大减少外周血管循环的阻力和心脏工作负荷；②安静时心跳频率较缓慢、有力，一般体育运动时心跳频率增加少，剧烈体育运动时增加多，体育运动后心跳频率恢复快；③加速体内脂肪、糖和蛋白质的分解与代谢，并产生大量的高密度蛋白，既可防止脂肪粥样硬化形成，又可对抗动脉硬化，防止心血管疾病的发生。

三、体育运动对呼吸系统的影响

（1）经常参加体育运动，特别是做一些伸展扩胸运动，可以使呼吸肌力量加强，胸廓扩大，有利于肺组织的生长发育和肺的扩张，使肺活量增加。经常性的深呼吸运动也可以促使肺活量增加。大量实验表明，经常参加体育运动的人，肺活量高于一般人。

（2）体育运动由于加强了呼吸力量，可使呼吸深度增加，有效地提高肺的通气效率。研究表明，一般人在进行体育运动时肺通气量能增加到 60 升 / 分，有体育运动习惯的人运动时肺通气量可达 100 升 / 分及以上。

（3）一般人在进行体育运动时只能利用其最大摄氧量的 60% 左右，而体育运动后，这种能力大大提高。这样，在进行体育运动时即使氧气的需要量增加，也能满足机体的需要，而不至于使机体缺氧。

四、体育运动对神经系统的影响

体育运动促进了人体血液循环、新陈代谢、消化与吸收和气体交换，使大脑氧利用率从25%增加到32%。在营养物质和氧气供应充足的情况下，促进了脑细胞生长发育，大脑的 沟壑数目增加，大脑皮质增厚，从而使大脑表面积扩大，重量增加，大脑形态、结构都得到改善。体育运动项目繁多，内容丰富，动作变化复杂，肌肉活动转换快。在这种变化错综复杂的体育运动中，一方面需要更多的脑细胞参与“工作”，另一方面大脑神经要做出准确、及时和协调的反应与综合处理，从而提高了大脑皮质的兴奋与抑制转换的灵活性和均衡性。

任务二　体育运动与心理健康

一、体育运动有助于改善情绪状态

在繁重的学习压力下，有些大学生经常会产生忧愁、紧张和压抑等情绪，参加体育运动可以转变大学生不愉快的情绪。因为体育运动能够提高人的情绪唤醒水平。情绪唤醒水平是指一个人情绪兴奋的水平，当人达到一定的运动负荷时就会提高情绪唤醒水平，从而精神振奋、乐观自信、充满活力。

二、体育运动有助于培养意志品质

意志品质是指一个人的果断性、坚忍性、自制力，以及勇敢顽强和主动独立等精神。意志品质既是在克服困难的过程中表现出来的，又是在克服困难的过程中培养起来的。在体育运动过程中需要不断地克服各种客观困难（如气候条件的变化、动作的难度和运动损伤等）和主观困难（如惰性、胆怯、畏惧和疲劳等）。大学生坚持参加体育运动可以培养坚强的意志品质，并能够将其迁移到学习、生活和工作中去。

三、体育运动有助于培养人际交往能力

人际交往是指在社会活动中人与人之间进行信息交流和情感沟通的联系过程。人际交往能力是衡量一个人心理健康水平的重要标准。经常参加体育运动有助于培养大学生的人际交往能力。因为很多体育运动项目是集体参与的，参加体育运动的过程就是一个与他人紧密协作和配合的过程。

四、体育运动有助于缓解心理疾病

体育运动被公认为是一种有效的心理治疗方法。学习压力和其他方面的挫折因素导致的焦虑症和抑郁症成为大学生常见的心理疾病，经常参加体育运动可以有效缓解这些心理疾病。

任务三　体育运动与社会适应能力

体育运动对提高人的社会适应能力具有重要的促进作用，这是由体育运动的社会特性所决定的。人在参加体育运动时，既需要交往与合作，又存在相互竞争。这种在体育运动过程中形成的交往、合作和竞争的意识和行为会迁移到日常的生活、学习和工作中。

一、体育运动有助于促进社会交往

体育运动能增加人与人接触和交往的机会，使人忘却烦恼和痛苦，消除孤独感，并逐渐形成与他人交往的习惯。有研究表明，外向性格者比内向性格者的社会交往需求更强烈，这种社会需求可以通过集体性的体育运动得到满足。还有研究表明，个体坚持体育运动的一个重要原因是与他人交往或参与群体活动。个体参与群体活动可增强群体认同感，增加社会化程度。坚持体育运动者要比中途退出者更易与他人建立亲密关系。

由此可见，体育运动能促进人们的社会交往活动，体育运动的社会交往特性又吸引人们参与和坚持体育运动。

二、体育运动有助于增强合作意识

合作能力既是参与体育运动的必备素质，也可以通过体育运动得到提高。参加体育运动，特别是集体性的体育运动，需要与他人通力合作，如百米比赛中参与者和教练员的合作，足球比赛中场上11人的共同合作。这不但能使集体的目标得以实现，而且可以使个人的作用得到充分发挥。

合作是建立在团体成员对团体目标认知的基础上的。在合作的社会情境中，个人所得有助于增加团体所得。合作的优越性体现为个人与他人一起工作时所获得的社会效益，如增加交流、相互信任等。在一些相互依赖的任务（如足球运动、篮球运动等）中合作会使运动变得更有效，因为团体要获得成功，团体成员就必须相互协作、共同努力。

经常参加体育运动，特别是参加集体性的体育运动，有助于增强人们的合作意识，培养人们的团队精神。

三、体育运动有助于形成竞争意识

竞争是指一方为了满足自身的利益和需求而同另一方争胜的行为。在竞争的社会情境中，一方的得益会引起另一方的利益损失，而且个人对个体目标的追求程度高于对集体目标的追求程度。一般而言，在独立性的任务中，竞争具有优越性，因为这样的任务对成员间相互协作的要求不是很高，个体的活动目标不是击败别人，而是指向任务的完成。现代社会竞争日益激烈，努力培养竞争意识和能力，有助于大学生走出校门、走向社会后更好地适应社会。

竞争是体育运动的主要特征之一。在体育运动的过程中，时时刻刻都充斥着竞争，既有对自己运动能力的挑战，也有与他人的争胜；既有人与人之间的竞争，也有团体与团体之间的竞争。

需要注意的是，个体在体育运动中与他人竞争时，要具备良好的体育道德，遵守一定的规则，争胜要靠自己的能力，而不能通过伤害他人或不公平的竞争手段来达到目的，要通过竞争来培养自己积极进取、顽强拼搏的精神。

思政课堂

第一届中国体育运动与健康大会在京召开

2023年5月27日，第一届中国体育运动与健康大会在京召开，国家卫生健康委员会、国家体育总局有关领导出席开幕式并致辞。

国家卫生健康委员会有关领导在讲话中指出，时代的要求和人民的期盼是推动体育和卫生健康两个领域同道相向而行的重要力量，中华预防医学会要与体育系统的同道们一起深入合作，共同探索体医融合的实践路径。

国家体育总局有关领导在致辞中强调，全民健身与全民健康深度融合是建设体育强国的重要途径，希望以本次大会为契机，促进体育与医学领域的跨学科交流，进一步推进体医融合、科技和实践创新，着力突破科学健身、运动损伤与康复等领域的瓶颈问题，推动人民身体素质和健康水平实现跃升。

本次大会以“体医融合，健康运动”为主题，在大会主报告环节，中国工程院院士钟南山以“体医融合健康运动，健康工作50年”为题发表了视频讲话，中国工程院、中国科学院、国家卫生健康委员会、首都体育学院的7名专家分享了精彩的学术报告。

（资料来源：《中国体育报》，2023年5月29日，有删改）

体育锻炼常识篇

项目四
科学体育锻炼

任务一　体育锻炼的基本原则

按照人体发展的基本规律，合理地进行体育锻炼，可以促进人体的生长发育，改善和提高各器官系统的功能，提高身体素质，增强体质。进行体育锻炼时，应遵循以下基本原则。

一、持之以恒原则

持之以恒原则是指体育锻炼必须经常进行，使之成为日常生活的重要内容。体育锻炼会对机体产生刺激，每次刺激都会产生一定的作用痕迹，连续不断地刺激则会使作用痕迹积累。这种积累使机体结构和机能产生新的适应，从而使体质不断增强，动作技能形成的条件反射不断得到强化。因此，体育锻炼贵在坚持，不能妄想在短时间内取得显著效果，必须持之以恒。

二、安全性原则

安全性原则是指体育锻炼时要注意安全，如果体育锻炼安排不合理，违背科学规律，就可能出现伤害事故。为了保证体育锻炼的安全，大学生应做到以下几点：

（1）体育锻炼前要做好充分的准备活动，待各器官系统的机能进入活动状态后，再进行较剧烈的体育锻炼。

（2）体育锻炼要全身心地投入，锻炼过程中不要三心二意。这对于大学生来说尤为重要，因为稍不注意，就可能出现运动损伤。

（3）在进行跑步、健美操等体育锻炼时，最好不要在沥青马路和水泥地面上进行，以防出现各种关节劳损症状。

（4）对于有心血管疾病的大学生来说，在体育锻炼时应注意控制运动量和运动强度。有时虽然自我感觉较好，但身体并不一定能承受较大的运动量和运动强度，如果盲目地增加运动量或运动强度，就很容易出现意外事故。

三、循序渐进原则

循序渐进原则是指体育锻炼必须遵循人体自然发展、机体适应的基本规律，从不同的主、客观实际出发，合理安排运动负荷，循序渐进地提高锻炼水平。在体育锻炼过程中，运动负荷的大小会直接影响人体机能的变化，运动负荷是否适宜，影响锻炼效果的好坏。运动负荷的大小因人、因时而异。即便是同一个人，在不同的身体机能状态下，在不同的时间里，对运动负荷的承受能力也不尽相同。因此，大学生在进行体育锻炼时应根据个体情况，随时调整运动负荷，循序渐进地提高锻炼水平。

四、全面性原则

全面性原则是指体育锻炼必须追求身心全面和谐发展，使身体形态、身体机能、身体素质及心理素质等得到全面协调的发展。人体是由各局部构成的一个整体，各局部均按“用进废退”的规律发展，体育锻炼能促进新陈代谢水平的提高，使身体各系统、组织、器官和谐发展，使身体机能相对完善。

任务二　体育锻炼的方式

大学生应根据自身的体能条件、健身目标选择不同的体育锻炼方式。

（1）有氧运动是指人体在氧气供应充足的条件下，持续运动10分钟以上，全身主要肌肉群参与并使心率加快的节律性周期运动。有氧运动是目前最受欢迎的体育锻炼方式。健步走、慢跑、骑自行车、游泳、登山、爬楼梯等都属于有氧运动。开始健身时，大学生应把有氧运动作为基本的体育锻炼方式，全面提高身体机能，改善心肺功能，减脂，调节血压，预防常见的慢性疾病，改善情绪。

（2）力量训练是指人体克服阻力、增强肌肉力量的运动方式。力量训练包括徒手力量训练和器械力量训练。力量训练可以增强肌肉力量，增大肌肉体积，发展肌肉耐力，促进骨骼发育和骨健康。

（3）牵拉练习包括静态拉伸练习和动态拉伸练习。各种拉伸练习可以增加关节的活动幅度，提高运动技能，减少运动损伤。

（4）球类运动的趣味性和竞技性强，深受大学生喜爱。球类运动需要参与者具有一定的专项技术，并以良好的身体素质为基础。大学生经常参加球类运动可以增强心肺功能和肌肉力量，提高身体的灵敏性，培养团结协作和顽强拼搏的精神。

（5）中国传统锻炼方式包括武术、健身气功等。中国传统锻炼方式动作平缓，柔中带刚，强调呼吸与身体活动相结合，具有独特的健身效果。

任务三 体育锻炼的处方

体育锻炼的处方即运动处方。下面以有氧运动的运动处方为例进行介绍。

一、运动种类

耐力性（有氧）运动是运动处方中最主要和最基本的运动手段。在预防性运动处方中，耐力性（有氧）运动主要用于心血管、呼吸、内分泌等系统的慢性疾病的康复和预防，以改善和提高心血管、呼吸、内分泌等系统的功能。在健身、健美运动处方中，耐力性（有氧）运动是促进全面身心健康、保持理想体重的有效运动方式。

耐力性（有氧）运动项目有健步走、慢跑、走跑交替、上下楼梯、游泳、骑自行车、跳绳、划船、滑冰、滑雪、球类运动等。

二、运动强度

运动强度是运动处方的核心及设计运动处方时最困难的部分，需要通过适当的监测方法来确定是否适宜。运动强度是指单位时间内的运动量，即运动强度=运动量÷运动时间。运动量是运动强度和运动时间的乘积，即运动量=运动强度×运动时间。运动强度可根据最大摄氧量的百分数、代谢当量（metabolic equivalent，MET）、心率、自觉疲劳程度等来确定。下面主要介绍前3项。

（1）最大摄氧量的百分数。在运动处方中常用最大摄氧量的百分数来表示运动强度，最大摄氧量的百分数在50%～70%的运动是安全的。

（2）MET。MET是指运动时代谢率是安静时代谢率的多少倍。1MET是指每千克体重，进行1分钟活动消耗3.5毫升的氧，其活动强度称为1MET[1MET=3.5毫升/（千克·分）]。1MET的运动强度相当于健康成人坐位安静时的代谢水平。任何人进行任何强度的运动，都可测出其摄氧量，从而计算出MET数，用于表示其运动强度。在制订运动处方时，如已测出某人的适宜运动强度相当于多少MET，即可找出相同MET的运动项目，写入运动处方。

（3）心率。在运动处方中，除了环境、心理刺激、疾病等因素之外，心率与运动强度之间还存在着线性关系。在运动处方实践中，一般来说，达到最大运动强度时的心率称为最大心率，达到最大摄氧量的60%～70%时的心率称为“靶心率”或“运动中的适宜心率”，它是指能获得最佳效果并能确保安全的运动心率。为精确地确定适宜心率，须先做运动负荷试验或做症状限制性运动试验，确定运动中可以达到的最大心率，该心率的70%～85%为运动的适宜心率。

三、运动时间

运动处方中的运动时间是指每次运动的持续时间。每次运动的持续时间为15～60分钟，一般需持续20～40分钟。其中，达到适宜心率的时间须在15分钟以上。在计算间歇运动的持续时间时，应扣除间歇。间歇运动的运动密度应视体力而定，体力差者运动密度较低，体力好者运动密度较高。

运动量由运动强度和运动时间共同决定，即运动量=运动强度×运动时间。在总运动量确定时，运动强度越小则运动时间越长。体力较好的大学生可由较大的运动强度开始运动，体力较弱者由较小的运动强度开始运动。运动量应由小到大，增加运动量时，应先延长运动时间，再提高运动强度。

四、运动频率

在运动处方中，运动频率常用每周的运动次数来表示。运动频率取决于运动强度和每次运动持续的时间。一般认为每周运动3～4次，即隔1天运动1次，这种运动的效率最高。最低的运动频率为每周运动2次。运动频率更高时，运动效果的提升并不明显，但增加了运动损伤的风险。

五、运动阶段

一般根据运动处方进行适量运动的人，经过一段时间（6～8周）的运动后，心肺功能会有所增强。这时，无论在运动强度和运动时间方面均应逐渐加强，所以运动处方应根据个人的进度而修改。在一般情况下，运动促进体能的发展可分为3个阶段，即初级阶段、进展阶段和保持阶段。

（一）初级阶段

初级阶段是指刚刚开始进行定时及有规律的运动的阶段。在这个阶段并不适宜进行长时间、多次数和强度大的运动，因为肌肉在未适应运动就接受高强度运动时很容易受伤。所以，对大部分人来说，适宜采取强度较小、时间较短和次数较少的运动处方。例如，选择以慢跑作为练习的运动者，应该以4千米/时的速度进行，而时间和次数则根据自己的体能调节，不过，每次的运动时间不应少于15分钟。

（二）进展阶段

运动者经过初级阶段的运动后，心肺功能已有明显的改善，而改善的进度则因人而异。在这个阶段，一般人的运动强度都可以达到最大摄氧量的40%～85%，运动时间可每2～3周便加长一些。这个阶段是运动者体能改善的明显期，时间一般为4～5个月。

（三）保持阶段

在这个阶段，运动者的心肺功能已达到满意的水平，只要保持这个阶段的运动，就可以达到健身的目的。这时，运动者也可以考虑将较为刻板、沉闷的运动改为一些趣味性较强的运动，以避免因沉闷放弃继续运动。

六、注意事项

耐力性（有氧）运动用于康复和辅助治疗的疾病多为心血管、呼吸、代谢、内分泌等系统的慢性疾病。在按运动处方进行运动时，要根据各类疾病的病理生理特点、运动者的具体身体状况，提出有针对性的注意事项，以确保运动处方的有效性和安全性。

（1）耐力性（有氧）运动处方应有针对性地提出运动禁忌证。例如，心脏病人的禁忌证包括：病情不稳定的心力衰竭和严重的心功能障碍；急性心包炎、心肌炎、心内膜炎；严重的心律失常；不稳定型、剧增型心绞痛，心肌梗死后不稳定期；严重的高血压；不稳定的血管栓塞性疾病；等等。

（2）耐力性（有氧）运动处方应指出须立即停止运动的症状。例如，心脏病人在运动中出现以下症状时应停止运动：运动时上身不适，运动中无力、头晕、气短，运动中或运动后关节疼痛或背痛等。

（3）耐力性（有氧）运动处方须对运动量的监控提出具体的要求，以保证运动处方的有效性和安全性。

（4）要求做好充分的准备活动。

（5）明确运动疗法与其他临床治疗的配合，如糖尿病患者的运动疗法须与药物治疗、饮食治疗相结合，以获得最佳的治疗效果。运动时间应避开降糖药物血浓度达到高峰的时间，在运动前、运动中或运动后，可适当增加饮食，以避免发生低血糖综合征等。

思政课堂

科学指导打通体医融合的“最初一公里”

随着时代的发展和全民健康理念的普及，“体医融合”的概念逐渐深入人心，全国很多地方的三甲医院都开展了体医融合试点，培养了一大批跨界人才，在科学指导体育健身、提前预防慢性病和老年病等方面起到了良好的效果。遗憾的是，本应作为绝大多数慢性病早期干预源头的学校、学生群体，在体医融合方面一直进展缓慢，如何打通这“最初一公里”，是我国体医融合领域亟待破解的难题。

“学校、学生群体忽略体医融合，有体制机制的原因，但根子在理念、认识上，大部分学校、家长、学生都知道体育锻炼的好处，但却不知道不参与体育锻炼的坏处以及不科学体育锻炼的坏处。”国家体育总局体育科学研究所体医融合促进与创新研究中心负责人介绍说：“现在我们的体育，大都是技能教育，教会孩子某项体育技能，但这项技能如何掌握得更科学、更全面，如何结合不同孩子的身心发育特点，更有利于其健康成长，正是体医融合关注的领域，从某种程度上说，建立在体医融合基础上的体育教学才是更科学、更有价值的。”

正是在此背景下，中国学生营养与健康促进会体医融合学生健康分会应运而生。该分会最大的亮点就是在吸纳体育界、医疗界专家与学者的基础上，加入了学校和学生群体，通过大数据等手段，制定科学的锻炼标准，推出“健康示范校”制度，为学校体育教学、体医融合保驾护航。更为重要的是，该分会还将组建一支医生志愿者服务团队，让一线临床医生深入学校，向教师、家长、学生传递科学健身、体医融合的理念，通过他们的专业技能以及独有的话语权优势，推动体医融合在学校生根、发芽。

（资料来源：《中国体育报》，2019年3月26日，有删改）

项目五
发展运动能力

任务一　发展身体基本素质

一、发展力量素质

力量素质是指肌肉收缩克服阻力和对抗阻力的能力，是身体的基本素质之一，也是进行各项运动的基础。发展力量素质，不仅有利于增强肌肉力量，使身体更加结实、丰满、匀称、健美，还有利于学习和掌握各项运动技术和技能，减少运动损伤。力量素质的练习方法由一些基本要素组成，掌握这些要素及其规律，就可以根据运动需要，创造和设计出多种多样的力量练习方法。力量练习可分为上肢练习和下肢练习。锻炼上肢力量可选择引体向上、俯卧撑等动作，也可借助哑铃、拉力器等器械；锻炼下肢力量可选择蹲起、跳台阶、快速跑等动作。力量素质较差的人应注意适当减少运动次数，如每次少做几个引体向上、跳台阶时少跳几阶等。

二、发展耐力素质

耐力素质是指人体长时间进行肌肉活动时抗疲劳的能力。耐力素质是人体各器官系统机能和心理素质的综合表现，发展耐力素质可以有效地提高人体呼吸系统和心血管系统的功能以及人体新陈代谢水平，增强人体抗疲劳的能力。

耐力素质可分为有氧耐力和无氧耐力。有氧耐力运动包括长跑、游泳、登山、健美操等；无氧耐力运动通常为爆发性运动，如短跑、跳高、跳远等。耐力较差的人应注意缩短运动距离。以中长跑为例，可以从每天跑500米开始，逐渐过渡到每天跑800米、1000米等。

三、发展速度素质

速度素质是指人体快速运动的能力。神经系统的反应能力、做动作的频率和动作幅度的大小，是影响速度素质发展的主要因素。发展速度素质，可以提高大脑的反应能力和身体快速指挥、协调的能力，使身体更加灵活，做动作更加迅速。发展速度素质，一般采用强度大、持续时间短的练习，应在精力充沛、运动欲望强的情况下交替进行各种练习。在疲劳时或只采用单一的练习方法进行练习，不能达到良好的效果。同时，发展速度素质要与发展力量素质、耐力素质和柔韧素质结合起来，注意提高肌肉的放松能力。

四、发展灵敏素质

灵敏素质是指人在各种突然变化的条件下，能够迅速、准确、协调地改变身体运动的能力。发展灵敏素质，可以提高大脑皮层的灵活性，能够在变化的情况下迅速、准确、协调地做出某些相应的动作，培养良好的观察力、判断力，促进其他各项素质的发展。灵敏素质是人体综合能力的反映，受遗传因素影响很大。为了提高大学生的灵敏素质，教师应尽可能采取逐渐增加复杂程度的练习方式，也可以通过改变条件、器材等方式增加技术动作的复杂性和难度。同时，教师应着重培养和提高大学生掌握动作的能力、反应能力、平衡能力、观察能力、节奏感等。灵敏素质练习的主要手段有：①在跑、跳中做迅速改变方向的各种跑、躲闪、突然起动的练习，以及各种快速急停和迅速转体的练习等；②做各种调整身体方位的练习；③做专门设计的各种复杂多变的练习，如进行由“之”字跑、躲闪跑、穿梭跑和立卧撑组成的综合性练习。

五、发展柔韧素质

柔韧素质是指关节活动的幅度及相关肌肉、韧带等软组织的伸展性和弹性。发展柔韧素质有利于正确掌握各项运动技术，在突然用力的情况下，避免损伤肌肉以及韧带等软组织。 发展柔韧素质的方法主要是进行加大动作幅度的练习，即拉长肌肉、肌腱、韧带和皮肤的练习。所有的柔韧素质练习至少连续做5～10次，动作幅度应逐步加大，身体各部位的柔韧素质练习要交替进行，持之以恒。当软组织被拉长之后，肌体感到酸、胀、痛时应坚持8～10秒，这样重复练习8～10次，可以达到良好的效果。在每次运动过程中，动力拉伸练习一般控制在15～25个，每个练习以7～30次为宜。注意，柔韧练习总的时间不宜过长。

任务二　提高身体活动能力

一、提高跑的能力

（一）速度练习

1. 意义

速度对于短跑项目来说非常关键。要想提高短跑项目的成绩，就要把发展短跑的绝对速度放在首位，只有在提高速度的基础上提高耐力，方能有效地提高短跑项目的成绩。在发展速度素质的过程中，除了提高肌肉力量，改善柔韧性、协调性以外，还要加大强度、注意密度。

2. 速度练习方法

（1）原地快速摆臂。

（2）原地快速跑。

（3）30～60米加速跑。

（4）专门性练习过渡到30～50米快速跑。

（二）速度耐力练习

1. 意义

进行速度耐力练习是为了获得连续快跑的能力。从短跑项目成绩提高幅度来看，在绝对速度达到一定水平之后，能取得较好成绩的大多在后半程。要想在100米跑的前50～60米中提高0.1秒是不容易的，而培养保持已获得的速度的能力较前者相对容易。同时，强度大、密度大的专门练习和短跑距离的速度练习不仅可以提高速度，还能发展速度耐力。

2. 速度耐力练习方法

（1）100～300米反复跑。

（2）150～250米变速跑。

（3）400～800米各种距离和各种形式的变速跑。

（4）100米、200米、300米、400米反复跑。

（三）力量练习

1. 意义

短跑是快速的周期性运动，发展速度素质要有很好的力量基础，特别是对腿部力量有很高的要求。经验表明，没有力量就无法将人体迅速向前推进，就不会有好的短跑项目成绩，因此进行力量练习是提高短跑项目成绩的重要手段。

2. 力量练习方法

（1）各种跳跃，如双脚纵跳、单脚交替纵跳、立定跳远、立定三级跳、多级跳、短程跳远、蛙跳、栏间跳、摸高跳、跳上跳下、单足跳（在沙坑或跑道练习均可）、原地弓步换腿跳等。

（2）实心球练习，如向前抛、向前掷、向后抛，两脚夹球向前抛、向上抛、向后抛等。

（3）持轻杠铃练习，如快速连续挺举、抓举，纵跳、弓步跳，弓步走（可徒手做），深（半）蹲起跳、提踵，原地高抬腿跑，卧推。

（4）仰卧起坐、仰卧举腿、仰卧两头起等。

（四）柔韧练习

1. 意义

良好的柔韧素质有助于掌握正确的短跑技术，增大跑幅，使动作协调、轻松、省力，使身体不易受伤。

2. 柔韧练习方法

（1）踢腿、摆腿、压腿。

（2）拉韧带。

（3）腰腹屈伸，如做弓腰搭“桥”。

（4）肋木的各种练习。

二、提高跳的能力

（一）立定跳

1. 立定跳远

两脚平行开立站在起跳线后。屈膝半蹲，两臂自然摆动，身体上下屈伸。待身体重心平稳后，两脚用力蹬地，同时两臂由后向前摆，身体尽量前倾。腾空时收腿，落地时屈膝缓冲。

2. 纵跳摸高

由原地向上用力跃起，用手摸高处（高处设有标记或实物）。

3. 蹲跳起

由半蹲或全蹲姿势向上跳起。腾起时伸直腿。

4. 弓步交换跳

由弓步姿势开始，跳起后两腿交换。

（二）连续跳

1. 单足跳

用前脚掌快速蹬地跳起，上体正直。两腿交换练习。

2. 跨步跳或多级跳

摆动腿用力前摆或大腿抬平小腿下垂，当下压时有扒地动作。另一条腿充分蹬伸，脚用力向后蹬地，上体正直，两臂协调配合摆动。两脚交换向前跨进，腾空明显。

3. 蛙跳

连续做立定跳远。

4. 跳跃台阶

面对台阶，做跨步跳或单脚跳、双脚跳动作。跳时上体正直，两臂协调配合摆动。

（三）跳绳

跳绳练习主要有单人跳、双人跳和集体跳。

三、提高投的能力

（一）上肢力量

1. 俯卧撑

从直臂俯撑开始，屈臂，使肘部高于背（两肘不外张），然后快速用力推起，再还原成直臂俯撑。全程保持身体挺直、不塌腰。

2. 引体向上

跳起两手正握单杠，两手距离与肩同宽，成直臂悬垂。两臂同时用力引体（身体不能有附加动作），上拉到下颌超过横杠上缘为完成一次。

3. 双杠臂屈伸

两手握双杠一端，跳上成支撑，然后两臂尽量弯曲，使端面达到胸部位置；然后两臂用力迅速伸直成支撑。两臂屈伸时身体不能做大摆动。

4. 哑铃练习

手持哑铃，两臂向各方向做屈、伸、举、振等动作。

（二）腰腹力量

1. 仰卧起坐

仰卧于垫上，两腿屈膝稍分开，大小腿成直角，两手指交叉贴于脑后。帮助者压住练习者两脚踝关节处。起坐时练习者以双肘触及两膝，仰卧时两肩必须触垫。

2. 仰卧两头起

仰卧，两臂上举，收腹，上体前屈，同时举腿，两手拍击脚面后还原成仰卧姿势。

3. 俯卧两头起

俯卧，两臂上举，上体后屈抬头，同时后举腿，达到最大限度的体后屈后还原成俯卧姿势。

（三）下肢力量

负重蹲起。肩负杠铃做蹲起、半蹲起练习。

任务三　提高野外生存能力

一、野外生存概述

（一）野外生存与野外生存训练的定义

野外生存是指人在非生活环境下，最大限度地维持生命的行为。野外生存训练是指在远离居民点的山区、丛林、荒漠、高原和孤岛等野外环境中，在不完全依靠外部提供生存、生活资料的物质条件下，依靠个人、集体的努力维持生命、保持健康生活能力的训练。它以野外生存生活教学和实践为主要手段，具有健身性、趣味性和实用性等特征。

（二）开展野外生存训练的意义

1. 提升生存能力

随着人类的进化和科技文明的进步，人类的物质生活得到了极大丰富，但生存能力却在不断下降。虽然科技的进步极大地方便了人们的生活，但是逆境生存能力对人类自身依然至关重要。近年来，面对自然或人为的各种突发事件，许多人往往束手无策。因此，挖掘和培养生存能力、历练意志、挖掘潜能、增强环境意识、增强体质、调节和净化心灵是人们开展野外生存训练的真正价值所在。

2. 有益于身心健康

野外生存训练不仅可以达到锻炼身体、增强体质的目的，还可以磨炼意志、陶冶情操、放松心情、提高素养。人们通过在恶劣的野外环境中活动，能更清楚地认识自己、认识朋友，感受集体和团队的力量，充分挖掘自身的潜能，从而学会相互帮助、团结协作。

3. 拓展自我

在野外生存训练中，人们不仅可以学会寻找食物、生火做饭、搭建帐篷、判定方向、自我救护和救护他人等基本野外生存技能，还可以充分地开发大脑和身体内部所蕴藏着的巨大潜能。在野外自然环境中生活，人的心境会变得宽广、大度、包容。置身于险境会让人感受到利益的渺小和生命的可贵，恶劣环境则可以激发人与其斗争、拼搏的意志，从而使人在这一过程中变得乐观积极、勇敢坚强，并提升个人在群体中的团结协作精神，使个人获得更好的成长。

二、野外生存的基础知识

（一）营地的选择

营地是野外休息和集结、供应的地点，营地的选择必须遵循安全、方便、舒适的原则，在此基础上要根据人数、活动性质、装备量等进行综合的考察。营地的选择一般应注意以下几点：

（1）营地要在接近水源的地方，但又要与水源保持一定距离，防避前来饮水的野兽。

（2）不能在容易发生落石、滑坡等危险的地方扎营。

（3）营地要选择在背风、有一定日照的地方。

（4）不要在野兽容易出没的地方扎营。

（5）营地要选择在平整的地方。

（二）野外饮食技能

野外饮食技能主要包括准备野外食品、野外饮水、野外搭灶、野外做饭和野外烧烤等。这些实践操作可以培养活动者的野外生活自理能力、团队合作能力。

1. 野外食品

一般野外食品必须具备3个条件：不易腐坏、方便食用、富含营养。如果准备的野外食品不但营养丰富，而且质量轻、体积小、简单易做，那么不但能减轻野外活动者的负担，使其在活动过程中保持充沛的精力，而且能大大增加野外活动的乐趣。

2. 野外饮水

（1）鉴别水质的方法。

看：纯净的水在水层浅时无色透明，水层深时呈浅蓝色。也可用玻璃杯或白瓷杯盛水观察，一般水越清说明水质越好，水越浑则说明水里含的杂质越多。

闻：一般清洁的水是无味的，而被污染的水则常有一些异味。为了准确地辨别水的气味，可用一只干净的小瓶，装半瓶水，摇晃几下，或把盛水的瓶子放在60摄氏度左右的热水中，打开瓶塞后立即闻，若闻到水里有异味就不能饮用。

辨：根据水迹来鉴别水质，用一张白纸，将水滴在上面晾干后观察水迹。清洁的水是无斑迹的，若白纸上有斑迹则说明水中的杂质多，水质差，不能饮用。

（2）野外饮用水的净化方法。

① 渗透法。当寻找到的水源里有飘浮的异物或水质浑浊不清时，可以在离水源3～5米处向下挖一个深50～80厘米、直径约1米的坑，让水从沙、石、土的缝隙中自然渗出，然后轻轻地将已渗出的水取出，放到盒或壶等存水容器中，在取水时不要搅起坑底的泥沙，要保持水质干净。

② 过滤法。当找到的水源泥沙浑浊、有异物飘浮且有微生物或蠕虫及水蛭幼虫等，水源周围的环境又不适宜挖坑时，可找一个塑料袋（质量好，不容易破的）将底部刺些小眼儿；或者用棉制单手套、手帕、袜子、衣袖、裤腿等；也可用一个可乐瓶，去掉瓶底后倒置，再用小刀把瓶盖扎出几个小孔，然后自下向上依次填入2～4厘米厚的土质干净的细沙5～7层，压紧按实，作为过滤器。将不干净的水慢慢地倒入自制的简易过滤器，等到过滤器下面有水溢出时，用盒或水壶将过滤后的干净水收集起来。如果对过滤后的水质不满意，可将其进行再次过滤，直到满意为止。

③ 沉淀法。将所找到的水收集到盒或壶等储水容器中，放入少量明矾或木棉枝叶（捣烂）、仙人掌（捣烂）、核桃仁（捣烂），搅拌匀后沉淀30分钟，轻轻舀起上层的清水，不要搅起已沉淀的浊物，这样便能得到较为干净的水了。

（3）饮用水的消毒处理。一般来说，不管是河水、湖水、溪水、雪水、雨水、露水等，还是通过渗透、过滤、沉淀而得到的水，都要经过消毒处理后才可饮用。

将净水药片放到储水容器中，搅拌摇晃，静置几分钟，即可饮用，多余的水可放到壶中储存备用。一般情况下，1片净水药片可兑1升水进行消毒，如果水质较浑浊可用2片。军队在野外都采用此法对水进行消毒。如果没有净水药片，可用随身携带的医用碘酒代替净水药片对水进行消毒。在已净化过的水中，每1升水滴入三四滴碘酒，如果水质浑浊，碘酒量要加倍。搅拌摇晃后，静置的时间也应长一些，20～30分钟后，即可饮用或备用。

（三）野外方向辨别

1. 利用指北针判定

将指北针水平放置，并使水平气泡居中，待磁针静止后，标有“N”的黑色端指的方向就是北方。在具体测定某一方位时，可将指北针上的零刻度对准目标，使目标、零刻度和磁针中点在同一直线上。当指北针水平静止后，“N”端所指的方向便是测量点至目标的方位。为了准确使用指北针，应尽量使它保持水平，且不要靠近磁性物质。

2. 利用北极星判定

在天气晴朗的夜间，可以根据北极星的位置来确定方位。北极星是天空中正北方向一颗较亮的恒星，位于小熊星座的尾端。大熊星座（北斗七星所属星座）由7颗明亮的星组成，形状像一把勺子；勺底端两星的连线向勺子口的方向延伸约两星间隔的5倍距离处有一颗比较大且较明亮的星，就是北极星。仙后星座由几颗明亮的星组成，形状像一个“W”。大熊星座和仙后星座分别位于北极星的两侧。因此，也可以根据仙后星座来判定方向。

3. 利用地物特征判定

有些地物的特征与方向有关。独立大树，通常是朝南的枝叶茂密、树皮光滑，朝北的则相反。独立树被砍伐后，树桩上的年轮通常朝北间隔小，朝南间隔大。朝南的山坡干燥、青草茂密，冬季积雪融化比较快；朝北的山坡潮湿，易生青苔，冬季积雪融化比较慢。

4. 利用太阳判定

选择一块平整的地面，在地面上立一根细直的长杆，在太阳的照射下，地面上就会出现长杆的影子，将影子标示在地面上；等待片刻，再标示出此时的影子；然后过两个影子的端点连成一条直线，此直线就是大概的东西方向线。如何判别东西方向呢？由于太阳东升西落，影子则沿相反方向移动，因此第一个影子偏西，第二个影子偏东。

思政课堂

中国地质大学（北京）学生野外实践活动走进遵义

近日，中国地质大学（北京）联合遵义师范学院举行“重走长征路，永远跟党走”野外实践活动，50余名大学生在贵州遵义仙人山上行走。

“这些学生是户外运动专业，在学校学完相关课程后，报名参加野外实践活动。”中国地质大学（北京）体育部有关领导说：“野外实践活动是户外运动课程的重要组成部分，是检验学生是否掌握户外运动相关理论知识和实践技能的良好机会。”

对于这些大学生来说，4天3夜的野外实践活动既磨炼了意志，又锻炼了身体，收获颇丰。另外，学生对野外急救、绳索救援、洞穴探险等项目也进行了学习与实践，很好地达成了户外技能学习的预期目标。“很多学生说此次红色遵义行受益匪浅，思想上得到了洗礼，身体上得到了锻炼，技能上得到了提高。”中国地质大学（北京）体育部有关领导说。

（资料来源：中国教育新闻网，2021年7月10日，有删改）

项目六
运动安全

任务一　运动安全常识

一、运动前

（一）准备活动

准备活动是指运动前进行的有目的和指向性的身体练习，包括一般性准备活动和专项性准备活动。运动前做好充分的准备活动的目的是：通过各种练习提高中枢神经系统的兴奋性，使兴奋达到适宜的水平；预先加强各器官系统的活动，克服各器官的惰性；加强心血管和呼吸器官的活动能力，使人体从相对静止的状态逐渐过渡到紧张活动的状态，预防心血管意外的发生，减少肌肉、关节和韧带的损伤。

准备活动的内容和时间的长短应根据运动项目、内容、季节变化和身体条件来安排。准备活动一般以使身体稍微发热、心率上升到130～160次/分为宜，这时内脏器官、肢体的活动幅度和肌肉力量等达到了适宜的工作状态。

（二）运动前饮水

在运动前应适当补充水分，但不宜一次性大量饮水。饮水过多，会使胃膨胀，影响膈肌运动和呼吸，从而影响运动能力。

二、运动中

（一）选择运动着装

运动着装以舒适为好，大小适宜，具有一定的透气性和吸水性，并经常保持清洁卫生。鞋子的尺码要合适，应尽可能穿运动鞋。夏季以浅色轻薄的运动衣裤为宜；冬季应注意保暖，但不能妨碍运动。运动时身上不能佩戴尖锐物品。

（二）选择良好的运动环境

选择在空气清新、流通性较好、温度较适宜、场地整洁的运动场所进行运动，既有利于运动的开展，也有利于大学生的身体健康。

（三）合理安排运动量

合理安排运动量是指在进行运动时应根据大学生年龄、性别、体质、健康水平和技术的熟练程度合理安排练习的强度、密度、时间和数量。一般大学生在一堂课上平均心率达130～170次/分为宜。运动量适宜使大学生睡眠良好、食欲增加、精力充沛。如果运动量超过了大学生的生理负荷，反而会损害其身体健康，影响其正常的学习和生活。

（四）运动中饮水

人体体重约有60%是水，而水在血液中含量高达90%。在运动时，机体需要保持充分的血容量，一是为了加强肌肉组织的血液供应，以保证肌肉中物质代谢的进行；二是运动中体内会产生大量的热，需要血液将其带到体表，以维持正常体温。在进行运动时，身体会大量出汗，体内缺少水分，必须及时补充，否则会影响人体正常生理机能，导致全身无力、口唇发干、精神不振和疲劳等，使身体机能下降，因此及时补充水分十分重要。但在运动中不能大量饮水，大量饮水后，胃部膨胀，妨碍膈肌的活动，影响呼吸，使运动能力下降。运动中口渴时应少量、多次饮水，同时，宜饮用淡盐水或运动饮料，以调节体内电解质平衡。

三、运动后

（一）整理活动

整理活动是指在正式运动后，做一些加速身体机能恢复的较轻松的身体练习。其目的在于使人体由紧张激烈的肌肉运动阶段逐渐过渡到相对安静的阶段，是消除疲劳、促进体力恢复的良好措施。整理活动应注重全身性放松，尽量采用轻松、柔和的练习，活动量逐渐减少，节奏逐步减慢，以使呼吸频率和心率逐步下降。

（二）注意保暖

运动后应注意身体的保暖。有些人运动后会马上洗冷水澡、吹电扇，冬天运动后会到室外吹风凉快等，这些都会对身体造成伤害。因为运动后全身的毛细血管都是张开的，热量大量散发，如用冷水刺激，容易引起感冒；经常受冷刺激，还会导致关节炎。

（三）不宜立即洗热水澡

运动后不宜立即洗热水澡。这是因为运动时流向肌肉的血液增加，心肌供血也会增加，以满足运动所需，运动后，加快了的心跳和血液流动仍会持续一段时间才会慢下来，如果立刻洗热水澡，会使流向肌肉和皮肤的血液继续大量增加，结果可能使剩余的血液不足以满足身体其他器官的需要，尤其是心脏和脑部的需要，易引发心脏病或脑部缺氧。

（四）运动服装

运动后汗湿的衣物要及时换掉，洗干净；鞋要放在通风的地方，去除异味，保持干净。

（五）运动后饮水

运动后应适当补充水分，但不宜一次性大量饮水，否则会使尿液和汗液增加，使体内的电解质进一步流失，增加心脏、肾脏的负担。另外，大量饮水还会造成胃液稀释，影响食欲和消化，易导致胃病。

任务二　运动损伤及其处置方法

运动损伤是指在体育运动过程中所发生的各种损伤。运动损伤与运动项目、教材内容、技术动作、练习水平、技能基础、教学环境与条件等有着密切的关系。运动损伤会直接影响大学生的身心健康和学习，因此，应采取有效的安全措施，尽量避免运动损伤的发生。

一、出血和止血

（一）出血的种类

1. 根据人体损伤的部位分类

根据人体损伤的部位分类，出血可分为外出血和内出血两类。

（1）外出血是指体表有伤口，血从伤口流到体表。外出血是运动损伤中常见的一种出血方式，也是威胁伤者生命的主要因素之一。因此，采取妥善的止血方法显得尤为重要。

（2）内出血是指体表无伤口，血液从破裂的血管流入组织（皮下组织、肌肉组织）、体腔（胸腔、腹腔、关节腔）等。运动中常见的内出血有皮下出血、膝关节腔内积血、腹部严重挫伤时导致肝破裂或其他脏器损伤时的腹腔内出血。由于内出血没有血液流出体外，较为隐蔽，不易被及时发现，易引发大出血，从而危及生命。因此，如果受伤后没有外出血，但伤者有失血的表现，就有内出血的可能，应及时送往医院处理。

2. 根据血管的种类分类

根据血管的种类分类，出血可分为动脉出血、静脉出血和毛细血管出血3类。

（1）动脉出血：血色鲜红，出血速度快，呈喷射状。

（2）静脉出血：血色暗红，血流缓慢。

（3）毛细血管出血：血缓慢渗出。

（二）止血方法

对于外伤引起的出血主要有以下几种止血方法。

1. 压迫止血法

（1）间接指压法。间接指压法简便有效，可用于浅部动脉出血，正确使用可即刻止血。需要注意的是，动脉出血时指压伤口的近心侧，静脉出血时指压伤口的远心侧。常用的压迫止血点如下：

① 头部出血：当头顶、额部及颞部出血时，压迫颞动脉。压点在耳前，用手指正对颧骨后端骨面进行压迫止血。（图 6–2–1）

② 面部出血：压迫颌外动脉，压点在下颌角前约半寸处。（图 6–2–2）

③ 颈部出血：压迫颈总动脉，压点在甲状软骨外搏动处。（图 6–2–3）注意：不要同时压迫两侧的颈总动脉，以免引起大脑出血。

④ 上肢出血：腋部和上臂出血时压迫锁骨下动脉，压点在锁骨上方，胸锁乳突肌外缘。前臂出血压迫肱动脉，使患肢外展，用拇指压迫上臂内侧上 1/3 处。（图 6–2–4）

⑤ 下肢出血：大腿部位出血压迫股动脉，压点在腹股沟中点该动脉搏动处。（图6–2–5）

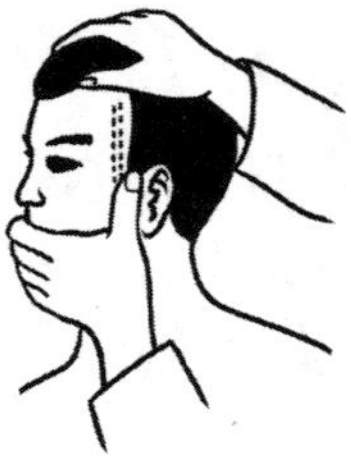

图 6-2-1

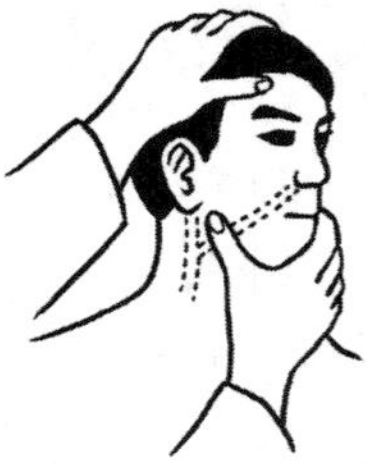

图 6-2-2

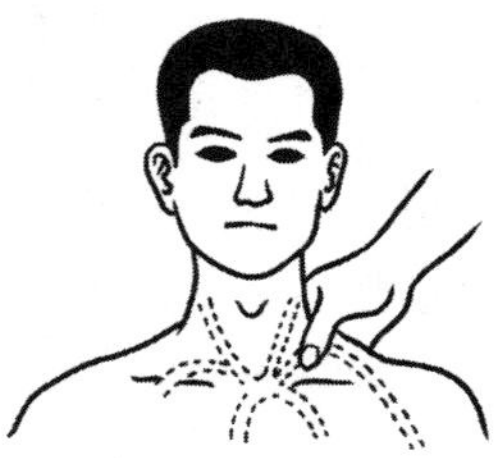

图 6-2-3

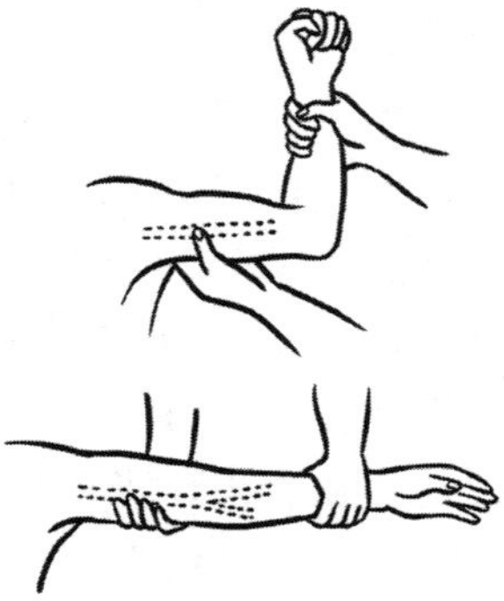

图 6-2-4

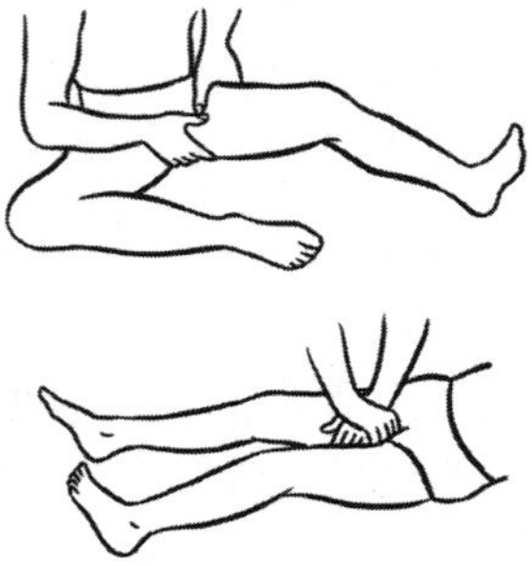

图 6-2-5

（2）加压包扎法。加压包扎法适用于小静脉和毛细血管出血。方法：将伤口消毒后撒上消炎药粉，盖上纱布块，用绷带包扎即可。

（3）加垫屈肢止血法。加垫屈肢止血法适用于肢体出血（如前臂、手、小腿和足）。方法：将棉垫或绷带卷放在肘窝或膝窝上，令肘关节或膝关节尽量弯曲，再用绷带做“8”字形包扎。

2. 止血带法

止血带法适用于四肢动脉大出血、创面大或不整齐时。常用皮管、橡皮带、气压式止血带等工具来止血，也可根据现场情况来选材止血，如用布带、手帕、领带、长袜等折叠成带状或用衣服撕成布条，宽度至少 5 厘米，用来替代止血带。

方法：用止血带在出血部位的近端（近心侧）扎紧（上肢应在上臂的上 1/3 处，下肢在靠近大腿根部），压力不小于 20 毫米汞柱，因为压力太小只能闭锁静脉，而动脉仍可继续出血。

3. 充填法

充填法多用于躯干部位的大伤口，运动中很少使用，多用盐水纱布充填伤口压迫止血。

严重出血用以上方法紧急处置后，应立即送往医院治疗。

二、软组织损伤

软组织损伤是指运动中发生的除骨骼以外的损伤。软组织损伤按照损伤部位可以分为开放性软组织损伤和闭合性软组织损伤。对于开放性软组织损伤，皮肤和黏膜的完整性遭到破坏；对于闭合性软组织损伤，皮肤和黏膜完整无缺。按照损伤发生的时间，运动中的软组织损伤又分为急性软组织损伤和慢性软组织损伤。

（一）擦伤

擦伤是指运动时机体表面与粗糙的物体相互摩擦而引起的皮肤表层损伤，创面有擦痕、渗出液和点状出血，属于开放性软组织损伤。例如，田径、球类运动时摔倒的擦伤，体操和武术运动时身体与器械的摩擦受伤，滑雪时被树枝擦伤，拳击时被拳套擦伤。

1. 征象

伤口浅，面积大，边缘不整齐；表皮脱落，点状出血，组织液渗出；无感染时，伤口易干燥结痂而愈合；伤口感染后易化脓，有较稠的渗出液。

2. 处理

对于伤口浅、面积小的擦伤，用生理盐水清洗后直接外涂 2% 的碘酊，无须包扎，让其暴露在空气中即可；对于伤口内有异物的擦伤，先用生理盐水或自来水冲洗伤口，再用双氧水消毒，伤口周围用医用消毒酒精消毒，然后用消炎粉、无菌敷料处理伤口；对于伤口较深、污染严重的擦伤，除消毒、包扎等处理外，应到医院由医生注射破伤风抗毒素；对于关节部位的擦伤，经消毒后，涂抹消炎软膏或抗生素软膏，并用无菌敷料覆盖，一般不用暴露疗法。

（二）裂伤

裂伤也称撕裂伤，属于开放性软组织损伤，是指身体受钝性暴力打击引起的皮肤、皮下组织撕裂的损伤。运动中头部裂伤最常见，其中额部裂伤和面部裂伤居多。例如，篮球运动员的眉弓被对方肘部碰撞即可引起眉际裂伤。对于裂伤较轻者，可先用碘酒或医用消毒酒精对伤口周围的皮肤进行消毒，然后在伤口上撒上消炎药粉，用消毒纱布覆盖，加压包扎。对于小的裂口，伤口消毒后可用黏膏黏合。对于裂口较长和污染较重者，应由医生做清创手术，清除伤口内的污物和异物，切除失去活力的组织，彻底止血，缝合伤口。凡伤情和污染较重者，应遵医嘱口服或注射适当的抗菌药物，预防感染。凡被不洁物致伤且伤口小而深者，应到医院由医生注射破伤风抗毒素，预防破伤风。如伤口有感染，则应遵医嘱使用抗感染药物，加强换药处理，及时清除伤口内的分泌物，畅通引流，促进肉芽组织健康生长，以利于伤口早日愈合。

（三）刺伤

刺伤属于开放性软组织损伤，是指在运动过程中由尖锐细物刺穿皮肤及皮下组织器官造成的损伤。

1. 征象

伤口细小，但较深，可能伤及深部组织或器官，或者将异物带到伤口深处，容易引起感染。

2. 处理

为了预防和减轻感染，应对被刺伤的运动者进行无菌操作。注意，要检查伤口，观察污染情况，判断是否有血管、肌腱等组织的损伤。对于较浅、较小、干净的伤口，可先用医用消毒酒精等消毒，然后用创可贴或消毒纱布覆盖；对于较大、较深、不洁的伤口，应现场加压包扎后送往医院清创、止血、缝合，遵医嘱口服或注射抗生素，常规注射破伤风抗毒素以预防破伤风。

（四）扭伤

扭伤属于闭合性软组织损伤，多是在外力作用下关节发生超范围的活动，造成关节内外侧副韧带损伤。

1. 征象

关节出现疼痛、肿胀、皮下出血、关节功能障碍等症状。扭伤轻者发生部分韧带纤维断裂；扭伤重者则韧带纤维完全断裂，并引起关节脱位或半脱位，同时合并关节内滑膜和软骨损伤。扭伤在运动中较为常见。

2. 处理

关节韧带扭伤或部分韧带纤维断裂者，伤后应立即冷敷，加压包扎，抬高患肢并休息，以减轻出血和肿胀。24～48 小时后，拆除包扎固定，根据伤情可遵医嘱采用中药外敷、痛点药物注射、理疗和按摩等，但理疗和按摩在开始时只能施于伤部周围，3 天后才可用于伤部。对于韧带完全断裂者，经急救处理后应把伤员送至医院，以争取进行早期手术缝合或固定。对于关节韧带扭伤，关节肿胀和疼痛减轻后，在不引起疼痛或使疼痛加重的前提下，尽早进行患肢功能性活动，防止发生肌肉萎缩和组织粘连，以促进关节、韧带功能的恢复。

（五）拉伤

拉伤是指肌肉或关节韧带在运动中急剧收缩或过度牵拉引起的损伤。拉伤一般可分为肌肉拉伤和关节韧带拉伤两种。

1. 肌肉拉伤

肌肉拉伤是指由于肌肉的猛烈收缩或被动牵拉超过了肌肉本身所能承受的限度，而引起的肌肉组织损伤。肌肉拉伤除由直接外力作用引起外，主要是由间接外力作用引起的。常见的拉伤部位有大腿后群肌、腰背肌、小腿三头肌、大腿内收肌群等。

（1）征象。肌肉拉伤的部位可发生在肌腹或肌腹与肌腱交界处，或肌腱的起止部位。肌肉拉伤轻者肌纤维发生微细损伤，肌肉拉伤重者则肌纤维大部分断裂或完全断裂，甚至发生撕脱骨折。肌肉拉伤后，伤处疼痛、肿胀、压痛，肌肉紧张或痉挛，触之发硬。受伤肌肉做主动收缩或被动拉长的动作时，疼痛会加重。当肌肉拉伤严重时，患者在受伤当时可感到或听到断裂声，疼痛和肿胀明显，皮下出血显著，运动功能严重障碍，肌肉出现收缩畸形。

（2）处理。当发生肌纤维微细损伤或少量肌纤维断裂时，应立即冷敷、加压包扎并抬高患肢，注意局部休息。疼痛较重者可遵医嘱口服镇静、止痛剂。24～48 小时后可外敷中药，由医生进行痛点药物注射、理疗或按摩等。当肌纤维大部分断裂或完全断裂时，经加压包扎等急救处理后，应立即将伤员送至医院，及早进行手术。

2. 关节韧带拉伤

关节韧带拉伤是指在间接外力作用下，关节发生超常范围的活动而引起的关节韧带损伤。它主要是由间接外力作用引起的一种闭合性软组织损伤。在运动中最常见的关节韧带拉伤有踝关节、膝关节、掌指（间）关节和肘关节等部位的韧带拉伤。

（1）损伤机制。在外力作用下，关节发生超常范围的运动，关节内外侧韧带受到过度或猛烈的牵拉而造成损伤。关节韧带拉伤轻者仅是少量韧带纤维断裂，关节韧带拉伤重者则是部分韧带纤维断裂或韧带完全断裂，甚至引起关节半脱位或完全脱位，还合并关节内滑膜、软骨损伤或撕脱骨折等症状。例如，跑跳运动时因场地不平，踝关节发生过度内翻而造成踝关节外侧韧带损伤；膝关节屈曲130°～150°，小腿突然外展外旋，或足与小腿固定，大腿突然内收内旋（简称膝外翻），都可造成膝关节内侧韧带损伤。

（2）征象。伤后局部疼痛、肿胀。若伤及关节滑膜或有韧带断裂及合并关节内其他组织损伤，会出现整个关节肿胀或血肿，局部有明显压痛。关节运动功能障碍，轻者关节活动受限，不能着力。若韧带完全断裂或撕脱，则关节有不稳或松动感，关节功能障碍明显。

（3）处理。早期止血，预防肿胀；晚期消炎活血。最初要压迫及减少局部供血（降温）。经冰袋冷敷或冷水淋浴、喷冷冻剂后，覆盖绷带加压包扎。24小时后打开包扎处观察受伤部位变化，考虑是否做进一步处理。拉伤后早期妥善处理，对减少淤血肿胀、防止韧带无力是非常重要的。24～48 小时后出血停止，遵医嘱局部用封闭治疗、中药外敷、理疗、按摩等，使组织损伤后的炎症尽快消散。1～3 周后，大多都能恢复。伤后的运动练习，要尽量用支持带保护，避免二次损伤。

（六）挫伤

挫伤又称撞伤，是指钝性外力直接作用于人体某部位而引起该部位及其深部组织的一种急性闭合性软组织损伤。

1. 损伤机制和征象

在运动或比赛中，尤其是各种对抗性较强的项目，易发生局部和深层组织挫伤，如足球、橄榄球运动中相互冲撞，散打、格斗运动中被踢打，体操、武术运动中人体与器械撞击或被器械击伤等。最常见的挫伤部位是大腿与小腿的前部，头部、胸部、腹部的挫伤也不少见。单纯性挫伤，轻者仅在伤部出现疼痛、肿胀、局部皮肤青紫、压痛和功能障碍等症状；严重挫伤或有并发症时，可因皮下出血而形成血肿或瘀斑，疼痛和功能障碍较为明显，头部或躯干部的挫伤较为严重者可并发脑组织或内脏器官的损伤症状，甚至出现全身症状或某些特殊体征。

2. 处理

单纯性挫伤的处理一般分为限制活动期、恢复活动期和功能恢复期3个时期。若病情较轻，后两期可合并兼治。

（1）限制活动期。伤后 24～48 小时内，局部冷敷、加压包扎、抬高患肢并注意休息。对于较轻的挫伤，可外敷消肿膏或新伤药。疼痛较重者，可遵医嘱内服镇静、止痛剂。当股四头肌和腓肠肌挫伤时，应注意严密观察。若出血较多，肿胀不断发展或肿胀严重而影响血液循环，应将伤员送往医院进行手术治疗，取出血块，结扎出血的血管。

（2）恢复活动期。受伤 24～48 小时后，肿胀已基本消退，可拆除包扎进行温热疗法，包括各种理疗和按摩。在伤情允许的情况下，应尽早进行患肢的功能锻炼，逐渐增加关节的活动幅度。股四头肌挫伤后，当病情已稳定，患者可以控制股四头肌收缩时，才可开始做膝关节的屈伸活动，先做伸膝练习，屈膝练习宜晚些，不可操之过急。当膝关节能屈至 90°、走路不用拐杖时，可视为此期治疗结束。

（3）功能恢复期。功能恢复期应逐渐增加抗阻练习和参加一些非碰撞性练习，如打乒乓球、羽毛球等，并配合进行按摩和理疗等，直至关节活动功能恢复正常。

对于混合性挫伤并出现休克的伤员，经急救处理后，应立即送往医院治疗。

三、骨折和脱臼

（一）骨折

由外伤或病理等致使骨的连续性、完整性遭到破坏的损伤均称为骨折。运动中发生的骨折多为闭合性骨折。

1. 骨折的原因

（1）直接暴力，即暴力直接作用于受伤部位。比如，足球运动员胫骨骨折，常由一方球员直接踢在另一方球员的小腿上所致。

（2）间接暴力，即骨折发生在接触暴力较远的部位，多是由外力的传导、杠杆、旋转等作用所致。比如，肱骨髁上骨折，多为失足跌倒、手掌撑地、暴力上传所致；锁骨骨折，多为摔倒时手撑地面所致。

2. 骨折的表现

骨折的一般表现为局部疼痛、肿胀和功能障碍。骨折时，骨髓、骨膜及周围组织血管破裂出血，在骨折处形成血肿，以及软组织损伤形成水肿，使患肢严重肿胀，甚至出现张力性水疱和皮下瘀斑，由于血红蛋白的分解，瘀斑可呈紫色、青色或黄色。骨折部位出现剧烈疼痛，特别是移动患肢时疼痛加剧。局部肿胀和疼痛使患肢活动受限。如果是完全性骨折，可使患肢活动功能完全丧失。

（二）脱臼

脱臼又称关节脱位，是指外力或其他原因造成各骨的关节面失去正常的对合关系。

1. 脱臼的分类

脱臼由外伤引起的为外伤性脱位，由关节病变引起的为病理性脱位。脱位后，关节面完全丧失对合关系的为完全脱位，部分丧失对合关系的为半脱位。

2. 脱臼的症状与体征

（1）关节畸形：失去正常关节外观，骨标志改变。

（2）活动失常：失去正常活动功能，常弹性固定于半屈曲状态。

（3）患肢缩短。

（4）局部肿胀或积血。

（5）压痛。

（三）骨折与脱臼的诊断

根据受伤的情况、症状及体征可做如下诊断：

（1）闭合性单纯性骨折：虽已骨折，但无明显移位，周围软组织无严重损伤，也没有穿破皮肤。

（2）开放性骨折：骨断端穿破皮肤外露，易感染。须注意保护伤口，避免受感染。

（3）复杂性骨折：骨断端刺伤神经、血管、内脏，影响关节，产生严重症状。这些情况也可由救护或搬运不当而引起，必须注意避免。

（4）单纯性脱臼：仅关节各骨的关节面失去正常的对合关系。

（5）复杂性脱臼：合并有关节骨折等情况。

（四）骨折和脱臼的固定方法

1. 夹板固定

利用夹板固定之前，应先将骨折远端稍加牵引，然后固定，松紧要适度。

2. 自体固定

在没有夹板或其他可代替材料的情况下，可利用伤员自己的躯干及肢体用三角巾或绷带做临时固定，如上肢固定于躯干，下肢利用健侧来做固定。

3. 其他物体固定

利用其他有一定硬度、韧性、长度和宽度合适的物体，代替夹板做固定。对有脊柱骨折或疑有脊柱骨折者，切勿急急忙忙地将其从地上"救起"，应以硬床板搬运，需几个人同时将其翻转到硬床板上，翻转要同步，勿使脊柱发生扭转，严禁徒手搬运或徒手将其抬到硬床板上。搬运时，最好采用俯卧位，若采用仰卧位则应在伤处加衬垫物，使脊柱呈过伸姿势，勿使其发生扭转和前屈，以免损伤脊髓而造成截瘫。

骨折和脱臼经紧急处理后应立即送医院治疗。

思政课堂

淄川区：深化体教卫融合　构建运动促进健康新模式

近日，淄博市青少年生长干预中心与有关单位组建医疗专家团队走进淄博第十中学组织开展"运动康复进校园"活动，为参加山东省第25届运动会（简称省运会）男女排球、棒垒球的队员提供康复治疗以及运动损伤预防指导等服务，进一步推动体教卫融合发展，构建运动促进健康新模式。

活动中，专家团队与教练员、运动员代表进行了座谈交流，了解运动员既往伤病情况，讨论运动损伤创伤机理，针对普遍存在的错误观念与运动方式做了深度解析；同时介绍了在日常训练中如何提前介入，防患于未然，引起了师生的强烈共鸣。随后，专家团队对有运动损伤的重点运动员进行现场评估，并根据运动损伤情况制订个性化康复治疗方案。活动的最后，专家团队与重点运动员分别结对，结合省运会备战参赛任务，制订了详细的方案，确保康复保障工作高效、有序，为运动员提供便捷、优质的康复医疗保障服务。

淄博第十中学与专家团队“牵手”，将建立起一站式运动健康服务与医疗保障体系，在深化体教卫融合的实践过程中，树立健康第一的教育理念，加强学校体育工作、医疗保障，助力体育教育，实现“1+1+1＞3”的效果，打造体教卫融合新样板。

（资料来源：淄博市教育局，2022年6月20日，有删改）

项目七
体质的测试与评价

任务一 《国家学生体质健康标准（2014年修订）》说明

《国家学生体质健康标准（2014年修订）》（以下简称《标准》）是国家学校教育工作的基础性指导文件和教育质量基本标准，是评价学生综合素质、评估学校工作和衡量各地教育发展的重要依据，适用于全日制普通小学、普通初中、普通高中、中等职业学校、普通高等学校的学生。

《标准》从身体形态、身体机能和身体素质等方面综合评定学生的体质健康水平，是促进学生体质健康发展、激励学生积极进行身体锻炼的教育手段，是国家学生发展核心素养体系和学业质量标准的重要组成部分，是学生体质健康的个体评价标准。

《标准》将适用对象中的普通高等学校部分分为两组：大学一、二年级为一组，大学三、四年级为一组。大学各组别的测试指标均为必测指标。其中，身体形态类中的身高、体重，身体机能类中的肺活量，以及身体素质类中的50米跑、坐位体前屈、立定跳远为各年级大学生共性指标。

《标准》的学年总分由标准分与附加分之和构成，满分为120分。标准分由各单项指标得分与权重乘积之和组成，满分为100分。附加分根据实测成绩确定，即对成绩超过100分的加分指标进行加分，满分为20分；大学的加分指标为男生引体向上和1000米跑，女生为1分钟仰卧起坐和800米跑；各指标加分幅度均为10分。

根据学生学年总分评定等级：90.0分及以上为优秀，80.0～89.9分为良好，60.0～79.9分为及格，59.9分及以下为不及格。

每个学生每学年评定一次，记入《国家学生体质健康标准》登记卡。特殊学制的学校，在填写登记卡时可以按规定和需求相应地增减栏目。学生毕业时的成绩和等级，按毕业当年学年总分的50%与其他学年总分平均得分的50%之和进行评定。

学生测试成绩评定达到良好及以上者，方可参加评优与评奖；成绩达到优秀者，方可获得体育奖学分。测试成绩评定不及格者，在本学年度准予补测一次；补测仍不及格者，则学年成绩评定为不及格。普通高等学校学生毕业时，《标准》测试的成绩达不到50分者按结业或肄业处理。

学生因病或残疾可向学校提交暂缓或免予执行《标准》的申请，经医疗单位证明，体育教学部门核准，可暂缓或免予执行《标准》，并填写免予执行《国家学生体质健康标准》申请表，存入学生档案。确实丧失运动能力、被免予执行《标准》的残疾学生，仍可参加评优与评奖，毕业时《标准》成绩需注明免测。

各学校每学年开展覆盖本校各年级学生的《标准》测试工作，《标准》测试数据经当地教育行政部门按要求审核后，通过“中国学生体质健康网”上传至“国家学生体质健康标准数据管理系统”。测试及相关数据上传时间由教育行政部门确定。

单项指标与权重见表7-1-1。

表7-1-1　单项指标与权重

测试对象	单项指标	权重 /%
大学各年级	体重指数（BMI）	15
	肺活量	15
	50 米跑	20
	坐位体前屈	10
	立定跳远	10
	引体向上（男）/1 分钟仰卧起坐（女）	10
	1000 米跑（男）/800 米跑（女）	20

注：体重指数（BMI）=体重（千克）/身高^2（米^2）。

任务二　测试方法

一、身高

（一）测试目的

通过测量学生的身高，与体重测量相配合，评定学生的身体匀称度，评价学生生长发育水平及营养状况。

（二）场地器材

测量学生身高时使用身高计。

注意事项：使用前应校对0点，以钢尺测量基准板平面至立柱前面红色刻线的高度是否为10.0厘米，精度精确至0.1厘米。同时，应检查立柱是否垂直、连接处是否紧密、有无晃动、零件有无松脱等，并及时加以纠正。

（三）测试方法

受试者赤足，呈立正姿势站在身高计的底板上（上肢自然下垂，足跟并拢，足尖分开约60°），足跟、骶骨部及两肩胛区与立柱接触，躯干自然挺直，头部正直，耳屏上缘与眼眶下缘水平，成绩以厘米为单位，精确到小数点后一位。测试误差不得超过0.5厘米。

二、体重

（一）测试目的

通过测量学生的体重，与身高测量相配合，评定学生的身体匀称度，评价学生生长发育水平及营养状况。

（二）场地器材

测量体重时使用杠杆秤或电子体重计。使用前须检验其准确度和灵敏度。精度精确至0.1%，即每100千克误差小于0.1千克。

准确度检验方法：以备用的10千克、20千克、30千克标准砝码或用等重标定重物代替分别进行称量，检查指标读数与标准砝码误差是否在允许范围内。

灵敏度的检验方法：置100克重砝码，观察刻度尺变化，如果刻度抬高了3毫米或游标向远移动0.1千克而刻度尺维持水平位，则达到要求。

（三）测试方法

测试时，杠杆秤应放在平坦地面上，受试者赤足，男性受试者身着短裤，女性受试者身着短裤短袖衫，站在秤台中央。读数以千克为单位，精确到小数点后一位。测试误差不超过0.1千克。

三、肺活量

（一）测试目的

测试学生的通气能力。

（二）场地器材

测量肺活量时使用电子肺活量计、吹嘴。

（三）测试方法

受试者进行一两次较平日深一些的呼吸动作后，更深地吸一口气，向吹嘴处慢慢呼气至不能再呼出为止。每位受试者测一次，以毫升为单位，不保留小数。

四、50米跑

（一）测试目的

测试学生速度、灵敏素质及神经系统灵活性的发展水平。

（二）场地器材

50 米直线跑道若干条，地面平坦，地质不限，跑道线要清晰。发令旗一面，口哨一个，秒表若干块（一道一表）。

注意事项：秒表使用前应用标准秒表校正，每分钟误差不得超过 0.2 秒。标准秒表的选定，以北京时间为准，每小时误差不超过0.3 秒。

（三）测试方法

受试者至少两人一组，站立式起跑，受试者听到“跑”的口令后开始起跑。发令员在发出口令的同时摆动发令旗。计时员视旗动开表计时，当受试者的躯干部位到达终点线垂直面时停表。记录以秒为单位，精确到小数点后一位。小数点后第二位数按非0进1原则进位，如将10.11秒读成10.2秒，并记录下来。

五、立定跳远

（一）测试目的

测试学生下肢肌肉爆发力及身体协调能力的发展水平。

（二）场地器材

立定跳远应在沙坑（沙面与地面齐平）或土质松软的平地上进行。

注意事项：起跳线至沙坑近端不得少于30厘米。起跳地面要平坦，不得有坑凹。

（三）测试方法

受试者两脚自然分开站立，站在起跳线后，脚尖不得踩线（最好用线绳做起跳线）。两脚原地同时起跳，不得有垫步或连跳动作。丈量起跳线后缘至最近着地点后缘的垂直距离。每人试跳一次。以厘米为单位，不计小数。

六、坐位体前屈

（一）测试目的

测试学生在静止状态下的躯干、腰、髋等部位可达到的活动幅度，主要反映这些部位关节韧带和肌肉的伸展性与弹性及学生身体柔韧素质的发展水平。

（二）场地器材

坐位体前屈项目使用坐位体前屈测量计测量。

注意事项：将仪器放在平坦地面上。测试前用直尺进行校正，即将直尺放在平台上，使游标的上面与平台水平，将游标的刻度调到0位。

（三）测试方法

受试者坐在平地上，两腿伸直，两脚平蹬测试纵板，两脚分开10～15厘米，上体前屈，两臂伸直向前，用两手中指指尖逐渐向前推动游标，直到不能前推。测量计的脚蹬纵板内沿平面为0点，向内为负值，向前为正值。记录以厘米为单位，保留一位小数。测试2次，取较好成绩。

七、800米跑（女）或1000米跑（男）

（一）测试目的

测试学生耐力素质的发展水平，特别是心血管系统、呼吸系统的机能及肌肉耐力。

（二）场地器材

400米、300米或200米田径场跑道，地质不限；也可以使用其他不规则场地，但必须丈量准确，地面平坦。发令旗一面，秒表若干块，秒表使用前需要校正，注意事项同50米跑。

（三）测试方法

受试者至少两人一组，站立式起跑，受试者听到“跑”的口令后开始起跑。发令员在发出口令时摆动发令旗。计时员视旗动开表计时，当受试者的躯干部位到达终点线垂直面时停表。以分·秒为单位记录测试成绩，不计小数。

八、引体向上（男）

（一）测试目的

测试学生上肢肌肉力量的发展水平。

（二）场地器材

测量引体向上的器材为高单杠或高横杠，杠粗以手能握住为准。

（三）测试方法

受试者跳起，两手正握杠，两手间距与肩同宽，成直臂悬垂。静止后，两臂同时用力引体（身体不能有附加动作），上拉到下颌超过横杠上缘为完成一次。记录引体成功完成的次数。

九、1分钟仰卧起坐（女）

（一）测试目的

测试学生的腹肌耐力。

（二）场地器材

1分钟仰卧起坐的器材为若干块垫子（替代品），要求铺放平坦。

（三）测试方法

受试者全身仰卧于垫上，两腿稍分开，屈膝成90°角左右，两手手指交叉贴于脑后。另一同伴压住其踝关节，以便固定其下肢。受试者起坐时两肘触及或超过双膝为完成一次。仰卧时两肩胛必须触垫。测试人员发出“开始”口令的同时开表计时，记录1分钟内完成的次数。1分钟到时，受试者虽已坐起但未达到双膝者不计次数，精确到个位。

任务三　评分标准

一、大学生身体形态评分标准

大学生体重指数评分表见表7–3–1。

表7–3–1　大学生体重指数评分表　　单位：千克/米^2

等级	单项得分	男生体重指数	女生体重指数
正常	100	17.9 ~ 23.9	17.2 ~ 23.9
低体重	80	≤ 17.8	≤ 17.1
超重	80	24.0 ~ 27.9	24.0 ~ 27.9
肥胖	60	≥ 28.0	≥ 28.0

二、大学生身体机能和身体素质评分标准

大学男生身体机能和身体素质评分表见表7-3-2，大学女生身体机能和身体素质评分表见表7-3-3。

表7-3-2 大学男生身体机能和身体素质评分表

项目		肺活量/毫升		50米跑/秒		坐位体前屈/厘米		立定跳远/厘米		引体向上/次		1000米跑	
等级	单项得分	大一、大二	大三、大四	大一、大二	大三、大四	大一、大二	大三、大四	大一、大二	大三、大四	大一、大二	大三、大四	大一、大二	大三、大四
优秀	100	5040	5140	6.7	6.6	24.9	25.1	273	275	19	20	3'17"	3'15"
	95	4920	5020	6.8	6.7	23.1	23.3	268	270	18	19	3'22"	3'20"
	90	4800	4900	6.9	6.8	21.3	21.5	263	265	17	18	3'27"	3'25"
良好	85	4550	4650	7.0	6.9	19.5	19.9	256	258	16	17	3'34"	3'32"
	80	4300	4400	7.1	7.0	17.7	18.2	248	250	15	16	3'42"	3'40"
及格	78	4180	4280	7.3	7.2	16.3	16.8	244	246	—	—	3'47"	3'45"
	76	4060	4160	7.5	7.4	14.9	15.4	240	242	14	15	3'52"	3'50"
	74	3940	4040	7.7	7.6	13.5	14.0	236	238	—	—	3'57"	3'55"
	72	3820	3920	7.9	7.8	12.1	12.6	232	234	13	14	4'02"	4'00"
	70	3700	3800	8.1	8.0	10.7	11.2	228	230	—	—	4'07"	4'05"
	68	3580	3680	8.3	8.2	9.3	9.8	224	226	12	13	4'12"	4'10"
	66	3460	3560	8.5	8.4	7.9	8.4	220	222	—	—	4'17"	4'15"
	64	3340	3440	8.7	8.6	6.5	7.0	216	218	11	12	4'22"	4'20"
	62	3220	3320	8.9	8.8	5.1	5.6	212	214	—	—	4'27"	4'25"
	60	3100	3200	9.1	9.0	3.7	4.2	208	210	10	11	4'32"	4'30"
不及格	50	2940	3030	9.3	9.2	2.7	3.2	203	205	9	10	4'52"	4'50"
	40	2780	2860	9.5	9.4	1.7	2.2	198	200	8	9	5'12"	5'10"
	30	2620	2690	9.7	9.6	0.7	1.2	193	195	7	8	5'32"	5'30"
	20	2460	2520	9.9	9.8	–0.3	0.2	188	190	6	7	5'52"	5'50"
	10	2300	2350	10.1	10.0	–1.3	–0.8	183	185	5	6	6'12"	6'10"

表7-3-3　大学女生身体机能和身体素质评分表

项目		肺活量/毫升		50米跑/秒		坐位体前屈/厘米		立定跳远/厘米		1分钟仰卧起坐/次		800米跑	
等级	单项得分	大一、大二	大三、大四	大一、大二	大三、大四	大一、大二	大三、大四	大一、大二	大三、大四	大一、大二	大三、大四	大一、大二	大三、大四
优秀	100	3400	3450	7.5	7.4	25.8	26.3	207	208	56	57	3'18"	3'16"
	95	3350	3400	7.6	7.5	24.0	24.4	201	202	54	55	3'24"	3'22"
	90	3300	3350	7.7	7.6	22.2	22.4	195	196	52	53	3'30"	3'28"
良好	85	3150	3200	8.0	7.9	20.6	21.0	188	189	49	50	3'37"	3'35"
	80	3000	3050	8.3	8.2	19.0	19.5	181	182	46	47	3'44"	3'42"
及格	78	2900	2950	8.5	8.4	17.7	18.2	178	179	44	45	3'49"	3'47"
	76	2800	2850	8.7	8.6	16.4	16.9	175	176	42	43	3'54"	3'52"
	74	2700	2750	8.9	8.8	15.1	15.6	172	173	40	41	3'59"	3'57"
	72	2600	2650	9.1	9.0	13.8	14.3	169	170	38	39	4'04"	4'02"
	70	2500	2550	9.3	9.2	12.5	13.0	166	167	36	37	4'09"	4'07"
	68	2400	2450	9.5	9.4	11.2	11.7	163	164	34	35	4'14"	4'12"
	66	2300	2350	9.7	9.6	9.9	10.4	160	161	32	33	4'19"	4'17"
	64	2200	2250	9.9	9.8	8.6	9.1	157	158	30	31	4'24"	4'22"
	62	2100	2150	10.1	10.0	7.3	7.8	154	155	28	29	4'29"	4'27"
	60	2000	2050	10.3	10.2	6.0	6.5	151	152	26	27	4'34"	4'32"
不及格	50	1960	2010	10.5	10.4	5.2	5.7	146	147	24	25	4'44"	4'42"
	40	1920	1970	10.7	10.6	4.4	4.9	141	142	22	23	4'54"	4'52"
	30	1880	1930	10.9	10.8	3.6	4.1	136	137	20	21	5'04"	5'02"
	20	1840	1890	11.1	11.0	2.8	3.3	131	132	18	19	5'14"	5'12"
	10	1800	1850	11.3	11.2	2.0	2.5	126	127	16	17	5'24"	5'22"

三、加分指标评分标准

男生引体向上、女生1分钟仰卧起坐均为高优项目，学生成绩超过单项评分100分对应的成绩后，应以超过的次数所对应的分数进行加分，具体见表7-3-4。男生1000米跑、女生800米跑均为低优指标，学生成绩低于单项100分对应的成绩后，应以减少的秒数所对应的分数进行加分，具体见表7-3-5。

表7-3-4　男生引体向上、女生1分钟仰卧起坐加分表　　单位：次

加分	男生引体向上		女生 1 分钟仰卧起坐	
	大一、大二	大三、大四	大一、大二	大三、大四
10	10	10	13	13
9	9	9	12	12
8	8	8	11	11
7	7	7	10	10
6	6	6	9	9
5	5	5	8	8
4	4	4	7	7
3	3	3	6	6
2	2	2	4	4
1	1	1	2	2

表7-3-5　男生1000米跑、女生800米跑加分表　　单位：秒

加分	男生 1000 米跑		女生 800 米跑	
	大一、大二	大三、大四	大一、大二	大三、大四
10	–35	–35	–50	–50
9	–32	–32	–45	–45
8	–29	–29	–40	–40
7	–26	–26	–35	–35
6	–23	–23	–30	–30
5	–20	–20	–25	–25
4	–16	–16	–20	–20
3	–12	–12	–15	–15
2	–8	–8	–10	–10
1	–4	–4	–5	–5

思政课堂

广州市体育科学研究所体质健康“大巴车”开进校园

为贯彻《广州市全民健身实施计划（2016—2020年）》精神，进一步开展体育惠民、国民体质监测和体质健康宣传工作，广州市体育科学研究所联合广州体育学院、林和街国民体质监测站点，在广州体育学院开展了主题为“关爱大学生体质健康”的“大巴车进社区”活动。

安装了整套体质测试设备的大巴车进入校园，免费为大学生进行体质测试，专家为被测试者解读检测报告并给予健身指导，受到大学生的热烈欢迎。该活动还邀请了广东省国民体质监测中心的研究员作“大学生体质健康和科学锻炼方法”的专题报告，强化大学生关注自己的身体、了解自己的体质、重视自己的健康的意识，倡导大学生积极参与健身、科学锻炼。

“大巴车进社区”活动是2018年广州市体育科学研究所的科学健身宣传系列活动，旨在向广大市民传播科学健身及体质健康知识，倡导有益身心的运动生活方式。“关爱大学生体质健康”是这一系列的首场活动，接下来还会前往工厂、医院、机关、事业单位等开展免费体质检测和健身指导活动。

（资料来源：《中国体育报》，2018年5月28日，有删改）

体育技能方法篇

项目八
田径运动

任务一　跑

跑在田径运动中有多个项目。下面以短跑、中长跑为例进行介绍。

一、短跑

（一）短跑简介

短跑是一种用最快速度跑完全程的赛跑，是田径运动的基础项目。短跑正式比赛项目有男（女）100米跑、男（女）200米跑、男（女）400米跑等。

（二）短跑技术

短跑分为4个阶段，即起跑、起跑后的加速跑、途中跑、终点跑。

1. 起跑和起跑后的加速跑

根据规则要求，短跑比赛（包括跨栏跑）都采用蹲踞式起跑。3个连贯的动作口令分别为“各就位”“预备”和“鸣枪”。（图8–1–1）

图 8–1–1

当听到“各就位”口令时，运动员首先应调整一下情绪，做几次深呼吸，走到起跑器前，俯身，两手撑地，两脚依次蹬在起跑器的前后抵趾板上（通常要把较有力的腿放在前面），后腿膝盖跪在地面上，两手呈“人”字形撑在起跑线后沿，两臂伸直，与肩同宽或稍宽于肩；身体重心处于两手及两脚支撑点中间位置，整个躯干微微弓起，但不能蜷缩。

此时，运动员应集中注意力等待发令员的下一个口令。

当听到“预备”口令后，运动员应深吸一口气，平稳地抬起臀部，与肩同高或稍高于肩，身体重心适当前移，肩部稍超出起跑线。“预备”姿势要求身体稳定，两脚紧贴起跑器抵趾板，注意力高度集中。

当听到枪声时，运动员两手迅速推离地面，两臂屈肘有力地进行前后摆动，两腿迅速蹬起跑器，使身体向前上方运动，前腿快速有力地依次蹬伸髋关节、膝关节、踝关节。

起跑后的加速跑是从后腿蹬离起跑器到途中跑之间的一个跑段。其任务是充分利用向前的冲力，在较短的距离内尽快获得高速度。起跑后的最初几步，两脚沿着两条相距不宽的直线前进，随着跑速的加快，两脚着地点逐渐合拢到假定的直线两侧。加速跑的距离一般为25 ~ 30米。

2. 途中跑

途中跑是短跑全程中距离最长、跑速最快的一段。途中跑技术包括两腿动作、身体重心起伏、摆臂和上体姿势。

短跑途中跑的技术要点：身体端正稍前倾，两臂以肩为轴，以肘用力（屈肘关节角度约为90°），手掌伸出，快速而有力地摆动。前摆时肘关节屈的角度可达60° ~ 70°，后摆时肘关节屈的角度可达130° ~ 140°。大腿带动小腿自然有力地大幅度快速摆动，前脚掌扒地，两腿蹬摆应与两臂摆动协调配合。（图8–1–2）

图 8–1–2

3. 终点跑

终点跑是短跑全程中的最后一段。其任务是尽量保持短跑途中跑的高速度跑过终点。

短跑终点跑的技术要点：在距离终点线15 ~ 20米处，尽可能保持上体前倾角度，加快两臂摆动的速度和力量。在跑到距离终点线一步时，上体急速前倾用胸部或肩部撞终点线并跑过终点，然后逐渐减慢跑速。

二、中长跑

（一）中长跑简介

中长跑是中距离跑和长距离跑的统称。中长跑项目有800米跑、1500米跑、3000米跑、5000米跑、10 000米跑等。中长跑运动能够增强呼吸系统和心血管系统的功能，发展耐力素质，培养顽强的意志和克服困难的精神。

（二）中长跑技术

中长跑项目较多，与各种距离跑的技术结构基本相似，只是因距离不同，技术要求上稍有差异。

1. 起跑和起跑后的加速跑

长距离的起跑都采用站立式起跑。口令与短跑有所区别，少了“预备”口令。发令前，运动员位于起跑线后 3 米的集合线处。

当听到“各就位”口令时，运动员走到起跑线后做几次深呼吸。两脚前后开立，较有力的脚在前，紧靠起跑线后沿，前脚跟与后脚尖距离约一脚长，左右间距约为半脚。身体重心落在前脚上，后脚成前脚掌支撑姿势站立，两腿弯曲，上体前倾，前腿和异侧臂在前，同侧臂在后。保持身体稳定姿势，集中注意力听枪声。

当听到枪声后，运动员两腿迅速用力蹬地，两臂有力地前后摆动，身体迅速向前冲出，以便在短时间内获得较快跑速并跑向便于发挥自己战术的有利位置。加速跑达到预定速度并占据有利位置后，立即转入途中跑。起跑后的加速跑距离长短与速度快慢应根据个人特点、比赛项目和战术使用等情况而定。中长跑的起跑动作近似蹲踞式起跑，采用半蹲踞式起跑。其动作是：一只手的拇指与其他四指分开呈“人”字形撑在起跑线后，另一只手臂放在体侧，体重落在前腿和支撑臂上。

2. 途中跑

途中跑在整个中长跑过程中距离最长，是中长跑的主要部分。因此，掌握途中跑的技术是极其重要的。途中跑的技术要点与短跑的基本相同。途中跑的距离长、体力消耗大，要求跑的动作更加放松协调、平稳，以节省体力。上体基本保持正直、稍前倾；两肩下沉，两臂靠近躯干，大小臂约成90° 角，以肩为轴，轻松、快速、有力地前后摆动。沿运动方向进行有力的后蹬，推动身体快速地向前移动，蹬地角度一般为55° 左右。

脚的落地方式一般有两种：一种是用前脚掌或前脚掌外侧着地（适合于中跑）；另一种是用脚跟外侧着地，向前滚动至前脚掌外侧着地（适用于长跑）。

3. 弯道跑

中长跑一半以上的距离是在弯道上进行的，为了克服沿弯道跑进时产生的离心力，在跑进弯道时，身体需适当向左倾斜。跑速越快，向左倾斜的幅度应该越大。摆臂时，右臂向前摆的幅度稍大，前摆时稍向内，左臂后摆幅度稍大。摆动腿前摆时，右膝前摆时稍向内扣，左膝前摆时稍向外展。脚着地时，右脚用前脚掌内侧着地，左脚用前掌外侧着地。

在弯道跑时，应靠近跑道的内沿，以免多跑距离。超越对手最好不要在弯道上进行。

4. 终点跑

终点跑是指在到达终点前的一段加速跑。动作要求基本上和短跑相同。这时，运动员处于疲劳状态，应用尽全部力量，以顽强的意志冲向终点。跑的动作应该是摆臂快速而用力，加强腿的后蹬与前摆。终点跑距离的长短应根据个人余力、场上情况和战术要求而定。一般情况下，800米跑时，可在最后200～250米开始加速并逐渐过渡到冲刺跑；1500米跑时，可在最后300～400米逐步加速。

参加中长跑运动时，在技术上有一个特别要求，就是要掌握好跑时的呼吸节奏，运用好正确的呼吸方法。正确的呼吸方法应该是口与鼻共同进行呼吸，通常是采用微微张口与鼻同时吸气，用口来呼气的方法。在寒冷的季节，吸气时为了避免冷空气直接从口腔进入体内，可采用卷起舌尖抵住上颚的口腔吸气方法。呼吸的节奏应和跑步的节奏相配合。通常，在慢速跑时，可采用三步一呼、三步一吸的方式；当跑速加快时，可用两步一呼、两步一吸的方式；当跑速比较快或感到有些疲劳时，可采用一步一呼、一步一吸的方式。跑步中的呼吸动作，应特别注意吸气的深度。呼气时应用力，最好把气呼净，这样便于更好地吸入空气，供给跑步时必要的氧气，使运动时间更长。

任务二　跳跃

跳跃类运动包括跳高、跳远、三级跳远和撑竿跳高等田赛项目。下文仅介绍跳高与跳远项目。

一、跳高

（一）跳高简介

跳高是田赛项目之一。随着跳高技术的不断发展，跳高姿势已从跨越式、剪式、滚式、俯卧式，发展到现在常用的背越式。

（二）跳高技术

跳高由助跑、起跳、过杆和落地4个技术环节组成。起跳必须用单脚。下面只介绍背越式跳高技术。

1. 助跑

助跑分为前后两个阶段：前段为直线助跑，后段为弧线助跑。

直线助跑：一般助跑 4～5 步。两腿后蹬和前摆的幅度较大，身体重心较高，动作轻松、自然、有弹性。

弧线助跑：一般助跑 4～5 步。助跑时身体略向圆心倾斜，脚落地时由脚跟过渡到前脚掌着地，摆臂与弯道途中跑相似。倒数第二步，步幅稍大，用全脚掌着地；最后一步稍小，速度较快，准备起跳。

2. 起跳

以远离横杆的腿为起跳腿。助跑最后一步时，随着身体倾斜，起跳腿向身体对侧（横杆方向）迈出，踏上起跳点，脚跟先着地，然后迅速过渡到全脚掌着地，脚与横杆平行或有较小的夹角。

由于重力和冲力作用，起跳腿膝关节伸肌群做退让性伸缩被迫屈膝，上体随之移至起跳点上方，然后迅速与摆动腿的摆动相配合，充分、有力地蹬伸髋关节、膝关节、踝关节，头向上顶，起跳腿与头成一条直线。

随着起跳腿的动作，摆动腿做积极、主动的摆动，屈膝，由体后经体侧呈弧线向对侧肩部方向摆至体前，膝稍内扣，大腿抬平并带动髋关节向上。同时，两臂配合下肢动作迅速有力地自然向上摆动，带动肩部上提。腹部肌肉群紧张用力地向上提髋。

起跳离地后，在摆动腿弧线摆动和力矩作用下，身体沿纵轴螺旋式地向上腾起，在腾起至最高点的过程中逐渐形成背对横杆的姿势。

3. 过杆和落地

保持起跳腿蹬伸，躯干充分伸展；上体转动成背对横杆，起跳腿自然下垂；当头和肩越过横杆后，迅速沉肩，两臂置于体侧，髋关节向上挺起，形成“背弓”，两膝自然弯曲，小腿自然下垂；当髋关节过杆后，大腿向上摆动，小腿上踢，使整个身体过杆；两肩继续下沉，含胸收腹，自然下落，以肩部领先着垫。

二、跳远

（一）跳远简介

跳远是人体通过快速助跑和有利的起跳，采用合理的空中姿势和动作，使身体腾空一定的水平距离的运动项目。

（二）跳远技术

根据跳远技术的动作结构与完成动作的先后顺序，跳远的完整技术由助跑、起跳、腾空和落地4个部分组成。

1. 助跑

助跑距离一般男子为35～45米，跑18～24步；女子为30～35米，跑16～18步。

原地站立或行进中起动开始助跑，上体前倾，大腿积极摆动，后蹬充分，摆臂有力。在助跑途中，上体逐渐抬起，腿和手臂加速用力摆动，加快助跑速度，身体重心较高，身体平稳，节奏性强。助跑步频逐渐加快，保持较高的身体重心和较快的助跑速度，准备起跳。

2. 起跳

起跳动作是从助跑最后一步摆动腿后蹬开始的，至起跳脚蹬离地面结束。助跑最后一步，摆动腿用力蹬地，使身体尽快向起跳板方向运动。起跳腿快速前摆，大腿积极下压，踏上起跳板，由脚跟过渡到全脚掌着地。在起跳腿着地的一瞬间，髋关节、膝关节、踝关节被迫弯曲缓冲，同时身体重心前移，起跳腿快速用力蹬伸，摆动腿大腿积极向前上方摆动，摆至水平位置，小腿自然下垂。起跳腿同侧臂屈肘向身体前上方摆动，异侧臂屈肘向体侧摆动，提肩、拔腰，向上顶头。

3. 腾空

起跳腿蹬离地面后，上体正直，摆动腿保持起跳时的水平姿势，小腿自然下垂，起跳腿自然弯曲于体后，形成空中的跨步飞行。腾空的姿势有蹲踞式、挺身式、走步式。

（1）蹲踞式。接近腾空最高点时，起跳腿屈膝上提，与摆动腿并拢。两腿屈膝，大腿靠近胸部，上体稍前倾。两臂由前向下、向后摆动。落地前，两小腿向前伸出，准备落地。

（2）挺身式。腾空步后，摆动腿自然下放，伸髋，与顺势前移的起跳腿靠拢。在腾空步至最高点时，身体充分伸展，形成"挺胸展髋"的姿势，两臂上举或后摆，然后收腹、举腿，两腿前伸，完成落地动作。（图8–2–1）

图 8–2–1

（3）走步式。走步式有两步半和三步半两种。它取决于运动员的腾空高度、滞空时间、动作速度和协调性。腾空步后，摆动腿下落，继续向后运动，同时展髋，起跳腿屈膝前摆，在空中完成一个自然的换步动作，形成起跳腿在前、摆动腿在后的空中"跨步"动作。（图8–2–2）换步时，要注意保持跑的自然动作，摆动腿由屈到直向后摆动，起跳腿由直变屈，以大腿带动小腿向前摆动，摆动的动作幅度要大。完成一个换步接着做落地动作的腾空姿势称为两步半走步式，完成两次换步再做落地动作的腾空姿势称为三步半走步式。

图 8–2–2

4. 落地

正确的落地技术有利于取得最佳的跳远成绩，并防止受伤。无论采用哪种腾空姿势，落地前都要尽量向前伸出两腿，以脚跟先触及沙面，然后前脚掌下压，膝关节迅速弯曲前跪，上体迅速向前跟上。两膝同时弯曲前跪的落地方法，称为前倒落地法；一腿膝关节迅速弯曲，身体向屈膝一侧腿的方向侧向倒地的落地方法，称为侧倒落地法。

任务三　投掷

投掷类运动包括推铅球、掷铁饼、掷标枪和掷链球4个基本类型的田赛运动项目。按投掷运动动作技术的结构特点，推铅球、掷铁饼属于非周期性动作系结构，而掷标枪和掷链球则属于混合性动作系结构。下面只介绍推铅球和掷标枪。

一、推铅球

（一）推铅球简介

推铅球运动经历了3大历史演变阶段：最早是推石块，然后是在 14 世纪时欧洲人推炮弹（当时炮弹是圆形大铁球），后来才是推铅球。最初推铅球的比赛方法很简单，只需要画一条直线，人们站在线后推球。采用什么姿势不限，助跑或不助跑也没有限制，只要不过线将球推出就不犯规。后来规定在一个方块区域里推球，再后来规定必须在直径 2.135 米的圆圈里推球，并且铅球必须落在34.92° 角的扇形区域内方为有效，这种方法一直沿用至今。男子铅球的重量为 7.26 千克，女子铅球的重量为 4 千克。推铅球技术由最古老的推铅球技术发展到侧向滑步、背向滑步和弧转推铅球技术，以背向滑步推铅球技术最为普遍。

（二）背向滑步推铅球技术（以右手投球为例）

1. 握球和持球

五指自然分开，手腕背屈，把球放在食指、中指和无名指上，拇指和小指自然扶于球的两侧。握好球后，屈肘将球放在锁骨窝处，贴近颈部，手稍外转，掌心向前，抬肘至与上臂接近，与肩齐平。持球手托顶住球，非持球臂自然向上伸举。（图8–3–1）

图 8–3–1

2. 预备动作

持球背对投掷方向，右脚尖贴近投掷圈后沿内侧，身体重心在右腿上，左脚脚尖或前脚掌着地。根据右腿站立的屈直分为低姿势和高姿势两种。右腿与上体正直放松站立为高姿势。右腿弯曲，上体向前倾站立为低姿势。根据高姿势和低姿势，两脚前后开立的距离以合适为度。（图8–3–2）

3. 团身动作

团身动作是滑步前的准备动作。保证正确身体姿势、维持身体平衡是做好团身动作的必要条件。一般情况下，完成团身动作的顺序如下：开始时，上体前俯，左臂随上体前俯逐步下垂，同时左腿向后上方摆起，摆到左腿大致与身体成一条直线的合适高度时，顺势屈右膝，收左腿，身体重心平稳下降形成团身姿势。团身姿势为右脚背对着投掷方向；身体重心在右脚前脚掌上（右脚跟提起或不提起）；根据个人腿部力量，使右膝弯曲到适当角度（约100°）；右膝前缘超过右脚尖；左腿在右腿之后，左膝靠近右小腿；左脚尖离地或轻轻触地。从身体侧面看，肩横轴和髋横轴的连线与地面平行或构成一定的角度；背部肌肉保持适当拉长和放松；左臂自然下垂或向投掷反方向伸出；右臂动作不变；目视前下方。（图8–3–3）在完成这个动作的过程中，一般是先屈体后屈膝，这样有利于维持身体平衡和完成动作。

图 8–3–2

图 8–3–3

4. 滑步动作

滑步的任务是使投掷者和器械获得一定的预先速度，既为最后用力创造有利的身体条件，也为发挥运动员全身的能力创造发力前的最佳身体姿势。滑步开始时，运动员的身体重心应尽量水平地向投掷方向快速移动，左腿以大腿带动小腿的形式向抵趾板方向踹出，左脚尽量沿地面滑动，左脚背朝下。当左脚经过投掷圈直径约 3/4 距离时有个外翻动作，左脚最后落在抵趾板中间略偏左处，左脚的纵轴与投掷方向成 90° ~ 100°角。左腿踹出后，在侧面看整个身体从左脚到左肩成一条直线。配合左腿的动作，右腿有一个蹬伸动作，身体重心由右脚前脚掌过渡到脚跟，右脚的动作似一滚动动作（注意：用脚跟滑步是自然动作，人在后退走时脚尖先离地，脚跟后离地），滑步过程中右膝不要伸直（技术录像或图片中有右膝伸直的瞬间图像，实际这是动作过程，如果做动作中有努力伸直过程将会出现身体重心过分向上的现象，这是错误的），两腿的夹角要大，髋部动作要伸展，然后右小腿迅速内收（很轻快地带过来），右脚稍内扣，落在圆心附近，右脚纵轴与投掷反方向夹角为20° ~ 45°或略微大于这个角度。滑步过程中身体重心的移动要尽量平稳，努力做到沿地面平行运动，对于具有一定技术水平的运动员，开始滑步时可以要求其臀部向抵趾板方向（后下方）运动，这样有利于提高滑步速度和减少身体重心起伏。

5. 最后用力

最后用力是从左脚积极主动着地的一刹那开始的。左脚着地后，身体左侧充分伸展形成稳定的制动和支撑。同时，右腿迅速、爆发式地用力蹬转，继续推动髋部向正对投掷方向转动。随着两腿蹬转和支撑的反作用力向上体传递，上体向上抬起，挺胸抬头，右臂沿向上传递的力的方向迅速、有力、爆发式地用力向前上方伸展，将球推出。在铅球即将离手时，手指快速拨球。左臂与右臂相向，协调一致地向下屈肘压臂。球出手后，两脚迅速跳步交换。落地后，右腿迅速屈膝，降低身体重心，左腿后拖，以维持身体平衡，避免冲出投掷圈而犯规。最后用力不仅要在尽可能短的时间内爆发式地来完成动作，还要保证采用正确的用力顺序，以便充分地将身体各部位的力量集中作用在球上。

6. 维持身体平衡

铅球出手之后，由于身体向前的惯性，身体易失去平衡，整个身体仍会继续向投掷方向跟进。维持身体平衡，避免出圈而犯规和出现跌倒现象也是在最后用力阶段和铅球出手时必须注意的。一般采用及时交换两腿改变运动方向、降低身体重心、左腿积极后退的方法来维持身体平衡，避免犯规，保证已取得的成绩。

二、掷标枪（以右手投掷为例）

（一）掷标枪简介

掷标枪具有悠久的历史，希腊人早就有非正式的掷标枪比赛。实际上，掷标枪是人类在与自然界进行斗争的过程中形成的一种技术，在长期演进中逐渐成为一种身体锻炼方式和竞赛运动项目。最早的掷标枪比赛不仅比掷远，还比掷准。在公元前708年的古希腊奥运会上，掷标枪被列为当时的“五项竞技”运动。在漫长的历史发展中，标枪器械逐渐演变。芬兰人把原先的木棍枪改为全长2.60米、重800克，并且带有金属枪头的标枪。

（二）掷标枪技术

掷标枪的技术比较复杂，但从基本理论、基本技术来看仍和其他投掷项目类似。掷标枪技术分为握枪、持枪、助跑、最后用力、维持身体平衡等技术阶段。

1. 握枪

将枪杆放在手心上，拇指和中指握枪杆把手末端第一圈外沿。食指自然弯曲，斜握标枪，无名指和小指握在标枪把手上。也可将拇指和食指握在标枪把手末端第一圈上沿，其他手指按顺序握在把手上。

2. 持枪

正确的持枪技术应有利于持枪助跑发挥速度，有利于引枪及控制标枪的位置和角度，同时保持肩部和持枪臂放松。持枪方法有肩上持枪法、腰间持枪法等。还有一种综合方式，即持枪助跑前半段采用腰间持枪，后半段变换成肩上持枪，到投掷步时再引枪。这样做既有利于前半程发挥速度，又有利于后半程引枪和控制标枪。因此，许多运动员都喜欢采用这种综合方式持枪。

3. 助跑

掷标枪中助跑的作用与推铅球中滑步的作用、掷铁饼中旋转的作用一样，都是使器械预先获得速度。此外，助跑有助于控制好标枪的位置，为引枪和超越器械创造良好的条件。助跑由两个阶段组成：第一个阶段是预跑阶段，即持枪跑阶段；第二个阶段是特殊的助跑阶段，即投掷步阶段。（图8-3-4）

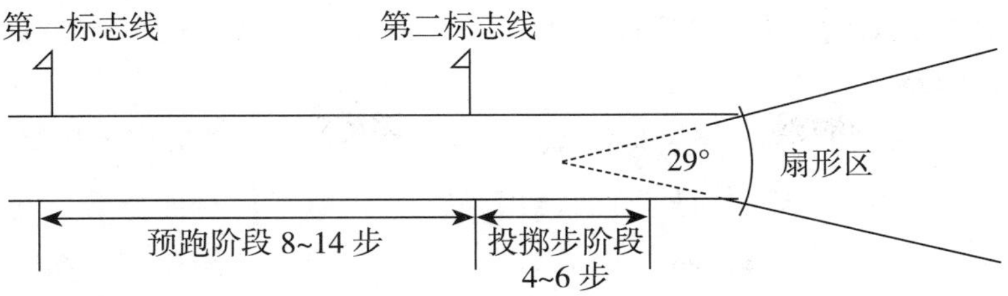

图 8-3-4

（1）预跑阶段。掷标枪一般要助跑 25 ~ 35 米，将从第一标志线到第二标志线 15 ~ 20 米的距离作为预跑阶段，通常跑 8 ~ 14 步。

预跑阶段要求：投掷臂持枪，上体稍前倾，用前脚掌着地，高抬大腿，蹬伸动作有力，动作轻快而富有弹性，并且助跑的节奏性要强。持枪臂和另一只手臂要与两腿动作协调配合，两眼平视，头部自然抬起。预跑阶段的助跑应是逐渐加速的，步长要稳定，速度也要能控制，以完成投掷步和最后用力为前提。尤其对初学者来说，预跑阶段的助跑速度更要控制好，随着技术水平的提高，可逐步提高助跑的速度。

（2）投掷步阶段。掷标枪的投掷步不同于普通跑步，在投掷步中还包含一个特殊的交叉步，因此，有人也把掷标枪的投掷步阶段叫作交叉步阶段。投掷步阶段是从第二标志线开始，到投掷弧这一段距离内的助跑，实际上是从预跑加速到最后用力直至标枪出手这一系列动作的过渡阶段。投掷步的任务是通过特殊的助跑技术，使下肢动作加快，在快速向前运动的过程中完成引枪，并且通过投掷步使身体超越器械，为最后用力和出手创造良好的条件。投掷步有两种形式：一是跳跃式的投掷步，二是跑步式的投掷步。投掷步阶段通常跑 4 ~ 6 步，男子为 9 ~ 15 米，女子为 8 ~ 13 米。

4. 最后用力

投掷步的第三步右脚落地后，髋部顺着向前的惯性继续运动，身体继续向前运动，在身体重心越过右脚支撑点上方时（左脚还未着地），右腿积极蹬伸用力。左脚着地时，左腿做出有力的制动动作，可加快上体向前运动的速度。右腿继续蹬地，推动右髋加速向投掷方向运动，使髋轴超过肩轴，并带动肩轴向投掷方向转动。在肩轴向投掷方向转动的同时，投掷臂快速向上翻转，使上体转为面对投掷方向，形成“满弓”姿势。此时投掷臂处于身后，与肩同高，与躯干几乎成直角，标枪处在肩上后方，掌心向上，枪尖向前。形成“满弓”姿势后，胸部继续向前，使投掷臂最大限度地留在身后，右肩部的肌肉最大限度地伸展。由于向前的惯性作用，左腿被迫屈膝，但随即做迅速有力的蹬伸，同时以胸部和右肩带动投掷臂向前做爆发性的“鞭打”动作，并使用力的方向通过标枪纵轴。在最后用力的过程中，合理的用力顺序是获得最大出手速度的关键。从右脚落地后的及时发力到右臂的快速“鞭打”，再到标枪出手，人体各部位形成一个完整的运动链，人体参与最后用力的肌肉群自下而上按照严格的顺序依次用力，使人体各部位依次加速和减速，实现动量的传递，并获得最大的出手速度。由于标枪的出手速度是助跑速度和投枪速度的合速度，为了提高助跑速度的利用率，现代掷标枪技术越来越重视助跑与最后用力的衔接动作。为了做好衔接动作，运动员在交叉步时身体不应腾空过高，在右脚着地后，应及时发力，左脚应主动快落，并做好制动和支撑用力动作。

5. 维持身体平衡

标枪出手后，维持身体平衡的是掷标枪的结束动作。为了防止人体越过投掷弧而造成犯规，标枪出手后，右腿应及时向前跨出一大步，以降低身体重心，保持平衡。为了保证最后用力时运动员可以大胆向前做动作而不犯规，最后一步左脚落地点至投掷弧的距离应为 1.5～2 米。

思政课堂

中国队开门红——女子推铅球决赛宋佳媛获成都大运会田径首金

8月1日，成都大运会（第31届世界大学生夏季运动会）田径项目开赛。傍晚举行的女子推铅球决赛中，中国选手宋佳媛以18.56米的成绩夺得冠军。这也是本届大运会田径赛场上产生的首枚金牌。

在决赛中，宋佳媛第一次推就推出了18.24米的好成绩，而其他选手没有一位能推出超过18米的成绩。第五次推，宋佳媛将成绩刷新到18.56米，最终轻松夺冠。

这也是成都大运会中国体育代表团夺得的第23金。

（资料来源：《中国体育报》，2023年8月1日，有删改）

项目九
球类运动

任务一　篮球

一、篮球运动简介

篮球运动是1891年由美国体育教师詹姆斯·奈史密斯设计发明的。他受当地儿童摘桃扔入桃筐活动的启发，设计了一种在场地两端设置两个竹制桃筐来展开投篮的游戏。篮球运动便由此演进。篮球运动是19世纪末由西方传入我国的。中华人民共和国成立后，篮球运动成为群众喜爱的体育项目之一，有着广泛的群众基础。与此同时，中国篮球运动的竞技水平也取得了历史性突破。中国女篮先后取得了1992年奥运会和1994年世界锦标赛亚军；中国男篮则打进了1994年世界篮球锦标赛（现更名为国际篮联篮球世界杯）八强和2008年北京奥运会八强。现在，我国职业篮球赛的蓬勃开展带动了中国篮球运动向更高水平发展。

二、篮球运动基本技术

篮球运动基本技术主要有移动、传球、接球、运球、投篮、抢篮板球等。篮球运动基本技术分为进攻技术和防守技术两类。

（一）移动

移动是篮球技术的基础。在篮球比赛中，队员几乎整场都处于移动状态，并运用技术动作去完成攻守任务。

1. 起动

起动是队员改变静止状态、摆脱防守、抢占有利位置的有效方法之一。两脚前后开立或左右开立，两膝弯曲，上体呈稍前倾的站立姿势。起动时，前脚掌用力蹬地，使动作具有突然性。起动的前 3 ～ 4 步要短而快速，同时身体稍前倾，加快跑的速度。

2. 跳

跳是篮球队员在球场上争取高度及远度的一种动作方法。篮球比赛中的很多技术动作需要队员在空中完成。因此，队员要会单、双脚起跳，能在原地、跑动中和对抗条件下向不同方向跳、连续跳等，并跳得快、跳得高，滞空时间长，以更好地在空中完成各种攻守动作。

3. 跑

跑是篮球队员在球场上改变位置、发挥速度的重要方法，也是比赛中运用最多的一种移动动作。篮球比赛中经常运用的跑主要有变速跑、变向跑、侧身跑。变速跑是篮球队员在跑动中利用速度的变换来争取主动的一种方法。

4. 急停

急停是篮球队员在跑动中突然制动的一种动作方法，也是各种脚步动作衔接和变化的过渡动作。在篮球比赛中，急停更多的是与其他技术结合起来使用的。急停的动作有以下两种：

（1）跳步急停（一步急停）。篮球队员在中、慢速移动中急停时，用单脚起跳或双脚起跳（一般离地面不高），上体稍后仰，两脚同时平行落地。落地时全脚掌着地，用前脚掌内侧蹬住地面，两膝弯曲，两臂屈肘微张，保持身体平衡。

（2）跨步急停（两步急停）。篮球队员在快速跑动中急停时，先向前跨出一大步，用脚跟着地，再过渡到全脚抵住地面，并迅速屈膝，同时身体微向后仰，后移重心。然后，跨出第二步，脚着地时，脚尖稍向内转，用前脚掌内侧蹬住地面，两膝弯曲，身体稍侧转（右脚跨出第一步，身体后移），微向前倾，重心移至两脚之间，两臂屈肘时自然张开，保持身体平衡。

5. 转身

转身是以一只脚为中枢脚，另一只脚向前或向后跨出改变站立位置和方向的一种动作方法。

前转身：移动脚蹬地，在中枢脚前方（身前）进行弧形移动。

后转身：移动脚蹬地，在中枢脚后方（身后）进行弧形移动。

6. 跨步

跨步是以一只脚为中枢脚，另一只脚向前或向侧方跨出，以便衔接其他动作的一种起步的动作方法。

（二）传、接球

1. 传球

传球是篮球比赛中进攻队员通过有目的地转移球，实现配合进攻的有效手段。因此，它是组织全队进攻配合的纽带，也是提高进攻战术质量的重要环节。下面主要介绍双手胸前传球和单手肩上传球。

（1）双手胸前传球。两脚自然分开，两膝微屈，上体稍向前倾。两手手指自然分开呈半圆形，拇指相对呈“八”字形，指根以上部位持球，手心空出。两肘自然弯曲于体侧，将球置于胸腹之间的部位，身体呈基本站立姿势。传球时，前臂在后脚蹬地、身体重心前移的同时，迅速向传球方向伸出，拇指用力下压，手腕前屈，食指、中指同时用力拨球，将球传出。球出手后，拇指和手心向下，其余四指向前。（图9-1-1）

图 9–1–1

（2）单手肩上传球。以原地右手肩上传球为例。传球时左脚向传球方向迈出半步，右手托球，同时将球引到右肩上方，肘部外展，上臂与地面近似平行，手腕后仰；左肩对着传球方向，身体重心落在右脚上，右脚蹬地，转体，前臂迅速向前挥摆，手腕前屈，通过食指、中指拨球将球传出。球出手后，右脚随着身体重心前移而向前迈出半步，保持基本站立姿势。（图9–1–2）

图 9–1–2

2. 接球

接球是篮球运动中的主要技术之一，是获得球的动作，是抢篮板球和抢断球的基础。接球有双手接球和单手接球两种。

（1）双手接球。两手接球时，目视来球，两臂伸出迎球，手指自然分开，两拇指呈“八”字形，手指向前上方，两手呈半圆形。当手指触球后，两臂后引缓冲来球的力量，两手接球于胸腹之间，保持身体平衡，做好传球、投篮或突破的准备。来球的高度不同，两臂伸出迎球的高低也有所不同。

（2）单手接球。右手接球，则右脚向来球方向迈出，目视来球。接球时，手呈勺形，手指自然分开，右臂向来球的方向伸出。当手指触球时，手臂顺势将球向后引，左手立即接球，然后两手将球接于胸腹之间。

（三）运球

运球是持球队员在原地或行进过程中，用手连续按拍由地面反弹起来的球的一类动作方法。下面主要介绍高运球、低运球、体前变向运球、运球急停急起和背后运球技术。

1. 高运球

两腿微屈，上体稍前倾，两眼平视前方。以肘关节为轴，前臂自然屈曲，用手腕、手指柔和而有力地按拍球的后上部。球的落点控制在运球手臂同侧脚的外侧前方，将球的反弹高度控制在胸腹之间。

2. 低运球

两腿迅速弯曲，身体重心降低，上体前倾。球的落点在体侧，用上体和腿保护球。同时，用手腕和手指短促地按拍球的后上部，将球反弹的高度控制在膝关节以下。

3. 体前变向运球（以右手运球为例）

运球队员从对手右侧突破时，先向对手左侧做变向运球的假动作。当对手向左侧移动堵截运球时，运球队员突然按拍球的右后上部，使球经自己体前右侧反弹至左侧前方；右脚向左前方跨出，上体向左转，侧肩挡住对手，同时换左手按拍球的后上部，左脚跨出并用力蹬地加速，从对手的右侧突破。

4. 运球急停急起

在快速运球中突然急停时，采用两步急停，使身体重心降低，手按拍球的前上部，使球停止向前运行。运球急起时，两脚用力后蹬，身体急剧前倾，迅速起动，同时按拍球的后上部，人、球同步快速前进。

5. 背后运球

以右手运球、向左侧变向为例。变向时，用右手将球拉到身后拍球的右侧后方，同时右脚向前跨出，将球从身后拍至左脚的侧后方。然后立即换左手运球，左脚迅速向左前方跨出，转体探肩，靠近防守队员，左手运球突破对方防守，继续前进。

（四）投篮

投篮是队员将球投入篮筐的一种专门动作。它是篮球比赛中唯一的得分手段，是一切进攻技战术的最终目的和攻守矛盾的焦点所在。因此，加强投篮技术的教学与训练，正确掌握并熟练运用投篮技术，不断提高投篮命中率，是对教练员和运动员的最基本要求。

图 9-1-3

1. 原地单手肩上投篮

以右手投篮为例。两脚自然分开，两膝弯曲，身体重心落在两脚上。右手五指自然分开，翻腕持球的后部稍下部位，指根以上部位触球，手心空出，肘关节指向篮筐，目视球篮。投篮时，由下肢蹬地发力，身体随之向前上方伸展，同时抬肘向投篮方向伸臂，手腕前屈，食指、中指拨球，将球投出。球离手时，手臂随球自然跟送，脚跟提起。（图9-1-3）

2. 行进间单手肩上投篮

以右手投篮为例。跑动接球时，跨右脚，然后接着跨出第二步，这一步稍小并用力起跳。右腿屈膝抬高，在左脚蹬地起跳的同时，两手迅速将球举至右上方。右手五指自然分开，掌心空出，手腕后屈托球，左手扶球做保护，肘下垂，目视篮筐。接着右手托球向上伸展，手指柔和地拨动，手腕下压，将球投出。（图9–1–4）

图 9–1–4

3. 行进间单手低手投篮

以右手投篮为例。右脚跨出一大步的同时接球，左脚跨出一小步蹬地起跳，右腿屈膝上抬，两手向前上方举球。在身体上升时，左手离球，右手托球向篮筐方向伸出，用手腕上挑、手指拨球的力量将球投出。

4. 跳起单手投篮

以右手投篮为例。两手持球于胸腹之间，两脚左右或前后开立，两膝微屈，身体重心落在两脚之间，上体放松，目视篮筐。起跳时两膝适当弯曲（两脚前后开立时也可上一步再做此动作），接着脚掌蹬地发力，提腹、伸腰，向上迅速摆臂举球并起跳，两手举球于肩上或头上，左手扶球左侧。当身体升至最高点或接近最高点时，左手离球，右臂向前上方伸直，同时用突发性力量屈腕、压指，使球通过指端投出。球离手后身体自然落地，屈膝缓冲，准备冲抢篮板球或回防。（图9–1–5）

图 9–1–5

（五）抢篮板球

抢篮板球是指双方队员争抢投篮未中时从篮板或篮筐反弹出的球。防守队员抢对方投篮未中的球，称为抢防守篮板球或抢后场篮板球；进攻队员抢本队投篮未中的球，称为抢进攻篮板球或抢前场篮板球。

1. 抢防守篮板球

（1）先挡后抢。近篮区用后转身挡人。需要强调挡人的质量，不要过早地放松，给对手留下移动的空间。

（2）配合抢防守篮板球。要求始终保持 2~3 名队员抢占罚球线前和两侧的三角区域，形成控制权，或要求每名队员分别盯人，挡住对手的冲抢路线。

2. 抢进攻篮板球

（1）每当出手时，队员要善于利用对手转身观察的瞬间，趁其不备运用上步或助跑起跳，突然冲向球反弹的方向。若遇到对手阻截，要运用假动作摆脱和快速移动脚步，抢占有利位置。

（2）配合抢前场篮板球。锋线队员主要积极抢占篮下三角区域，外围队员要有组织地跟进冲抢，但必须保持攻守平衡。

（六）防守

防守是指防守队员合理地运用脚步移动和手臂动作积极地抢占有利位置，阻挠和破坏对方的进攻，并以争夺控球权为目的的行动。防守分为防守无球队员和防守有球队员两种。

1. 防守无球队员

（1）位置的选择。防守时，位置的选择非常重要，正确、合理地占据有利位置，会使防守处于主动地位。就一般情况而言，防守队员应站在进攻队员与篮筐之间的内侧位置，与进攻队员保持适当的距离和角度，以便能按要求行动。与进攻队员的距离要视进攻队员与持球队员的距离而定，一般来说，离球近则近，离球远则远，以能防守进攻队员为原则。

（2）手臂的配合。在积极移动的同时，必须借助手臂的动作，扩大防守面积。手臂要随着移动配合做伸出、挥摆、上举等动作，以便能更有效地阻挠进攻队员接球和争取断球。

（3）积极地移动。防守时，要随时保持有利的防守位置，就必须采用正确的准备姿势，以保证及时移动。由于进攻队员不断地向不同的方向移动，防守队员的准备姿势也要随之变换。在离球较近防守时，经常采用面向人、侧向球的站法，不让进攻队员摆脱、接球；在离球较远防守时，经常采用侧向人、面向球的站法，以便断球或进行协防配合。不论哪种站法，都要积极运用撤步、滑步、交叉步、碎步和快跑等脚步移动跟住进攻队员，堵截其移动路线。为了及时起动，防守队员应以短小的步幅不停地移动，以便更好地阻挠进攻队员，使进攻队员向不利的位置转移。

2. 防守有球队员

（1）位置、距离的选择。进攻队员接球后，必须迅速调整位置和距离，在占据进攻队员与篮筐之间有利位置的基础上，与进攻队员保持适当的距离。

（2）防守的动作。根据有球队员的特点、意图以及与篮筐的距离不同，防守有球队员时的动作也应有所不同，一般防守有球队员有平步防守和斜步防守两种方法。

平步防守：两脚取平行站立的防守姿势，两臂侧伸和挥摆。这种方法防守的面积大，便于左右移动，对防突破比较有利。

斜步防守：两脚取前后站立的防守姿势，一只手臂上伸，另一只手臂侧伸进行阻挠。这种防守方法便于前后移动，对防投篮比较有利。

（3）合理地运用抢球、打球技术。在防守有球队员的过程中，始终要伺机抢、打有球队员的球，但要判断准确，动作突然快速，注意保持身体平衡，避免犯规。

思政课堂

中国篮球历史珍藏品展举行

为表达对中国篮球名人堂和对中国篮球事业开拓者、贡献者的敬意，北京祥体育博物馆日前举办中国篮球历史珍藏品展览。

本次展览展品种类十分丰富，共展出篮球的奖牌、奖杯、盾牌、文献、宣传画、老照片等各种门类的珍藏品300余件。珍藏品包括1918年筐球会铜鎏金奖牌、1928年“司令球”优胜奖牌、1921年中国首夺国际篮球比赛冠军第五届上海远东运动会金质奖牌、1929年南开学校师生敬赠董守义“为国争光”银质盾牌、1936年舒鸿（奥运会历史上首场篮球决赛主裁判）执法柏林奥运会所穿服装、1956年首届全国篮球锦标赛男子奖杯、20世纪50年代中国首部篮球电影《女篮5号》宣传画等。此外，本次展览还展出了介绍延安时期开展篮球等体育活动情况的1937年和1944年版《红星照耀中国》、1939年贺龙元帅与“东干”和“战斗”两个篮球队队员的合影、1942年延安“九一”扩大运动会篮球比赛老照片、1948—1949年篮球联赛纪念书签等10余件红色篮球珍藏品。

北京祥体育博物馆有关领导表示：“博物馆收藏有篮球珍藏品千余件，部分珍藏品2020年与中国篮球协会一起在天津博物馆及今年举办的中国篮球名人堂入堂仪式上进行展出。通过展览展示篮球珍藏品，公众会了解到更多的篮球历史知识，增强篮球文化氛围，弘扬团结协作、顽强拼搏的体育精神。”

（资料来源：《中国体育报》，2023年5月18日，有删改）

任务二　排球

一、排球运动简介

排球运动是一项两支人数相等的球队，在被球网隔开的两个均等的场地内进行集体性攻防对抗的体育项目。随着现代排球运动内涵和外延的不断拓展，排球比赛的技术性与观赏性不断提高，排球赛事不断向社会化、职业化和商业化的方向发展。排球运动始于1895年，是由美国人威廉姆·G.摩根发明的。排球运动最初作为一种消遣游戏，称为“空中飞球”。1905年，排球运动传入我国，先后经历了16人制、12人制和9人制。中华人民共和国成立后，为了满足国际交往的需要，才改为6人制，一直沿用至今。1964年，第18届奥运会把排球运动正式列为比赛项目。

二、排球运动基本技术

（一）准备姿势和移动

1. 准备姿势

准备姿势是为了完成各种技术动作而采取的合理的身体姿势。准备姿势按身体重心高低可分为稍蹲准备姿势、半蹲准备姿势和低蹲准备姿势3种，其中半蹲准备姿势运用得最多。

（1）半蹲准备姿势：两脚左右开立，稍比肩宽，两膝弯曲。脚尖朝前并稍内收，脚跟稍提起，身体重心放在脚掌上，膝关节保持一定的弯曲。上体前倾，重心靠前，以利于向前及斜前方移动、接起较低的来球。两臂放松，两肘自然弯曲并下垂，两手置于腹前。全身适当放松，处于灵活状态，并根据球场变化随时调整身体的位置、方向和重心。

（2）稍蹲准备姿势：稍蹲准备姿势比半蹲准备姿势重心稍高，动作方法与半蹲准备姿势相同。

（3）低蹲准备姿势：低蹲准备姿势比半蹲准备姿势重心更低、更靠前，两脚之间的距离更宽。

2. 移动

移动的目的是及时接好球，保持好人与球的位置，便于击球。移动的常用步法有以下几种。

（1）并步与滑步：当来球距身体一步左右时，可采用并步移动，如向前移动，则后腿蹬地，前脚向来球方向跨出一步，后脚迅速跟上，做好击球前的准备姿势。连续并步就是滑步。

（2）交叉步：当来球在体侧约2米时，可采用交叉步移动。向右移动时，上体稍右转，左脚从右脚前面向右交叉迈一步，然后右脚向右跨出一大步，同时身体转向来球方向，保持击球前的准备姿势。

（3）跨步：当来球较低，离身体2～3米时，可采用跨步，如向前移动时，后脚用力蹬地，前脚向前跨出一大步，膝关节弯曲，上体前倾，身体重心移至前腿。

（4）跑步：当球距人较远时，可采用跑步。跑步时两臂要配合摆动，如球在侧方或后方时应边转身边跑动。

（二）发球

发球是指队员在发球区用一只手将自己抛起的球直接击入对方场区的技术动作。发球可分为侧面下手发球、正面下手发球、正面上手发球、勾手发球等。

1. 侧面下手发球

左肩朝向球网，两脚左右开立，与肩同宽。两膝微屈，上体前倾，重心落在两脚之间，左手持球于腹前。发球时，左手将球平稳地抛送于胸前，距身体约一臂远，离手约30 厘米高。左手抛球的同时，右臂摆至右侧后下方，接着利用右脚蹬地向左转体的力量带动右臂向前上方摆动，在腹前用全手掌击球的右下部。（图9–2–1）

图 9–2–1

2. 正面下手发球

面对球网，两脚前后开立，左脚在前。两膝微屈，上体稍前倾，重心偏于右脚，左手持球于腹前。发球时，将球在体前右侧抛起，离手约 20 厘米高。抛球前，右臂伸直，以肩为轴向后摆动。击球时，右脚蹬地，身体重心随着右手向前摆动击球移至前脚，在腹前以全手掌击球的后下部。手触球时，手指手腕紧张，手呈勺形。击球后，迅速进入场地。（图9–2–2）

图 9–2–2

3. 正面上手发球

面向球网，两脚自然开立，左脚在前。左手托球于身前，用抬臂和手掌平托上送，将球平稳地垂直抛于右肩的前上方，高度要适中。在抛球的同时，右臂抬起，屈肘后弓，肘与肩平，抬头、挺胸、收腹，上体稍向右侧转动，身体重心移至右脚。击球时，利用右脚用力蹬地，上体向左转动同时收腹的动作带动手臂挥动，在右肩上方伸到手臂的最高点，用全掌击球中下部。击球时，手腕主动做推压动作，使击出的球上旋飞行。

4. 勾手发球

发球时，左肩对网，两腿稍屈，自然开立，左手持球于腹前。抛球时，将球垂直、平稳地抛至头部的左前上方 1 米左右，同时身体重心降低，挺胸、抬头、看球。击球时，右脚用力蹬地，利用向左移重心和转体的动作，带动手臂协调、自然地向上做弧形摆动，用全手掌击球的后下部。

（三）垫球

垫球是通过手臂或身体其他部位的迎击动作，使球从垫击面反弹出去的击球动作。垫球技术有正面两手垫球、体侧垫球、背垫球、跨步垫球、挡球、单手垫球、前扑垫球、滚翻垫球和鱼跃垫球等。

以正面两手垫球为例。采用半蹲位准备姿势，当球飞来时，两手呈垫球手形（图9–2–3），手腕下压，两臂外翻形成一个平面。当球飞到腹前一臂距离时，两臂夹紧前伸，插到球下，向前上方蹬地抬臂，迎击来球，利用腕关节以上 10 厘米左右处的桡骨内侧平面击球的后下部，身体重心随击球动作前移。击球点保持在腹前一臂距离处。（图9–2–4）

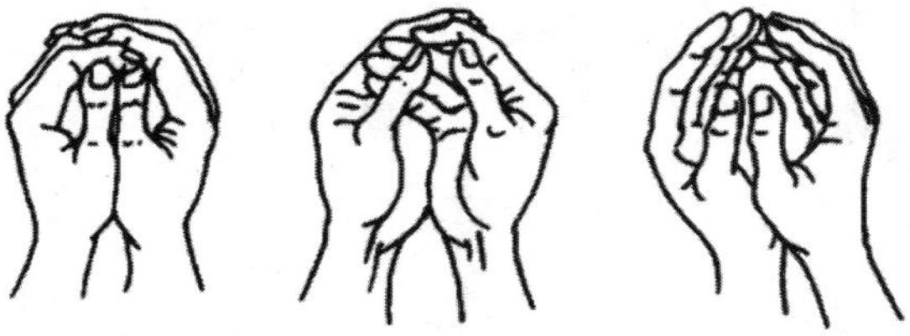

图 9–2–3

图 9–2–4

（四）传球

传球是排球技术中的重要技术之一，是利用手指手腕的弹击动作将球传至一定目标的击球动作。传球可分为正面两手传球、背传、侧传等。

1. 正面双手传球

两手相对呈半球形置于脸前，一般在额前上方 20 厘米处。触球瞬间，手指和手腕保持一定的紧张度，以增加弹性和产生适当缓冲。同时，向前上方伸臂，配合两脚蹬地和身体伸展的协调动作将球传出。（图9–2–5）

图 9–2–5

2. 背传

背对传球目标的传球动作称为背传。背传是具有一定隐蔽性和战术意义的传球技术。传球时，将上臂抬起，手腕后仰，掌心向上，上体后仰；手臂、手腕、手指向后上方用力将球传出。注意：击球点保持在额上方。

3. 侧传

身体不转动，主要靠两臂向侧方伸展的传球动作称为侧传。侧传有一定的隐蔽性。准备姿势和迎球动作与正面传球相同，击球点保持在脸前或稍偏于出球方向一侧。一侧手臂要低一些，另一侧手臂要高一些。用力时，蹬地后上体要向出球方向倾斜。两臂向传出侧用力伸展，异侧手臂动作幅度较大，伸展较快。

（五）扣球

扣球是队员起跳后，在空中将高于球网的球有力地击入对方场区的一种击球方法。扣球包括正面扣球、单脚起跳扣球、双脚冲跳扣球等。在排球运动中，最基本的扣球技术是正面扣球。只有掌握正面扣球的基础动作，才能学习和掌握其他难度大的扣球技术。

助跑时，根据人与球距离的远近，一般采用两三步助跑。以右手扣球两步助跑为例。左脚先向前迈出一步确定方向，然后右脚跨出一大步，脚跟先着地，迅速过渡到全脚掌着地。同时，两臂向体后摆动，左脚迅速并于右脚的稍前方，两脚尖稍内旋，膝关节弯曲内扣。起跳时，两脚用力蹬地，两臂由体后经体侧迅速向前上方摆动，帮助起跳，同时展腹，带动全身跳起。空中击球时，挺胸抬头，右臂屈肘后，引肘高于肩，左手自然置于体前，然后利用转体收腹动作带动手臂鞭打式挥摆。当手臂挥至最高点时，用全手掌击球的后中上部，手腕快速下甩。落地时，应由两脚的前脚掌过渡到全脚掌缓冲着地，同时顺势屈膝、收腹，避免前冲触网和过中线犯规。（图9–2–6）

图 9–2–6

思政课堂

全国女排冠军赛张家港开赛——让更多群众参与排球运动、感受女排精神

2023年全国女排冠军赛总决赛于4月27日在江苏省张家港市开赛，这也是这座举办过一系列排球大赛的城市迎来的又一排球盛宴。张家港市希望借举办此次赛事的东风，进一步推进排球项目在当地的开展，让更多群众参与到排球运动中，感受女排精神。

协办此次赛事的张家港市文旅集团负责人告诉记者，张家港市十多年来始终大力推动包括排球在内的三大球项目开展，将承办高级别排球比赛作为当地体育工作的重点。张家港市承办过亚洲东区男、女排锦标赛，以及国际女排邀请赛、全国女排大奖赛等一系列排球比赛，有着丰富的承办比赛的经验，当地群众对于观赏高水平排球赛事的热情和呼声很高，这是张家港市申办此次全国女排冠军赛的主要原因。

为了承办好本次比赛，张家港市很早开始着手各项准备工作，通过协调各部门，招募高校和社会志愿者等方式，全力保障本次比赛的各项工作顺利进行。在筹办比赛的过程中，张家港市克服了场馆部分硬件设施老旧等问题，为此次比赛逐步更新部分看台座位设施、音响监控系统、灯光照明设施。

举办本次全国女排冠军赛将进一步丰富张家港市市民文化生活、提振市民精神、宣传普及排球运动，鼓励市民积极开展体育锻炼。同时，为参赛运动队提供高质量的竞赛环境平台，有利于促进运动员竞技水平的提高。此外，此次体育赛事不仅能更好打造张家港市的城市名片，而且能对于张家港市的经济发展、公共服务的完善起到积极的推动作用。

张家港市将以此次全国女排冠军赛的举办为契机，继续推动当地“三大球”（篮球、排球、足球）项目的开展，通过积极承办此类高级别体育赛事活动，普及“三大球”项目。文旅集团负责人表示：“希望女排冠军赛未来能够长期落户张家港市，也希望张家港市能够继续承办更多国际级和国家级排球比赛，给当地市民带来更多精彩赛事体验。同时通过大赛普及排球运动，扩大排球受众群体，增加排球场地设施，让体育行业从业者和普通百姓都能感受、感知、传承、发扬女排精神。”

（资料来源：《中国体育报》，2023年4月28日，有删改）

任务三　足球

一、足球运动简介

古代足球起源于中国，称为“蹴鞠”。据史料记载，这种游戏最早出现在春秋战国时期，在汉、唐、宋时极为盛行。现代足球运动于19世纪从西方传入我国。中国女子足球队是具有世界水平的球队，多次在奥运会和国际足联世界杯上为中国争夺荣誉。

二、足球运动基本技术

（一）踢球

1. 脚内侧踢球

脚内侧踢球是用脚内侧部位击球的一种踢球技术。踢球脚踝关节、膝关节、髋关节需外展，加之屈膝，使摆动幅度和摆动速度受到限制，因此其击球力量较小。但由于脚与球接触面积大，传球比较平稳、准确。脚内侧踢球主要用于短、中距离的传球，以及近距离的射门及罚点球等。下面主要介绍脚内侧踢踢定位球。

脚内侧踢踢定位球：沿正面直线助跑，最后一步稍大，支撑脚踏在球的侧方10～15厘米处，膝关节微屈。在支撑脚着地的同时，踢球腿以髋关节为轴由后向前摆动，在前摆的过程中屈膝外展，踢球脚的内侧正对击球方向。脚尖稍翘起，脚底与地面平行，小腿加速前摆，踝关节紧张用力，用脚内侧部位击球的后中部。（图9–3–1）

图 9-3-1

2. 脚背内侧踢球

脚背内侧踢球是用脚背内侧部位击球的一种踢球技术。其主要用于踢定位球、过顶球、中长传球等。这里主要介绍踢定位球：斜线助跑，助跑方向与出球方向约成 45° 角。助跑最后一步要大，一般应保持在本人跨一大步的距离。支撑脚落地时脚跟及脚掌的外侧沿着地，然后全脚掌着地。支撑脚的脚尖指向出球方向，膝关节微屈，上体略向支撑脚一侧倾斜并稍侧转（支撑脚一侧的肩部稍向前，踢球脚一侧肩稍向后）。支撑脚与球的前后距离以支撑脚脚尖与球的前沿保持平齐为好，左右距离以支撑脚的内侧沿与球的外侧沿保持 15 ~ 20 厘米的距离为好（不同骨盆宽度的人可适当调整支撑脚与球的左右距离，但一般不要超过 25 厘米）。在支撑脚着地的同时，踢球腿以髋关节为轴，由大腿带动小腿自后向前摆动（大小腿折叠要紧）。当踢球腿膝关节摆至球的内侧垂直上方时，小腿做爆发式前摆（大小腿突然打开），脚尖指向斜下方，脚背绷紧固定，以脚背内侧部位踢球的正中后部（踢高球时，可踢球的中下部）。踢球后，身体重心随踢球腿的前摆向前移动。（图9-3-2）

图 9-3-2

3. 脚背正面踢球

脚背正面踢球是用脚背的正面部位击球的一种踢球技术。其主要用于踢定位球、空中球、反弹球等。这里主要介绍踢定位球：直线助跑，最后一步要大，成跨步，支撑脚要积极跨步落地，以脚跟先着地形成滚动式着地支撑。支撑脚与球的前后距离以支撑脚的脚尖与球的前沿保持平齐为好（过前或过后都会影响踢球的效果），左右距离以支撑脚的内侧沿与球的外侧沿距离10～15厘米为宜，一般不应超过 20 厘米。在支撑脚落地支撑的同时，由踢球腿大腿带动小腿（大小腿折叠要紧）自后向前摆。当膝关节摆到球的垂直上方时，大腿制动减速，而小腿爆发式突然加速前摆，以脚背正面部位触球的正中后部位。踢球后，身体重心随踢球腿的前摆向前移动。（图9–3–3）

图 9–3–3

4. 脚背外侧踢球

脚背外侧踢球是用脚背外侧部位击球的一种踢球技术。其主要用于踢平直球、定位球、过顶球等。这里主要介绍踢平直球：踢平直球时，助跑、支撑位置与姿势、踢球腿的摆动基本与脚背正面踢球动作相同，只是用脚背外侧触球。在踢球腿的膝关节摆到球的垂直上方时，小腿做爆发式前摆。小腿前摆时，脚尖向内转并向下指，踝关节内收并内旋，脚背绷紧，脚趾扣紧，以脚背外侧部位踢球的正中后部。踢球后，身体重心随踢球腿的前摆向前移动。（图9–3–4）

图 9–3–4

（二）接球

接球包括脚内侧接球、脚背正面接空中球、脚背外侧接球和大腿接球等。

1. 脚内侧接球

（1）脚内侧接地滚球。支撑脚正对来球，膝关节微屈，以维持身体平衡。接球腿屈膝外转并前迎，接球脚以脚内侧部位触球。在球与脚接触前的瞬间，接球脚开始向后回撤缓冲来球力量，在后撤过程中将球接在自己的控制范围之内和下一个动作需要的位置上。（图9–3–5）

（2）脚内侧接反弹球。支撑脚在球的落点的侧前方（根据接球的方向不同，可以调整支撑脚的位置），膝关节微屈，以维持身体平衡。上体稍向接球方向倾斜并稍前倾。接球脚提起，踝关节适度紧张，脚尖适度勾起，用脚内侧部位对准球的反弹路线。当球落地反弹刚离地时，用接球脚的内侧触压球的外侧中上部，将球接在支撑脚的附近位置，以衔接下一个动作。

（3）脚内侧接空中球。支撑脚一般在球的侧方适当位置，支撑腿屈膝并稳定地支撑身体重心，两臂自然张开以维持身体平衡。根据来球的高度和位置，接球脚举起以脚内侧部位对准来球接球，脚踝关节保持适度紧张以控制脚形并适度前迎，在球与脚接触前的瞬间，接球脚向后回撤缓冲来球力量，在后撤过程中将球接在自己的控制范围之内和下一个动作需要的位置。

图 9–3–5

2. 脚背正面接空中球

脚背正面接空中球有两种方法：一种方法是支撑腿屈膝，支撑脚一般在球的侧后方适当位置。接球腿屈膝抬脚，踝关节保持适度紧张，以脚背正面正对来球，在球下落触到脚背前的瞬间接球，脚向下回撤，将球接在自己的控制范围之内和下一个动作需要的位置，并快速连接下一个动作。（图9–3–6）另一种方法是接球脚基本不向上抬起，而是脚背向上勾起，踝关节保持中度紧张，在接近地面高度 5 ~ 10 厘米处触球，通过球下落将勾起的接球脚背砸下去从而缓冲来球的力量，将球接在自己的控制范围之内和下一个动作需要的位置，并快速连接下一个动作。

图 9–3–6

3. 脚背外侧接球

（1）脚背外侧接地滚球。面对来球，支撑腿屈膝，支撑脚通常在球的侧面。接球脚稍提起，膝关节和脚尖稍内转（向支撑脚一侧靠近），以脚背外侧正对来球，在支撑脚的前侧方触球外侧部位（球靠近支撑脚一侧的部位）。在脚触球时，踝关节保持适度紧张，并伴有一个向接球方向推送的拨球动作，将球控制在下一个动作需要的位置，并快速连接下一个动作。（图9–3–7）

图 9–3–7

（2）脚背外侧接反弹球。面对来球，支撑腿屈膝，支撑脚通常在球的侧面。接球脚稍提起，膝关节和脚尖稍向支撑脚一侧靠近，脚尖稍向内上方勾起（脚内翻状态），以脚背外侧正对来球，并使接球腿小腿及接球脚与地面形成一个夹角。在球刚反弹离地时接球脚脚背外侧于支撑脚的前侧方触球外侧上部（球靠近支撑脚一侧的部位）。在脚触球时，踝关节保持适度紧张，并伴有身体重心向接球方向倾斜移动的动作，将球控制在下一个动作需要的位置，并快速连接下一个动作。

4. 大腿接球

（1）大腿接高球。面对来球，支撑腿屈膝，接球腿向前上方屈膝抬起，以大腿中部正对下落来球，肌肉适度紧张。在大腿与球接触前的瞬间，大腿向下撤引。在撤引过程中接控球，将球控制在下一个动作需要的位置。（图9–3–8）

图 9–3–8

（2）大腿接平球。面对来球，支撑脚稳定地支撑身体，接球腿屈膝前迎，以大腿中部正对来球，肌肉适度紧张。在大腿与球接触前的瞬间，小腿迅速向后下方撤引（接球腿的大小腿呈伸直状态），在撤引过程中接控球，将球控制在下一个动作需要的位置。

（三）运球

运球包括脚背正面运球、脚背外侧运球、脚背内侧运球和脚内侧运球等。

1. 脚背正面运球

跑动时，身体自然放松，上体稍前倾，两臂自然摆动，步幅适当。运球脚提起时，膝关节弯曲，脚跟提起，脚尖下指。在迈步伸脚着地前，用脚背正面向前推拨球前进。（图9–3–9）脚背正面运球多在越过对手之后，前方纵深距离较长，仍需要快速运球前进的情况下使用。

图 9–3–9

2. 脚背外侧运球

跑动时，身体自然放松，上体稍前倾，两臂自然摆动，步幅不宜过大。运球脚提起时，膝关节弯曲，脚跟提起，脚尖稍内转。在迈步伸脚着地前，用脚背外侧向前推拨球，使球沿曲线或弧线运行。（图9–3–10）

图 9–3–10

3. 脚背内侧运球

跑动时，身体自然放松，上体稍前倾，并稍向运球方向转动，两臂自然摆动，步幅稍小。运球脚提起时，膝关节弯曲，脚跟提起，脚尖稍外转。在迈步伸脚着地前，用脚背内

侧向前推拨球，使球向前侧沿曲线或弧线运行。（图9–3–11）

图 9–3–11

4. 脚内侧运球

运球时，支撑脚稍向前跨，踏在球的前侧方，膝关节稍弯曲，上体前倾并向内转。随着身体的向前移动，运球脚蹬地提起，用脚内侧推球的后中部。（图9–3–12）

图 9–3–12

思政课堂

感恩足球，用爱浇灌——“国脚公益行”助力新疆青少年足球发展

日前，由新疆维吾尔自治区体育局和教育厅指导、新疆足球协会发起并主办、中国足球发展基金会支持的“国脚公益行”（新疆）系列活动分别在乌鲁木齐市、喀什地区喀什市、伊犁哈萨克自治州伊宁市三地举行。女足国家队前门将赵丽娜参加了喀什站活动。

该活动以“感恩足球，用爱浇灌”为主题，从新疆走出的入选过国家队的足球运动员参加了该活动，并向母校、家乡反哺、捐赠。该活动致力于弘扬中华民族传统美德、树立良好的社会形象、助力乡村振兴、推动新疆青少年足球发展。

（资料来源：《中国体育报》，2023年7月4日，有删改）

任务四　羽毛球

一、羽毛球运动概述

羽毛球运动是一种相互进行击球对抗的球类运动。其前身是板羽毛球运动，即用木板拍打扎着羽毛的球体（类似于毽子）并避免它落地的游戏，在古代欧洲国家以及中国、日本可见此项运动。19 世纪，羽毛球运动由印度传入英国，并在英国的伯明顿流行起来，此后经过不断改良与发展，形成了现在正式的羽毛球运动。现代羽毛球运动大约在20世纪20年代传入中国，并在中国得到不断发展。

二、羽毛球运动基本技术

羽毛球运动基本技术包括握拍、发球、接发球、击球等。

（一）握拍

握拍是学习羽毛球的第一个基本技术，从开始到完成，每一个击球动作的握拍方式都有所不同。以右手握拍为例，介绍两种握拍方法，即正手握拍和反手握拍。为了方便理解，本部分将拍柄分为 8 个面，如图9-4-1所示。

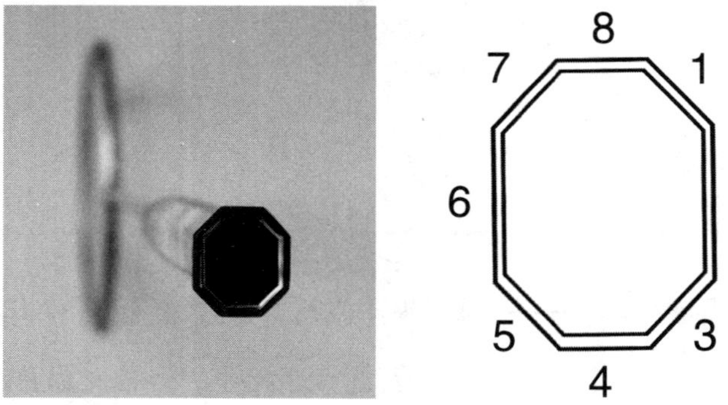

图 9-4-1

1. 正手握拍

右手虎口位（拇指与食指夹角）对准拍柄 7 面，拇指轻放于 6 面上，食指第二关节轻压在 2 面上，其余三指自然握住拍柄，食指与中指自然分开。此时，食指位置水平高度高于拇指。掌心与拍柄留有空隙（掌心不能接触拍柄），握拍力度适宜（如同握鸡蛋的力量，不可用力过度，只有在击中球瞬间才发力握紧，其余时间要轻握）。（图9–4–2）单打时，握拍的位置为小鱼际部分与拍柄底盖处相平；双打时，一般握拍柄中间或偏上的位置。

2. 反手握拍

在正手握拍的基础上，拇指和食指将拍柄稍向外转，拇指顶点在拍柄内侧的宽面或内侧棱上，中指、无名指和小指并拢握拍，柄端靠近小指根部，使掌心留有空隙。球拍斜侧向身体左侧，拍面稍后仰。（图9–4–3）注意：拇指后端不可与拍柄接触，反手握拍强调拇指握拍，击球时以拇指发力为主。单打时，握拍的位置为小鱼际部分与拍柄底盖处相平；双打时，一般握拍柄中间或偏上的位置。

图 9–4–2

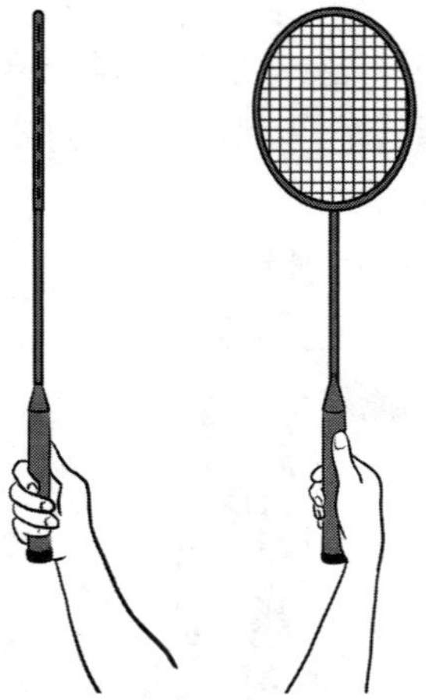

图 9–4–3

（二）发球

发球是运动员在发球区用球拍将球由静止状态击出，使之在空中飞行，落到对方的接发球区的技术动作。羽毛球的发球方法有两种：一种是正手发球，另一种是反手发球。

1. 正手发高远球

运行轨迹又高又远，下落时与地面垂直，落点在对方场区底线附近的球称为高远球。单打比赛时，常采用正手发高远球迫使对方退到最远的底线去接发球，这在一定程度上限制了对方进攻技术的发挥，也可使对方消耗更多的体力。

两脚自然开立，左脚在前，脚尖对着网，右脚在后，脚尖稍向右侧，身体重心移至右脚。左手拇指、食指和中指夹持羽毛球中部，自然平举于胸前方。持球左手自然松开，使球自然下落；右手上臂外旋，并带动前臂自下而上沿半弧形做回环引拍动作。拍面与球在身体右侧前下方接触的瞬间，前臂迅速内旋带动手腕，快速向前上方闪动，屈腕、屈指发力，用正拍面将球击出。身体重心移至左脚，持拍手随击球动作的惯性自然向上方挥动。（图9–4–4）

图 9-4-4

2. 正手发平高球

平高球是一种弧度比高远球低、速度比高远球快，具有一定攻击性的球。

正手发平高球发球前的准备姿势和发球动作、过程与正手发高远球大致相同，只是在击球的一刹那，前臂加速带动手腕向前上方挥动，拍面向前上方倾斜，以向前用力为主。球击出的弧线高度以对方伸拍打不到为宜，落点在对方场区底线。（图9-4-5）

图 9-4-5

3. 正手发平快球

平快球的弧线比平高球还要低，速度比平高球快。在面对反应较慢、站位较前、动作幅度较大的对手或初学者时，发平快球的效果往往很好。

正手发平快球发球前的准备姿势同正手发高远球，但站位比正手发平高球稍后些（防止对方很快回球到己方后场），充分利用前臂带动手腕的爆发力向前方用力，使球直接从对方肩上稍高位置越过，直攻对方后场。正手发平快球的关键是击球的动作要小而快，但前期动作应和正手发高远球一致。正手发平快球时应注意不要超手、超腰犯规。

4. 正手发网前球

正手发网前球是用正手握拍，以正拍面击出飞行弧度比正手发平高球还要低的一种发球。球几乎是擦网而过，落入对方前发球区。击球后的动作应与发高远球一致，自如地向左前方挥动。

正手发网前球发球前的准备姿势与正手发高远球的准备姿势大致相同。用球拍完成小的回环动作。肘关节保持稍微弯曲，腕关节没有或者只有很少参与。右髋向前送，身体重心移至左脚。击球点位于右侧体前且几乎与髋同高的位置，拍头必须低于持拍手。略晚些抛球，手臂离身体较近击球，髋部快速转向前。球拍继续向前挥拍，直到球拍位于大约与胸同高的位置。（图9–4–6）

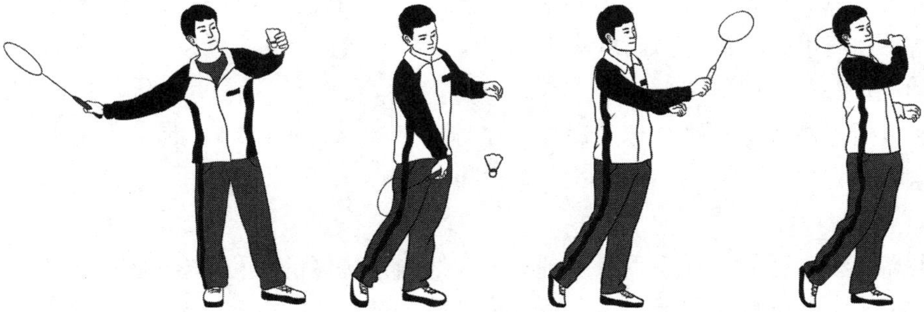

图 9–4–6

5. 反手发网前球

反手发网前球的特点是动作小、出球快，对手不易判断。在双打比赛中多采用此发球技术。

面向球网，两脚前后站立（左脚或右脚在前均可），上体稍前倾，身体重心移至前脚。右手反手握拍，左手拇指、食指和中指捏住球的两三根羽毛，球托明显朝下（避免犯规），球体与拍面平行或球托对准拍面放在拍面前方。在左手放球的同时，以肘为轴，持拍手前臂内旋，带动展腕由后向前做回环半弧形挥动，至一定发力所需幅度。手腕由外展至内收发力，靠手腕和手指控制力量，以斜拍面向前轻轻推送切击球托，使球尽可能低地沿球网上方飞过并落到对方前发球线内。以制动动作结束发力，并迅速将握拍姿势调整为正手握拍。（图9–4–7）

图 9–4–7

（三）接发球

1. 接发球站位

不论是在单打比赛中还是在双打比赛中，运动员都应选择一个合理的接发球站位。一般情况下，单打的接发球站位在离前发球线约 1.5 米处，在右发球区应站在靠中线的位置，在左发球区应站在中间稍偏边线位置，主要防备对手发球攻击反手部位；双打的接发球站位可靠近发球线。

2. 接发球的准备姿势

单打接发球的准备姿势：左脚在前，右脚在后，侧身对网，身体重心移至前脚。右脚跟稍提起，收腹、含胸，持拍于右身前。目视对手。

双打接发球的准备姿势：基本同单打接发球，但身体重心可随意放在任何一只脚上，将球拍高举在肩上方，注意力高度集中。

（四）击球

击球包括击高远球、平高球，吊球，杀球，平抽球，平挡球，推球，搓球，勾球，扑球和挑球。

1. 击高远球

击出高弧线飞行的、几乎垂直落到对方底线附近场区的球称为击高远球。

（1）正手击高远球。正手击高远球是羽毛球击球技术的基础。

左脚在前，右脚在后，侧身对网。右手正手握拍屈肘于体侧，上臂、前臂间的夹角为45°左右。左手自然上举，保持平衡，目视来球方向。当球下落到一定的高度时，手肘上抬，手臂后摆引拍，以肩为轴做回环动作。前臂充分向后下方摆动并外旋，手腕充分伸展。左手随体协调屈臂向身体左侧下降。击球时，前臂急速内旋并带动手腕加速向前上方挥动，手腕屈收，手指屈指发力，用正拍面将球击出。击球点选在右肩的前上方，其高度以持拍手臂自然伸直击球为宜。右手随击球后的惯性向左前下方挥动，顺势收回至体前，恢复成接球前的准备姿势。（图9–4–8）

图 9–4–8

（2）反手击高远球。反手击高远球是在被动情况下的过渡，以帮助运动员重新调整站位。

准确判断对方来球的方向和落点，迅速向左后方转身，步法到位后，右脚前交叉跨到左侧底线，背对球网，身体重心在右脚上，使球在身体的右肩上方。击球前，由正手握拍迅速变为反手握拍，并持拍于胸前，拍面朝上。击球时，以上臂带动前臂，通过手腕的闪动、自上而下地甩臂将球击出。在最后用力时，要注意拇指的侧压力与甩腕配合，同时利

用蹬地、转体等动作协调全身用力。（图9–4–9）

图 9–4–9

（3）头顶击高远球。在左后场区，用正手在头顶中间部位或在左肩上方将来球击到对方底线的高远球击球法称为头顶击高远球。这种击球动作是我国运动员对羽毛球技术发展的一项贡献，它比反手击高远球主动性强，具有更大的攻击性，初学者应努力学好头顶击高远球技术。

击球前的准备姿势及击球动作与正手击高远球基本一致。二者不同的是，头顶击高远球的击球点在左肩上方（因来球是飞向左后方的）。准备击球时，侧身（左肩对网）稍向左后仰。击球时，上臂带动前臂使球拍绕过头顶，从左上方向前加速挥动，在用力击球时，要注意发挥手腕的爆发力和充分利用蹬地及收腹的力量。击球后，左脚在身后着地并立即回蹬，同时右脚前移，将身体重心移至右脚。

2. 击平高球

依据击球方式和击球时球与人的位置，可将击平高球分为正手击平高球、头顶击平高球和反手击平高球3种。比较而言，正手击平高球和头顶击平高球更为常用。

（1）正手击平高球。正手击平高球是用正手握拍以正拍面击出来球，球的飞行弧度比后场高远球弧度低，但对手持拍站在中场起跳到最高点又不能拦击到来球的一种击球方式。

准备姿势、引拍动作同正手击高远球。击球动作与正手击高远球基本一致，只是在击球时，用前臂带动手腕充分挥动，然后屈指发力，用比击高远球仰角稍小一些的正拍面（拍面与地面近似垂直）将球击出。击球后，右手顺势向左下方减速摆臂，最后至体前呈接球前的准备姿势。（图9–4–10）

图 9–4–10

（2）头顶击平高球。头顶击平高球是在左后场区用正手握拍以正拍面在头顶击出来球，球的飞行弧度较后场高远球低，但对手持拍站在中场起跳到最高点又不能拦击到来球的一种击球方式。

判断来球后，迅速向左侧后场蹬转侧身，做好击球前的准备。引拍动作、击球动作和击球后的动作同正手击平高球。

3. 吊球

将对方击来的后场高球还击到对方网前区称为吊球。吊球的作用是调动对方站位，以利于己方组织进攻。吊球一般分为两种：一种为劈吊，另一种为轻吊（拦截吊）。

（1）劈吊。劈吊用力较小。挥拍时，拍正面向内倾斜，手腕做快速切削下压动作。若劈吊斜线球，则球拍切削球托的右侧，并向左下方发力；若劈吊直线球，则拍面正对前方，向前下方切削。

（2）轻吊（拦截吊）。轻吊（拦截吊）用力更轻一些。其手法是拍面正对来球，用拍面将球轻轻一挡，使球以平弧线、较慢速度越网垂直下落。

4. 杀球

将对方击来的高球全力向下扣压称为杀球。杀球的特点是力量大、速度快。它是进攻的重要技术。

（1）头顶扣杀球。准备姿势、击球动作与头顶击高远球相似。当球恰好落在头顶上空或左肩上空适当高度时，持拍手向上举拍并绕头由左肩上，突然加快前臂、手腕的闪动并下压，同时右脚向左后方蹬地跳起，左脚后撤，身体呈背弓形，利用腰腹部力量和手部力量，协调地向前下方用力将球击出。左脚着地时，要快速蹬地起步回位，准备回击下一个来球。

（2）反手扣杀球。准确判断对方来球，迅速移动到合适的击球位置，最后一步右脚向左后侧跨出，背对球网，反手握拍，持拍手屈臂将球拍举至左肩上方准备击球。当球落到右肩上方适当高度时，以肘关节为轴，用左脚蹬地力量、腰腹部力量、肩部力量及上臂带动前臂、手腕、手指快速用力向后击球。击球瞬间，握紧球拍，手腕快速用力向前下方扣压。

5. 平抽球

平抽球是指将位于身体左右侧高度，在肩以下、腰以上的球平抽击出。抽球时以腰为轴，从转髋发力开始，充分发挥手臂的摆速和手腕的爆发力。平抽球在双打比赛中比在单打比赛中运用更多，特别是双打中前场球的飞行距离短、速度快、擦过网、飞行弧线低与地面平行。平抽球有正手平抽球和反手平抽球两种。

（1）正手平抽球。面对球网，右脚在前，膝关节微屈，前脚掌着地，右手握拍于体前。右脚稍向前迈出一小步，同时上体稍转向右侧，右臂向右侧上方摆。球拍上举，肘关节保持一定角度，前臂稍后摆带有外旋，手腕从稍外展至后伸，使球拍到后下方。前臂急速向右侧前方挥动，从外旋转为内旋，后伸至闪腕，握紧拍柄挥拍抽击球托底部。球拍向左侧顺势盖过去，收拍于胸前回位。（图9–4–11）

图 9-4-11

（2）反手平抽球。准备姿势与正手平抽球基本相同。右脚向前跨一步，身体左转，右前臂向身前收。肘部稍上抬，前臂内旋，手腕外展，球拍引向左侧。右前臂向前挥拍的同时外旋，由外展伸直至内收闪腕，手指突然握紧拍柄，拇指前顶，迎球挥拍，从球托的底部盖压过去。击球后，球拍随身体挥动而回收。（图9-4-12）

图 9-4-12

6. 平挡球

平挡球有正手平挡球和反手平挡球两种。

（1）正手平挡球。正手平挡球是用正手握拍，以正拍面将位于身体右侧体前的来球轻挡过网，使球过网后落于对方网前区域的一种中场击球技术。

准备姿势与正手平抽球相同。右脚向右侧跨出一步，在跨步的同时球拍向右侧后引，使拍面对准来球，上体向右后方旋转至左肩对网，髋关节也转向右后方，右腿蹬直，给接近右侧身体的来球让出适当空位。击球时，不必做较大的挥拍动作，只需借助来球力量，在手腕外展闪动的同时，食指、中指往拇指方向轻轻提拉，靠其他手指突然紧握拍柄产生的力量将球轻挡过网。击球后，右脚向前迈，球拍随身体向左转，收回于身前。（图9-4-13）

图 9-4-13

（2）反手平挡球。反手平挡球是用反手握拍，以反拍面将位于身体左侧体前来的球轻挡过网，使球过网后落于对方网前区域的一种中场击球技术。

准备姿势与反手平抽球相同。球拍向左下侧摆，上体稍向左侧闪，左肩向后侧转动，让出适当的击球空位。击球时，不必做较大的挥拍动作，只需借助来球力量以及手腕的内收动作，即由屈腕至伸直闪腕，以握紧球拍产生的力量击球托的后底部，把球轻轻地弹击到对方网前区域。击球后球拍回收于体前，步法向前跟进一步，以便封住对方的直线或斜线网前回球。（图9-4-14）

图 9-4-14

7. 推球

推球有正手网前推球和反手网前推球两种。

（1）正手网前推球。站在右网前，球拍向右侧前上举。在肘关节微屈回收时，前臂稍外旋，手腕稍向后侧，球拍也随之往右下方后摆，拍面正对来球。这时，小指和无名指稍松开，使拍柄稍离开小鱼际，拇指和食指向外捻动拍柄，使拍面更为后仰。推球时，身体稍向前移，右前臂前伸并内旋，手腕和手指控制拍面角度，由后伸直并闪腕，食指向前压，小指和无名指突然握紧拍柄，拍子急速地由右经前上至左挥动推球，使球沿边线飞向

对方后场底角。在挥动过程中，拍子回收。（图9–4–15）

（2）反手网前推球。站在左网前，以反手握拍，前臂往前上方伸举。在前臂稍向左胸前收引，肘关节微屈，手腕外展时，变成反手推球的握拍法，球拍松握，反拍面迎球。当前臂前伸并外旋时，由外展到伸直闪腕，中指、无名指和小指突然握紧拍柄，拇指顶压，向右前方挥拍时，推击球托的左侧后部，使球沿对角线方向飞行。击球后，手臂回收，恢复击球前的准备姿势。（图9–4–16）

图 9–4–15

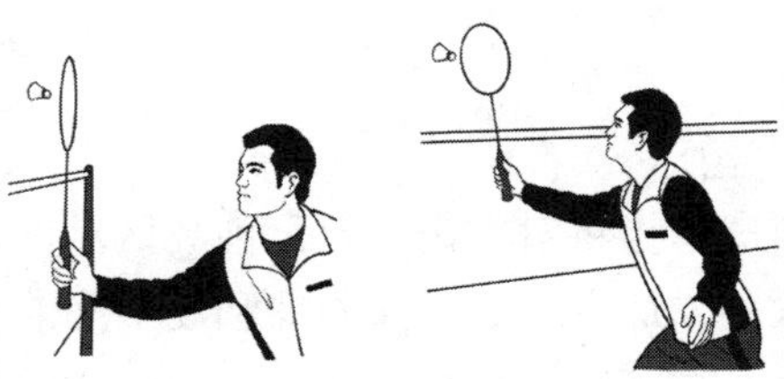

图 9–4–16

8. 搓球

搓球有正手网前搓球和反手网前搓球两种。

（1）正手网前搓球。正手网前搓球是用正手握拍，以正拍面将网前位置的来球运用“搓”“切”等动作回击到对方网前区域附近的一种击球方式。

身体侧对右边网前，正手握拍，将球拍举高。两臂抬起，以维持身体平衡，同时身体转向侧面。注意：要伸出左手以保持身体平衡，这一点很重要。当球拍举至最高点时，前臂向外旋，握拍手的食指和拇指夹住球拍，中指、无名指和小指轻握球拍柄，手腕由后转伸至稍内收，闪腕，使球拍在手腕和手指的挥摆用力下，搓击来球的右下底部。球拍拍面不是直线切入，而是要稍稍带一点倾斜度，这样才能使球旋转起来，翻滚过网。（图9–4–17）

图 9–4–17

（2）反手网前搓球。反手网前搓球是用反手握拍，以反拍面将网前位置的来球运用“搓”“切”等动作回击到对方网前区域附近的一种击球方式。

运用反手上网步法向来球方向移动，击球前的动作同正手网前搓球。前臂在随步法移动的过程中调整为反手握拍，前臂举起，手腕前屈，手背约与球网同高，拍面低于网顶，用反拍面迎球。击球时手腕由展腕至收腕发力，由左至右切击球托的左后侧部位。击球后动作同正手网前搓球，注意握拍要从反手握拍还原手放松握拍。（图9–4–18）

图 9-4-18

9. 勾球

勾球是指将对方击到自己前场区域的球还击到与之成对角线位置的对方网前区域的击球技术。勾球有正手网前勾球和反手网前勾球两种。

（1）正手网前勾球。勾球一般采用并步加蹬跨步上网的步法。其准备姿势与正手网前搓球相同。在步法移动的同时，球拍随着前臂往右前上方举起，前臂在前伸的同时稍外旋，手腕微后伸。注意：这时的握拍稍有变化，将拍柄稍向外捻动，使拇指贴在拍柄的宽面上，食指的第二关节贴在与其相对的另一个宽面上，拍柄不触及掌心。击球后，将球拍回收至右肩前。（图9-4-19）

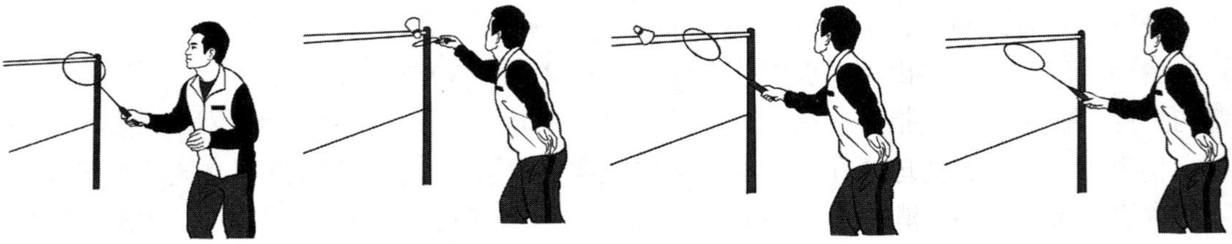

图 9-4-19

（2）反手网前勾球。准备活动与正手网前勾球相同。在步法移动的同时，将手臂向左前方平举（不要完全伸直，肘关节稍弯曲）。击球时，肘部下压，同时前臂稍外旋，由稍屈至后伸闪腕，拇指内侧和中指把拍柄向右侧一拉，其他手指突然紧握拍柄，拨击球托的左侧面，使球沿着对角线飞行。击球后，将球拍向右回收。（图9-4-20）

图 9-4-20

10. 扑球

扑球有正手扑球和反手扑球两种。

（1）正手扑球。迅速移至网前，右脚在前，上体直立。在跑动过程中完成击球准备姿势，拍头举过头顶。击球时，手臂由屈到伸，带动手腕由后伸至向前，闪腕及手指顶压，将球扑下。（图9–4–21）

图 9–4–21

（2）反手扑球。迅速近网，右脚在前，上体直立。在跑动过程中，球拍高举过头顶。向左转动球拍，使拍面正对球网。击球时，前臂伸直外旋，带动手腕内收至外展，拇指顶压，加速挥拍扑球。如果来球靠近球网，手腕可外展由左向右拉切击球，以免触网。（图9–4–22）

图 9–4–22

11. 挑球

挑球有正手挑球和反手挑球两种。

（1）正手挑球。正手握拍举至胸前，右脚向右前方跨出一大步，左脚在后，侧身向前，身体重心移至右脚。同时，右臂向后摆，自然伸腕，使球拍后引。然后以肘关节为轴，屈臂内旋，并握紧球拍，利用食指及手腕的力量，将来球向前上方击出。（图9–4–23）

图 9–4–23

（2）反手挑球。反手握拍举至胸前，右脚向左前方跨出一大步，身体重心移至右脚。同时，右肩朝向球网，屈肘引拍至左肩旁。然后以肘关节为轴，握拍经体前由下往上，用拇指第一指节压住拍柄的宽面，用力将球击出。（图9–4–24）

图 9–4–24

思政课堂

国家羽毛球队持续深入开展主题教育——巴黎奥运会为国争光再立新功

2023年世界羽毛球锦标赛于8月21日在丹麦打响，在出征世锦赛之前，国家羽毛球队持续深入开展“学思想、强担当、立新功”主题教育。8月14日，一名羽毛球世界冠军、国家羽毛球队功勋教练员在国家体育总局训练局为正在北京训练的国家羽毛球队全体教练员、运动员等70多人带来一堂题为“发扬中国羽毛球优秀传统　巴黎奥运会为国争光再立新功”的精彩党课。

该教练员首先回顾了他与国家羽毛球队的不解之缘。从1981年成为国家队运动员，到1992年巴塞罗那奥运会后退役，再到1993年1月担任国家队教练员至今，他在国家羽毛球队大家庭工作、学习、比赛、生活整整42年。

该教练员还通过视频短片回顾了中国体育代表团东京奥运会比赛的精彩瞬间，激励国家羽毛球队全体人员认真备战巴黎奥运会。该教练员从巴黎奥运会日益临近、形势严峻，中国羽毛球有辉煌的历史，国家羽毛球队是名副其实的金牌之师、荣誉之师，发扬中国羽毛球优良传统，为国争光、再立新功等方面，告诉大家备战巴黎奥运会的重要性、紧迫性。

面对即将打响的2023年世界羽毛球锦标赛和2024年巴黎奥运会，该教练员寄语国家羽毛球队运动员，要树立远大理想，立志为国争光；要能征善战、作风优良；要学习榜样、拼字当头。

听完党课后，国家羽毛球队全队上下表示，会力争打好比赛，在2023年世界羽毛球锦标赛和2024年巴黎奥运会的赛场上为祖国赢得更大荣耀。

（资料来源：《中国体育报》，2023年8月15日，有删改）

任务五　乒乓球

一、乒乓球运动简介

乒乓球运动属于隔网对抗的技能类体育项目，起源于 19 世纪末的英国，是由网球运动派生而来的，所以它的英文名称叫作“table tennis”。在1988 年第 24 届汉城（今首尔）奥运会上，乒乓球运动被正式列为奥运会比赛项目。乒乓球作为我国的“国球”，有着广泛的群众基础和雄厚的物质基础。我国乒乓球运动是在1915年开展起来的。1952年，我国加入国际乒乓球联合会。1953年，我国参加了第20届世界乒乓球锦标赛。1959年，在第25届世界乒乓球锦标赛上，我国优秀运动员容国团第一次夺得世界锦标赛男子单打冠军。1961年，我国主办了第26届世界乒乓球锦标赛。在这届比赛中，我国运动员夺得男子团体和男、女单打3项冠军。从此，我国乒乓球运动水平走到了世界前列。经过几代人的努力，我国乒乓球运动的技术水平得到了进一步提高，逐步形成了“快、准、狠、变、转”的独特的近台快攻打法，并在国际大赛中屡建奇功。特别是在第36届世界乒乓球锦标赛上，我国运动员包揽了全部比赛项目的7项冠军，创造了世界乒乓球史上的奇迹，为祖国赢得了荣耀，也为世界乒乓球运动的发展做出了贡献。此后，中国乒乓球运动水平一直处在世界最高水平。

二、乒乓球运动基本技术

（一）握拍法

1. 直式握拍法

拇指第一关节压住球拍左肩，食指第二关节压住球拍右肩，食指第一关节自然向内弯曲，虎口贴于拍柄后面，中指、无名指和小指自然弯曲，托于球拍背面。（图9–5–1）

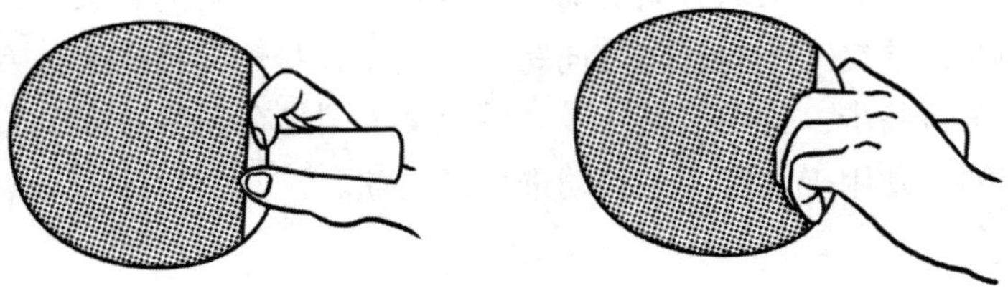

图 9–5–1

2. 横式握拍法

中指、无名指、小指自然弯曲握住拍柄，拇指在球拍正面靠近中指，食指自然伸直，斜放于球拍背面。正手攻球时，食指稍向上移动；反手攻球时，拇指稍向上移动。（图9–5–2）

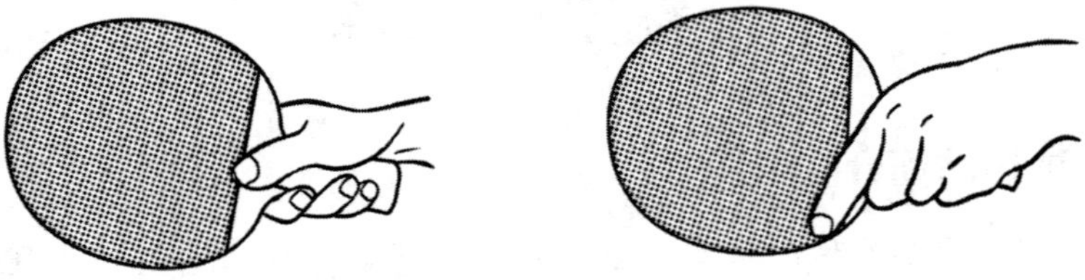

图 9-5-2

（二）移动步法

1. 单步

（1）技术要点：移动时以一只脚为轴，另一只脚可向前后、左右移动一步，身体重心落在移动脚上。

（2）适用范围：常用于接台内短球或离身体较近的来球。

2. 跨步

（1）技术要点：击球时一只脚蹬地，另一只脚向移动方向跨一大步，蹬地脚随后跟上半步或一小步，身体重心移至跨步脚。

（2）适用范围：常用于接近台进攻时离身体较远的来球。

3. 并步

（1）技术要点：击球时一只脚先向另一只脚并半步或一小步，另一只脚在并步脚落地后随即向来球方向移动一步。

（2）适用范围：常用于中、近台进攻时的中小范围的移动。

4. 跳步

（1）技术要点：以来球异侧脚用力蹬地，两脚同时离地向来球方向跳动。

（2）适用范围：常用于中台进攻时的左右移动。

5. 交叉步

（1）技术要点：以靠近来球方向的脚为支撑脚，调整该脚的脚尖，指向移动方向，远离来球方向的脚在体前交叉，向来球方向跨出一大步，身体随之向来球方向转动，支撑脚跟着向来球方向再迈一步，这是前交叉步。后交叉步则是在体后完成交叉动作。

（2）适用范围：常用于大范围的移动进攻或救球。

6. 小碎步

（1）技术要点：身体重心在两脚之间，两脚快速多次地进行小范围的转换移动。

（2）适用范围：在各种步伐的移动过程中均可使用小碎步对身体的击球位置进行精确的调整，从而找到最佳的击球点。

（三）预备姿势和站位

1. 预备姿势

两脚开立，稍宽于肩，前脚掌着地，脚跟稍提起。两膝微屈，上体略前倾，身体重心在两脚之间。下颌略内收，目视来球方向。两臂自然弯曲置于身体略前两侧，执拍手手腕适度放松。

2. 站位

快攻打法和弧圈球打法基本站在近台中间偏左处，两面攻打法基本站在近台中间，攻削结合打法基本站在中、远台中间。

（四）发球

发球是一项重要技术。发球按站位不同可分为正手发球、反手发球、侧身发球。发球按性质可分为速度类发球、落点类发球、单一类发球或混合旋转类发球等。发球按形式可分为低抛发球、高抛发球、下蹲发球等。发球的种类虽然很多，但归根到底与速度、旋转、落点是分不开的。

发球技术主要有以下几种。

1. 正手平击发球

肩关节放松，上臂自然靠近身体，左手握球放在球拍正前方。在左手垂直抛球的同时，右臂以肘关节为中心，向身体后方摆臂引拍。击球时，以肘关节为中心，右臂带动球拍向目标方向摆臂挥拍击球。（图9–5–3）

图 9–5–3

2. 正手下旋发球

肩关节放松，上臂自然靠近身体，左手握球放在球拍正前方。在左手垂直抛球的同时，右臂以肘关节为中心，向身体后方摆臂引拍。击球时，以肘关节为中心，右臂带动球拍向前下方摆臂挥拍，摩擦击球。（图9–5–4）

图 9–5–4

3. 正手侧上旋发球

肩关节放松，上臂自然靠近身体，左手握球放在球拍正前方。在左手垂直抛球的同时，右臂以肘关节为中心，向身体后方摆臂引拍。击球时，以肘关节为中心，右臂带动球

拍向左侧上方肩关节方向摆臂挥拍，摩擦击球。（图9–5–5）

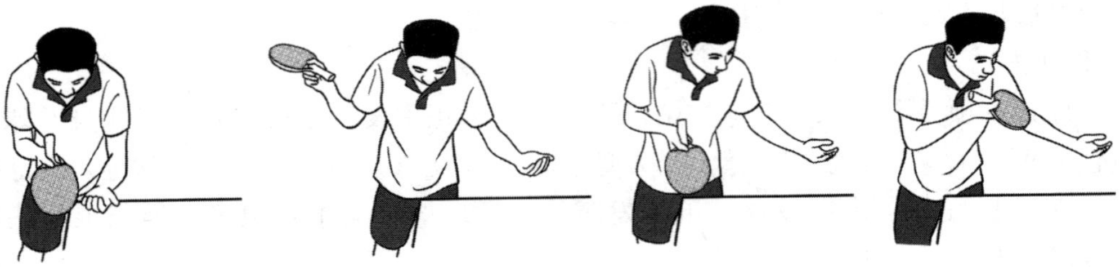

图 9–5–5

4. 正手侧下旋发球

肩关节放松，上臂自然靠近身体，左手握球放在球拍正前方。在左手垂直抛球的同时，右臂以肘关节为中心，向身体后方摆臂引拍。击球时，以肘关节为中心，右臂带动球拍向左侧前下方髋关节方向摆臂挥拍，摩擦击球。（图9–5–6）

图 9–5–6

5. 反手侧上旋发球

肩关节放松，上臂自然靠近身体，左手握球放在球拍正前方。在左手垂直抛球的同时，右臂以肘关节为中心，向身体左侧后方摆臂引拍。击球时，以肘关节为中心，右臂带动球拍向身体右侧前上方齐肩高方向摆臂挥拍，摩擦击球。（图9–5–7）

图 9–5–7

6. 反手侧下旋发球

肩关节放松，上臂自然靠近身体，左手握球放在球拍正前方。在左手垂直抛球的同时，右臂以肘关节为中心，向身体左侧后方摆臂引拍。击球时，以肘关节为中心，右臂带

动球拍向右侧前下方球网柱方向摆臂挥拍，摩擦击球。（图9–5–8）

图 9–5–8

（五）接发球

接发球常用推、搓、削、拉、抽等方法来回击球。推、搓、削是指用旋转和变化落点的方法去抑制对方攻势，并带有一定的防御性质。拉球和抢攻时，可以直接破坏对方的攻势，打法上较积极主动。所以，在接发球时应根据不同的情况做到时搓时拉，忽攻忽守，只有这样才能充分掌握比赛的主动权。接发球时，首先，根据对方发球时的位置来决定站位；其次，判断对方发球时拍形的角度、击球力量、摩擦力大小、旋转方向和落点；最后，采用推、搓、削、拉、抽等方法回击球。若对方来球是急球、上旋球，回击球时可用推挡或攻球；若对方来球是下旋球，回击球时可用搓、拉、削球；若对方来球是侧上（下）旋球，回击球时可用推挡或攻球（搓、拉、削球），并向对方球拍开始运动的方向回击。

（六）攻球

攻球力量大、速度快、攻击性强，是争取主动、克敌制胜的重要手段。

1. 正手攻球

预备姿势，左脚在右脚前约半个脚掌的位置，两脚打开，略比肩宽，左右脚尖分别对准左右两侧球网柱方向，呈外“八”字形。身体离球台一个拍长的距离，屈膝、收腹、弯腰，身体前倾，肩关节放松，上臂自然靠近身体，球拍放在身体正前方。引拍时，以肘关节为中心，前臂带动球拍向身体右侧下方、球台台面上方引拍。击球时，以肘关节为中心，前臂带动球拍向眉毛正前方 15 ~ 20 厘米处摆臂挥拍击球。击球后，前臂放松，挥拍至额前，身体重心随挥拍动作移至左脚，接着迅速还原。（图9–5–9）

图 9–5–9

2. 反手攻球

（1）反手直拍攻球。身体靠近球台，两脚平行站立。击球时，上臂贴近身体，前臂外旋，向右前上方挥动，配合转腕动作，使拍面前倾，在来球上升期击球中上部。（图9–5–10）

图 9–5–10

（2）反手横拍攻球。站位与反手直拍攻球的站位相同，前臂与手腕几乎成一条直线，拍柄向下，置于腹部左前方。击球时，前臂向右前上方挥动，在来球上升期击球中上部，触球时手腕向外转动。

3. 正反手搓下旋球

（1）正手搓下旋球。预备姿势，左脚在右脚前约一个脚掌的位置，两脚打开，略比肩宽，左右脚尖分别对准左右两侧球网柱方向，呈外“八”字形。身体距离球台 10 ~ 20 厘米，屈膝、收腹、弯腰，身体前倾，肩关节放松，上臂自然靠近身体，球拍放在身体右侧下方，拍头对准右侧球网柱方向，拍面后仰，击球面与球台台面形成 135° 左右的夹角。引拍时，以肘关节为中心，球拍向身体近身处内收。击球时，前臂带动球拍向目标摆臂挥拍，摩擦切球。击球后，还原成预备姿势。（图9–5–11）

图 9–5–11

（2）反手搓下旋球。预备姿势，右脚在左脚前约一个脚掌的位置，两脚打开，略比肩宽，左右脚尖分别对准左右两侧球网柱方向，呈外“八”字形。身体距离球台 10 ~ 20 厘米，屈膝、收腹、弯腰，身体前倾，肩关节放松，上臂自然靠近身体，球拍放在身体正前方，拍头对准左侧球网柱方向，拍面后仰，击球面与球台台面形成 135° 左右的夹角。引拍时，以肘关节为中心，球拍向身体近身处内收。击球时，前臂带动球拍向目标摆臂挥拍，摩擦切球。击球后，还原成预备姿势。（图9–5–12）

图 9-5-12

4. 弧圈球

预备姿势，左脚在右脚前约一个脚掌的位置，两脚打开，略比肩宽，左右脚尖分别对准左右两侧球网柱方向，呈外“八”字形。身体距离球台 80～100 厘米，屈膝、收腹、弯腰，身体前倾，肩关节放松，上臂自然靠近身体，球拍放在身体正前方。引拍时，球拍击球面与球台台面形成 35°～45°夹角，在身体重心移至右脚的同时转动髋关节，手臂以肘关节为中心，前臂带动球拍向身体右侧下方引拍。击球时，脚下重心由右脚移至左脚，同时向同一方向转动髋关节，手臂以肘关节为中心，前臂带动球拍向眼睛、眉毛正前方 20～30厘米处摆臂挥拍，摩擦击球。击球后，还原成预备姿势。（图9-5-13）

图 9-5-13

5. 削球

削球是一种积极的防御技术，动作稍大、球速慢、弧线长、稳健。

（1）正手削球：离台稍远，右脚稍后，身体稍向右转。击球时，前臂用力向左前下方切削，手腕配合下压，在来球高点期或刚下降时击球中部或中下部。

（2）反手削球：身体重心移至左脚，身体左转，向左肩上方引拍并稍后仰。击球时，手臂迅速向右前下方挥动，手腕配合下压，在来球上升期后段或高点期击球中下部。

思政课堂

一天六赛 中国队包揽乒乓球混双冠亚军

成都大运会（第31届世界大学生夏季运动会）乒乓球混双决赛的参赛双方都是中国选手，该决赛也是他们当天的第六场比赛，对他们的精神和体能都是巨大的考验。双方在赛场上的表现体现了他们对金牌的渴望，最终，刘丁硕、钱天一以4：1的比分战胜队友薛飞、王晓彤，获得冠军。

赛后，问到一天六赛的感受时，刘丁硕说："一天打六场比赛是一种挑战，但我的体力储备还是比较充分的。回顾今天的比赛，单打和双打在场上感觉不一样，双打队友能帮我分担一点，但是单打没有队友，所以在下午男子单打时遇到了一点困难，自己对遇到的问题处理得不够好，希望明天男子单打能发挥得更好。"

钱天一表示："今天的赛程我觉得对自己意志力和体能是一种磨炼。混双决赛时盯球有点盯不住，特别是比分差距大一点的时候，自己容易走神，好在及时进行了调整，状态也恢复了一些。"

交战双方都是国家乒乓球队队员，彼此之间非常了解。相较于王晓彤和薛飞两位惯用右手击球的选手，钱天一和刘丁硕一左一右跑动起来更为流畅。第三局双方打出多个高质量回合球，王晓彤和薛飞一度4：1领先，相继打到7平、8平后。面对比分落后，刘丁硕说："当第三局比分落后时我们还在相互鼓励，告诉自己比分追一追还有机会。正是这种坚强的信念让我们赶上了比分。然后是战术上的调整，我们改变了接发球的战术。因为我们彼此很熟悉，所以获胜的关键主要是看谁发挥得更好。这次赛前我们也准备得比较充分，比赛时及时沟通，调动比较快，状态比较好。"

（资料来源：《中国体育报》，2023年8月4日，有删改）

项目十
游泳运动

任务一　游泳基础知识

一、游泳运动简介

游泳运动的起源和发展与人类社会的生产劳动、生活娱乐以及战争等紧密联系。游泳运动是人类在征服自然、改造自然的生产劳动过程中产生的，是在满足人们娱乐、竞争的需要中发展起来的。游泳运动有广义和狭义之分。广义的游泳运动是指一种凭借自身肢体动作和水的相互作用力，在水上漂浮前进或在水中潜游的有意识的技能活动。狭义的游泳运动专指游泳竞技。

二、游泳运动卫生安全常识

（一）确立安全第一观念

游泳运动是深受人们喜爱的一项体育运动。游泳时，游泳者必须注意安全，自觉地遵守游泳安全和卫生守则，防止发生意外事故和传染疾病。

（二）饮酒、饱食后和饥饿时不能游泳

饮酒会刺激中枢神经系统使之处于过度兴奋或抑制状态，酒后游泳容易发生溺水事故。饱食后游泳会减少消化器官的血液供应，使消化器官功能减弱，影响食物的消化和吸收。饱食后游泳，人体受到冷水刺激，容易引起胃痉挛、打嗝、腹痛或呕吐。因此，饭后不宜立即游泳，应在饭后1小时后游泳。饥饿时，人体血糖水平降低，而游泳需要消耗能量，饥饿时游泳会出现头晕、四肢绵软无力，甚至昏厥等现象。所以，空腹者在游泳前半小时应适当补充食物。

（三）游泳前要做好准备活动

在游泳前，做好准备活动能提高神经系统的兴奋性，增强心血管系统和呼吸系统的功能，促进血液循环和新陈代谢，增强肌肉的力量和弹性，扩大关节的活动范围，有利于身体快速适应游泳活动，防止肌肉痉挛和拉伤。一般准备活动包括慢跑、徒手操、模仿练习等。

（四）自救和呼救

游泳时常会发生肌肉抽搐（俗称抽筋），其部位常见于小腿。在游泳过程中，如果遇

到肌肉抽搐时，游泳者千万不要惊慌，可以用如下手段自救：马上放弃腿部动作，使腿尽量放松，可仰卧于水面，加大手划力量，加快臂部动作，用仰泳游向岸边；或者游泳者在水中，用力捏一捏、搓一搓抽筋部位的肌肉，使其伸展、放松、拉开；此外，游泳者还可以呼救，寻求周围人的帮助。如发现他人肌肉抽搐或溺水，应迅速大声呼救，和周围的人一起采用合适安全的方法进行救护。

（五）遵守公共卫生制度，文明游泳

遵守公共卫生制度，注意公共卫生要求。为保证池水的清洁与卫生，游泳者应淋浴冲净全身，只有穿上洁净的泳衣泳裤方可进入泳池；不要穿内衣、内裤下水，不宜穿白色、黄色等浅色泳装，更不能在水中吐痰或便溺。游泳者出水后，应立即擦干身体或用热水淋浴，穿好衣服。

（六）预防疾病

游泳时间的长短因人而异。例如，当天气寒冷，水温较低，或身体感到不适，肌肉酸痛时，在水中活动的时间就可以短一些；当出现寒战、嘴唇发紫、皮肤上出现鸡皮疙瘩时，应立即出水保暖。为防止感染眼病，出水后应点些眼药水。游泳后要用浴皂洗净全身，尤其是在冬天，游泳后洗个热水澡，可以增加热量。浴后，注意擦干头发，由于冬季室内外温度差异较大，湿发最容易引起感冒，因此要备好帽子，及时戴上。条件好的游泳馆备有吹风机，游泳者可将头发吹干后离开。若有水进入耳朵，游泳者切勿用手指挖耳，可把头偏向进水耳朵的一侧，并用同侧的脚连续震跳，使水流出。

三、游泳运动装备

游泳运动装备包括泳装、泳镜、泳帽等。

（1）泳装要求紧身、舒适，使用后可用冷水清洗并阴干。

（2）游泳池中的水都有含氯的消毒药剂，如不戴泳镜，对眼睛的刺激较大，眼睛会感觉不舒服，因此，游泳时游泳者要戴上泳镜。

（3）泳帽在游泳过程中能保护头发，防止头发挡住视线。为了保持清洁卫生，游泳池规定游泳者必须戴泳帽。

任务二　蛙泳

一、蛙泳简介

蛙泳是比较古老的一种泳式，在民间广为流传，它由模仿青蛙的游泳动作而得名。早在几千年前，古代的中国以及罗马、埃及就有类似蛙泳的游泳姿势。蛙泳具有呼吸方便、省力、发出声音小、方便观察、能负重等特点，但是在4种竞技泳姿中，蛙泳速度最慢。

现代蛙泳技术较传统蛙泳技术有了很大的区别。现代蛙泳技术的特点是，头部起伏大，位置高，高肘划水，高频率、快而窄的鞭水蹬腿并伴有明显的腰腹动作，快速、连贯的晚呼吸配合，上体起伏大，两臂和手在水面上向前伸出。

二、蛙泳基本技术

（一）身体姿势

蛙泳在游进过程中，身体不是固定在一个位置上的，而是随着手、腿的动作在不断变化。当一个动作周期结束后，身体应展胸，稍收腹、微塌腰，两腿并拢，两臂尽量伸直，颈部稍紧张，头置于两臂之间，目视前下方，整个身体应以身体为横轴做上下起伏的动作，头部和臀部尽量保持高位置。

（二）腿部动作

蛙泳的腿部动作是推动身体前进的主要动力。腿部动作可分为收腿、翻脚、蹬夹水和滑行4个紧密相连的动作环节。

1. 收腿

开始收腿时，大腿稍放松，屈膝、屈髋，小腿和脚跟在大腿和臀部的后面，减少投影面。收腿结束后，大腿与躯干之间成130°～140°角，大腿与小腿成40°～45°角。

2. 翻脚

在蛙泳腿的技术中，翻脚动作很重要，它直接影响蹬水的效果。在收腿即将结束时，脚仍向臀部靠近，这时膝关节向内扣，同时两脚向外侧翻开，使脚和小腿内侧对准蹬水方向，并为大腿发挥更大的力量做好积极准备。

3. 蹬夹水

蹬水时，由大腿发力先伸展髋关节，再伸展膝关节，小腿内侧和脚掌做向下和向后的鞭状蹬夹水动作，直至两腿并拢，自然伸直。蹬夹水时，要用较大的力量和较快的速度完成。

4. 滑行

蹬夹水结束后，腿处于较低的位置，脚距离水面30～40厘米。此时，两腿伸直并拢，腰部、腹部、臀部及腿部的肌肉保持适度紧张，使身体呈流线型向前滑行，准备开始下一个腿部动作周期。在滑行中，游泳者要注意保持两腿在较高的位置，以减少滑行时的阻力。

（三）臂部动作

蛙泳的臂部动作是由抓水、划水、收手、伸臂4个部分组成的连贯对称动作。

1. 抓水

两手掌转向斜下方勾手，两臂分开向斜下方压水。感觉到水对手掌和前臂有压力时，抓水结束，两臂分开约45°。

2. 划水

当两手做好抓水动作、两臂分开至略宽于肩的宽度时，手腕开始逐渐弯曲，这时两臂、两手逐渐积极地做向侧方、下方、后方的屈臂划水动作。

在划水过程中，前臂和上臂弯曲的角度是在不断地变化的，其标准是发挥出最大的力量。在整个划水过程中，肘关节的位置都比手高。手运动的路线不应到肩的后下方，而应

在肩的前下方。其速度是从慢到快，收手时应达到最快速度。抱水及向下划水时，头部准备上抬。（图10–2–1）

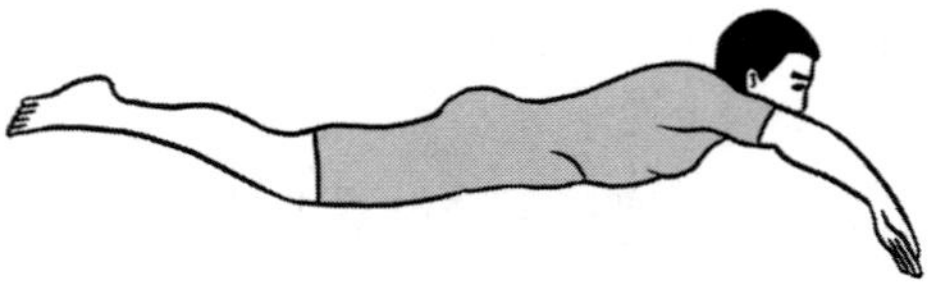

图 10–2–1

3. 收手

收手是划水阶段的继续。收手时，手的运动方向为向内、向上、向前，手的迎角大致为45°。由于前臂外旋，掌心逐渐转向内。收手动作应有利于做快速向前的伸手动作，并且肘关节要有意识地向内夹。当手收至头前下方时，两手掌心由后转呈向内、向上的姿势，这时大臂不应超过两肩的横向延长线。在整个收手动作过程中，手的动作应积极、快速、圆滑。收手结束时，肘关节应低于手，前臂与上臂的夹角小于90°；向内划水及抬头吸气，腿开始向臀部回收。（图10–2–2）

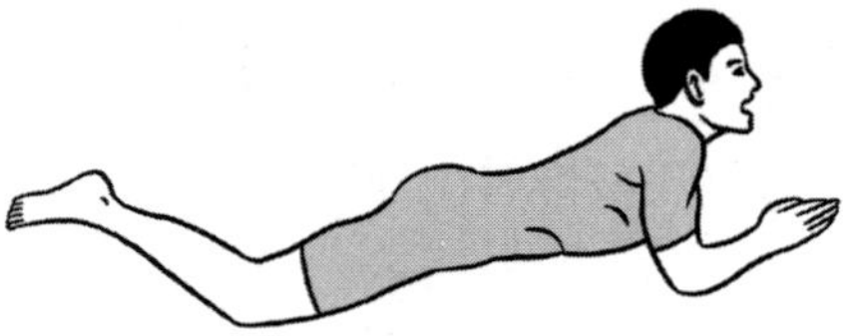

图 10–2–2

4. 伸臂

收手后，肩关节和肘关节迅速前伸，手心转向下恢复到滑行时的身体姿势。（图10–2–3）

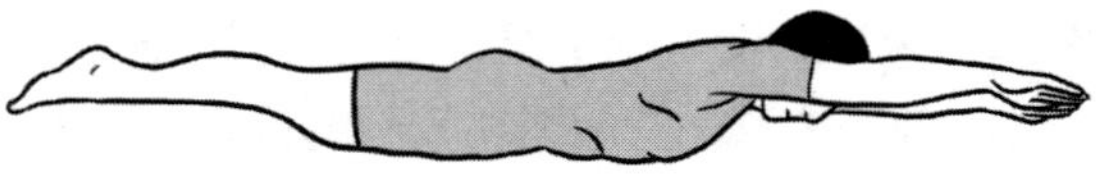

图 10–2–3

（四）配合技术

蛙泳的一个动作周期是蹬腿、划臂、呼吸各1次。呼吸和腿部动作、臂部动作配合的时间不同，形成了早吸气和晚吸气两种配合技术。

一般腿、臂配合技术：两臂划水时腿伸直不动，收手的同时收腿，先伸臂，后蹬腿，手腿前后伸直并拢后短暂滑行。

呼吸与两臂的配合技术（晚吸气）：当划水结束时，开始抬头，在两臂划至胸前、身体达到最高点时吸气；伸臂时，低头闭气和呼气。

蛙泳呼吸与其他泳姿一样，都是用嘴吸气，用嘴和鼻呼气。

任务三　爬泳

一、爬泳简介

爬泳，又称自由泳。游进时，身体在水中呈俯卧姿势，两腿交替上下打水，两臂轮流划水，动作很像爬行，所以得名爬泳。爬泳是比较容易学习的一种泳式，其技术动作结构简单、自然、合理。现代爬泳技术的特点是身体姿势高平，采用高肘、屈臂划水和晚呼吸配合技术，腿、臂动作的配合形式多样化。在正式的游泳比赛中，爬泳的比赛项目最多。普及和提高爬泳技术，对于提高国家的游泳技术水平有着特殊的作用。虽然爬泳在实用价值方面不如蛙泳，但是爬泳在速度方面的优越性是蛙泳无法比拟的。

二、爬泳基本技术

（一）身体姿势

爬泳时，身体俯卧在水面上呈流线型，背部和臀部的肌肉保持适度的紧张度。为了取得更好的动作效果，在游进过程中应保持头部平稳，头部自然稍上抬，目视前下方，头的1/3露出水面，水平面接近发际，两腿处于最低点，身体纵轴与水平面成3°~ 5°的仰角，躯干围绕身体纵轴成35°~ 45°角进行有节奏的自然转动。

（二）腿部动作

爬泳时，腿的作用主要是保持身体平衡和动作的协调，并且产生一定的向前的推动力。正确的上下打水动作应当是从髋关节开始，通过整个腿部，最后到脚的一个鞭状打水动作。打水时，两脚应稍向内收，踝关节自然放松，两脚尖上下的垂直距离为30 ~ 40厘米，膝关节自然弯曲的角度应为160°左右。

（三）臂部动作

爬泳时，臂部动作是推动身体前进的主要动力。臂部动作由入水、抱水、划水、出水和空中移臂5个部分组成。这5个动作在臂部动作中是紧密相连的动作循环。

1. 入水

入水点应在手臂的延长线和身体中线之间。入水时，肘关节应弯曲并高于手，手指自然并拢，掌心向外，前臂内旋，拇指先插入水。入水动作应协调、自然，手掌、前臂、上臂依次入水伸直。（图10–3–1）

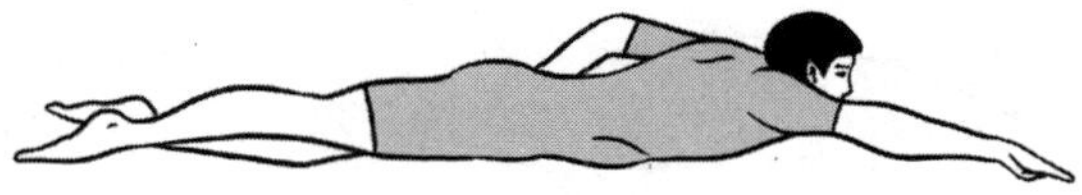

图 10–3–1

2. 抱水

手臂入水后，与水平面成40°左右的角时，才能进入有效的划水阶段，因此，在划水之前应有一个抱水阶段，做好划水前的准备。抱水动作是手臂入水后，积极插向前下方，并逐渐开始屈腕、屈肘抱水，保持高肘，为划水做准备。（图10-3-2）

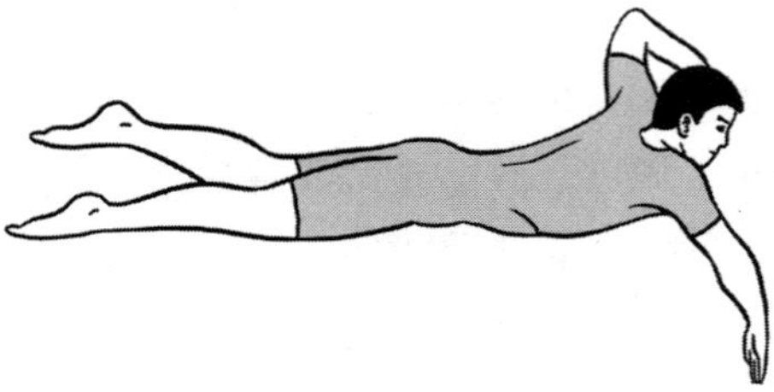

图 10-3-2

3. 划水

整个划水过程分为拉水和推水两个阶段。肩垂面前的划水称为拉水，即由直臂到屈臂；肩垂面后的划水称为推水，即由屈臂到直臂。划水动作开始时，手臂与水平面成40°夹角；划水结束时，手臂与水平面成15°～20°角。整个划水路线手的轨迹呈“S”形，即开始时手在肩前，中间时手在胸腹下，结束时手在大腿旁。整个划水动作应是连贯和加速的。（图10-3-3）

图 10-3-3

4. 出水

在划水结束后，手臂由于惯性的作用而很快地靠近水面。这时，由上臂带动肘关节做向外上方的“提拉”动作，将前臂和手提出水面。前臂出水动作要比上臂稍慢一些，掌心向后上方。手臂出水动作应迅速而不停顿，但同时应该柔和，前臂和手掌应尽量放松。（图10-3-4）

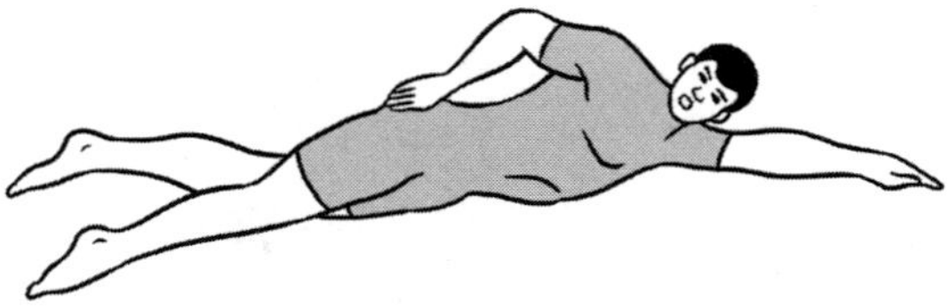

图 10-3-4

5. 空中移臂

手臂出水后，由肩带动上臂、前臂和手做高肘快速移臂。整个空中移臂过程的前半部分是肘关节领先，前臂较慢，后半部分是前臂向前伸出做入水准备。（图10-3-5）

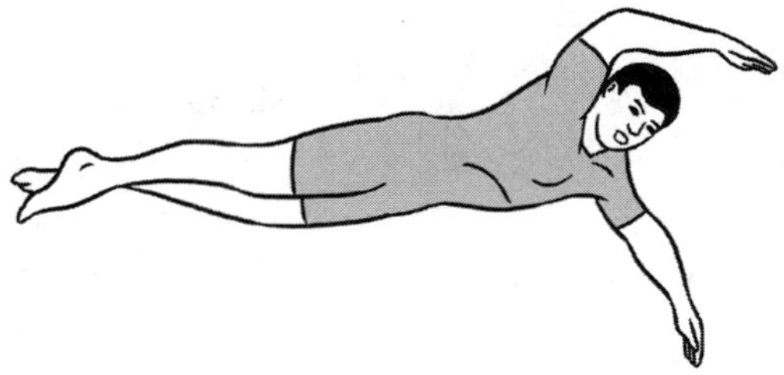

图 10–3–5

（四）配合技术

1. 两臂配合技术

爬泳两臂的正确配合是保障前进速度均匀性的重要条件，并且有利于发挥肩的力量积极参与划水。爬泳两臂的配合有前交叉、中交叉和后交叉3种基本形式。此外，还有介于这三者中间的中前交叉和中后交叉。

爬泳主要由两臂轮流划水产生推进力，两臂配合的关键之处在于尽量使身体前进的速度均匀。根据这一原则，中交叉和中后交叉配合是较有利的方式。

2. 呼吸与臂配合技术

爬泳采用的是转头吸气的方式，一般是在左右臂各划1次，其间完成1次转头呼吸。1次完整的转头呼吸包括吸气、闭气、呼气3个部分。以向右转头呼吸为例。右手入水后，开始慢慢呼气，右臂划到肩下时向右侧转头，呼气量加大，推水快结束时呼气量更大。右臂出水时，张嘴吸气，移臂一半时吸气结束，并开始向左侧转头，恢复面向下的姿势，然后闭气。爬泳长游时，一般每个划臂周期应呼吸1次；短距离的冲刺可以采用划水4次，吸气1次的方法，甚至可以完全不换气。

3. 完整配合技术

完整配合技术是指呼吸、手臂和腿的配合技术。手臂是产生推进力的主要来源，在完整配合技术中，呼吸和腿部动作都应该适应手臂动作。呼吸、手臂动作和腿部动作的配合比例主要有3种：1∶2∶2（1次呼吸、2次手臂动作、2次打腿动作）、1∶2∶4（1次呼吸、2次手臂动作、4次打腿动作）、1∶2∶6（1次呼吸、2次手臂动作、6次打腿动作）。也有极少数优秀运动员采用1∶2∶8（1次呼吸、2次手臂动作、8次打腿动作）的完整配合技术。

任务四　仰泳

一、仰泳简介

仰泳，又称背泳，是人仰卧在水中进行游泳的一种泳式。仰泳在动作技巧上和爬泳基本相同，只是身体位置和爬泳正好相反，所以也称“爬式仰泳”。19世纪，仰泳采用反蛙泳技术，速度很慢。到20世纪初现代爬泳诞生后，才出现“爬式仰泳”技术。在竞技速度上，仰泳速度仅次于爬泳和蝶泳的速度。仰泳的最大优点是游泳者的脸一直露在水面上，不存在呼吸和换气的问题。仰泳时，最大的困难是游进时很难掌握方向。

二、仰泳基本技术

仰泳技术动作由身体姿势、腿部动作、臂部动作和呼吸等部分组成。

（一）身体姿势

仰泳时，人的身体仰卧在水中，头和肩略高于臀，胸部自然伸展，腰部、腹部和脸部保持水平，身体呈流线型。身体纵轴在水平面上构成的仰角约为10°，腰部和两腿均在水面下。

仰泳时，头起着“舵”的作用并可以控制身体左右转动。头应保持相对稳定，不要上下、左右晃动，颈部肌肉不要过分紧张，后脑处在水中，水位在耳际附近，目视腿部的上方；腰部肌肉要保持适度紧张，以不至于使身体过分平直和屈髋呈坐卧姿势为前提；肋上提，不要含胸。快速游进时，身体的仰角能使体位升高。水平较高的运动员不仅肩和胸部露出水面，而且腹部经常会露出水面。身体的纵轴应随着两臂划水动作而自然滚动，滚动的角度可根据个人的不同情况而稍有差别，肩关节灵活性较好的人滚动的角度小，反之则大，一般为45°左右。

（二）腿部动作

仰泳时，腿打水的作用主要是保持身体位置，产生一定的推进力。仰泳腿打水很重要，除了维持身体平衡外，还能给身体一个稳定的支撑力。快速且有力的仰泳腿打水对有效发挥上臂和躯干的力量也起着重要作用。仰泳腿打水由下压和上踢两个部分组成。

腿下压的动作是借助臀部肌群的收缩来完成的。在整个腿下压的动作中，前2/3由于水的阻力，膝关节充分展开，腿部肌肉放松。当大腿下压到一定程度时，由于腹肌和腰肌的控制，大腿停止向下而过渡到向上移动，由于惯性的作用，小腿仍然继续向下，造成膝关节弯曲，所以腿在下压的后1/3是屈的。

随着惯性的逐渐减弱和大腿的带动，小腿也开始向上移动，但此时脚仍然继续向下，直到惯性消失，大腿、小腿和脚依次结束向下的动作，构成向下“鞭打”的动作。下压的动作因为不产生推进力，相对要求速度不能过快，腿部各关节自然放松。当下压动作结束时，由于水对小腿的阻力和大腿肌肉的牵制，大腿与小腿成135°～140°角，小腿与水平面成40°～45°角，此时大腿与小腿弯曲到最大限度，小腿和脚对水的相互作用面积较大。上踢动作开始，就需要用较大的力量和较快的速度来进行，并且逐渐加到最大力量和速度。当大腿向上移动超过水平面时就结束向上的动作，此时膝关节接近水面。随后，小腿和脚依次结束向上，使膝关节充分伸展，构成向上“鞭打”的动作。上踢动作是以大腿带动小腿、小腿带动脚来完成的，并且在任何情况下，尽量不要使膝关节或脚尖露出水面。上踢时，脚尖应内旋以加大对水的相互作用面积。

（三）臂部动作

仰泳的臂部动作是产生推进力的主要因素。仰泳的臂部动作由入水、抱水、划水、出水和空中移臂5个部分组成。

1. 入水

臂的入水动作与身体的转动协调配合而成。一只手臂入水时，身体向同侧转动，可以加大手臂入水的深度。手的入水点应在头前、同侧肩的延长线上。手臂应伸直，肘关节不能弯曲，以小指领先，手掌朝外，干净利落地切入水中。当手臂入水时，手掌与前臂成150° ~ 160° 角，使手指先于手掌外侧和前臂入水，以减小入水时的阻力。（图10–4–1）

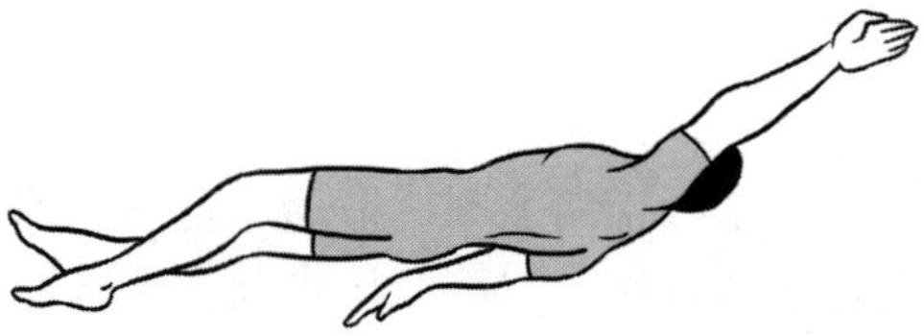

图 10–4–1

2. 抱水

手臂入水后，要利用移臂时所产生的力量积极下滑到一定的深度，手掌向下、向侧移动，通过伸肩、屈肘、上臂内旋和屈腕，配合身体的滚动，使手掌和前臂对准水并有压力的感觉。当完成抱水动作时，肘部微屈成150° ~ 160° 角，手掌距水面30 ~ 40厘米，肩保持较高的位置。（图10–4–2）

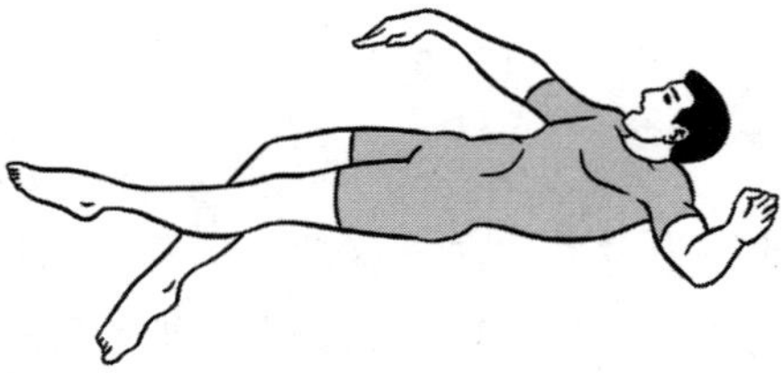

图 10–4–2

3. 划水

划水是推动身体前进的主要动力。整个划水动作是由屈臂抱水开始的，手臂以肩为中心，划至大腿外侧下方为止。划水动作包含拉水和推水2个阶段。拉水是在前臂伸抱水的基础上进行的。开始时，前臂内旋，手掌上移，肘部下降，使屈肘程度加大，手掌和前臂要保持与前进方向垂直。当手掌划至肩侧时，屈臂到最大限度，成70° ~ 110° 角，手掌接近水面。推水是在手臂划过肩侧时开始的，这时肘关节和上臂应逐渐向身体靠近，同时用力向脚的方向推水。当推水即将结束时，前臂内旋做加速转腕下压的动作，掌心由向后转为向下。推水结束时，手臂要伸直，手掌在大腿侧下方，借助手掌压水的反作用力迅速提臂出水。（图10–4–3）

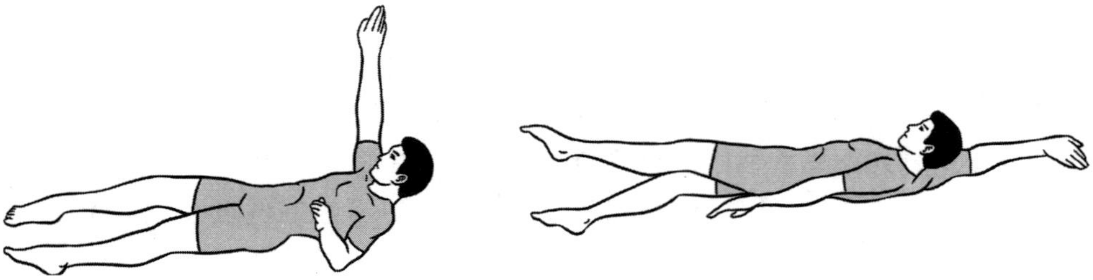

图 10-4-3

4. 出水

划水完成以后，手臂外旋，掌心指向大腿，借助手掌压水的反作用力和肩部肌肉的收缩以及身体的自然转动，手臂迅速提拉出水面。出水前，手臂应先外旋，使手掌转向大腿外侧，使拇指领先出水。这样阻力小，且手臂较自然放松。这与爬泳出水时小指领先的道理是一样的。出水时，臂应伸直，压水提肩，使肩部首先出水，然后带动上臂、前臂和手依次出水。（图10-4-4）

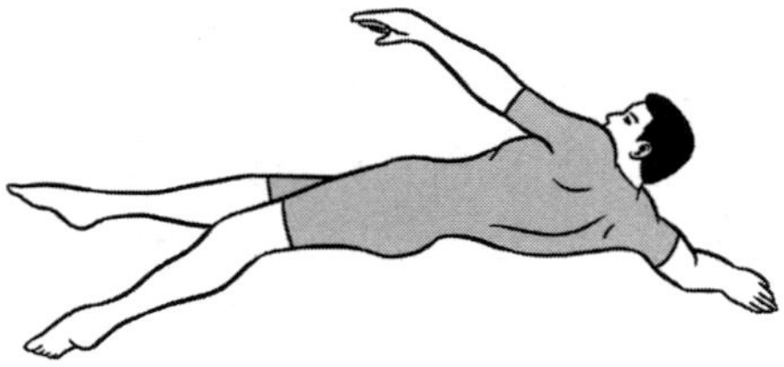

图 10-4-4

5. 空中移臂

提臂出水后，手臂应迅速以直臂方式向前移动，上臂应贴耳。空中移臂的前半段，手掌向内，使手臂肌肉尽量得到放松；当手臂移到头上，即与水平面垂直时，手臂内旋，使手掌心向外。空中移臂时，臂要伸直放松。空中移臂的后半段，要注意肩关节充分伸展，为入水和划水做好准备。（图10-4-5）

图 10-4-5

（四）配合技术

1. 两臂配合技术

两臂的配合与爬泳一样，应该保证身体得到连贯而均匀的推进力，使身体匀速前进。现代优秀游泳运动员大多采用后交叉配合技术，即一臂入水时，另一臂划水结束，两臂基本处于相反的位置，使一臂结束划水动作后，另一臂能立即产生新的推进力。当一臂入水后，前伸下划时，身体的转动使对侧手臂的空中移臂动作更加自然轻松。

2. 呼吸与臂配合技术

仰泳时，口、鼻始终要露出水面，呼吸不受水的限制，但为了避免吸气不充分造成的动作紊乱，运动员一般保持一定的呼吸节奏，正如跑步和竞走运动员用一定的节奏进行呼吸一样。

3. 完整配合技术

同爬泳的完整配合技术一样，仰泳的完整配合技术也需要呼吸与手臂和腿部动作的协调配合。现代仰泳较常见的是 6 次打腿动作、2 次手臂动作、1 次呼吸的配合技术（配合比例为6∶2∶1）。

思政课堂

国家游泳队走进济南育秀中学

据国家游泳队消息，2023年3月29日，国家游泳队联合山东省游泳运动管理中心开展学雷锋进校园主题活动。正在山东济南转训的国家游泳队张雨霏、杨浚瑄、覃海洋等队员赴济南育秀中学，与学校师生交流分享了成长经历，并与正在训练的校游泳队队员进行交流切磋。

活动中，国家体育总局游泳运动管理中心有关领导向育秀中学赠送了国家游泳队签名服装，并现场展示了毛笔书法，为育秀中学送上“育天下英才而秀之”的书法作品，表达美好祝愿。张雨霏、杨浚瑄、覃海洋等在现场与学生进行了交流互动。

“无论你在什么时候努力都不晚，重要的是开始之后就不要停止”，张雨霏用自己的经历勉励学生，“新时代新征程上，有强大祖国作为坚实后盾，每个人都迎来了前所未有的新发展机遇。希望你的人生里至少有一件事能一直坚持做下去，无论是你擅长的还是你热爱的；也希望你能在生活里多实践，读万卷书，行万里路，努力成为全面发展的人。”

杨浚瑄分享说：“人们常说，种一棵树最好的时间是十年前，其次就是现在。如果你真的愿意努力，什么时候开始都不迟。我们一定要对今天负责，用今天的勤奋弥补过去的遗憾、积聚未来的信心。对于我来说，就是做好每一天、每一个技术动作，在训练课上做到刻苦认真，对教练说的话入脑入心，保证好自己的饮食起居和身体健康，如此周而复始、日复一日、年复一年地积累……”

（资料来源：《中国体育报》，2023年3月31日，有删改）

项目十一

艺术体育运动

任务一　健美操

一、健美操简介

健美操运动是以健、力、美为特征，将体操、舞蹈、音乐融为一体，经过再创造，按照全面提高身体素质的要求编成操，在音乐伴奏下进行，达到增进健康、培养正确体态、塑造美的形体、陶冶美的情操的一种锻炼手段。

1983年起，美国举办首届全美健美操锦标赛，确定了竞赛项目和规则，使健美操发展成为竞技性运动项目。从此，健美操在欧美、亚洲等地迅速发展，不少国家建立起健美操活动中心或者健身俱乐部，健美操成为大众健身的一个重要组成部分。

二、健美操分类

健美操可分为健身健美操和竞技健美操两大类。其中，健身健美操以有氧运动为主，其锻炼形式（包括拉丁操、搏击操、街舞、形体操、瑜伽、普拉提、水中健身操等）多种多样，适合大众练习。竞技健美操是一种更高层次的健美操运动，更具有观赏性，它比健身健美操更加激烈，更能体现出力与美结合的特色。

三、健美操的基本动作

健美操的基本动作内容丰富，但相对简单，易于练习和掌握。也是掌握其他动作的基础。

（一）基本手形

健美操中的手形有多种，它是基于芭蕾舞、现代舞、迪斯科、武术中的手形发展起来的。健美操的基本手形包括开掌（图11-1-1）、并掌（图11-1-2）、花掌、立掌和拳（图11-1-3）等。

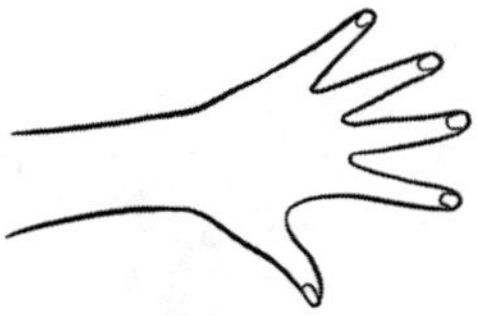

图 11-1-1

图 11-1-2

图 11-1-3

（二）头颈动作

健美操的头颈动作包括头颈的屈、头颈的转、头颈的绕与绕环等动作。练习各种形式的头颈动作时，节奏要慢，上体保持正直，充分伸展颈部的被动肌群。（图11–1–4）

图 11-1-4

（三）肩部动作

健美操的肩部动作有单肩或双肩的提肩、沉肩、收肩、振肩和屈肩，单肩或双肩的绕和绕环。提肩时要尽量向上，沉肩时要尽量向下，动作要幅度大且有力；绕肩时上体不能摆动，头与颈不能前探。（图11–1–5）

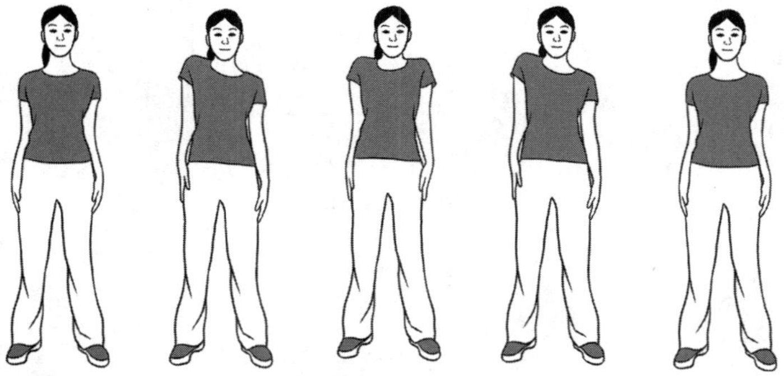

图 11-1-5

（四）臂部动作

健美操的臂部动作包括屈、伸、举、绕、绕环、振等动作。练习臂部动作时，上体保持正直，位置要准确，动作幅度要大，力求伸展至身体的最远端。（图11–1–6）

（五）胸部动作

健美操的胸部动作包括含胸、展胸和移胸等动作。练习胸部动作时，要收腹、立腰，胸的动作要达到最大限度。（图11–1–7）

图 11-1-6

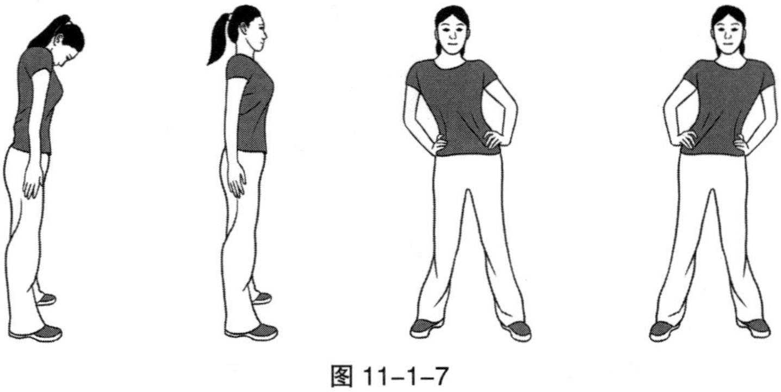

图 11-1-7

（六）腰部动作

健美操的腰部动作有腰的屈、转、绕和绕环等动作。练习腰部动作时，腰前屈、转时，上体保持立直；练习腰绕和绕环时，速度放慢。（图11–1–8）

图 11–1–8

（七）髋部动作

健美操的髋部动作有顶髋、提髋、绕髋和髋绕环等动作。练习髋部动作时，上体放松；髋关节做顶、提、绕、绕环时要平稳、柔和、协调，并稍带弹性。（图11–1–9）

图 11–1–9

（八）下肢动作

健美操的下肢动作主要包括如下。

（1）滚动步：从前脚尖至全脚掌依次落地，两脚交替进行。

（2）交叉步：一只脚向另一只脚前交叉或后交叉行进。

（3）点弓步：一只脚向侧成弓步，另一只脚跟进并拢，交替进行。

（4）踏步：两腿交替，不间断地做屈膝、上提、踏地的动作。踏步动作包括脚尖不离地的踏步、脚离地的踏步和高抬腿的大幅度踏步。

（5）吸腿跳：单腿跳起，同时另一条腿屈膝向前、向侧上提。

（6）踢腿跳：单腿跳起，同时另一条腿直腿向前、向侧踢出，包括小幅度的踢腿和大幅度的踢腿。

（7）后踢腿跳：两脚交替有短暂腾空过程（类似跑步），小腿向后屈。

（8）弹踢腿跳：单腿跳起，同时另一条腿屈膝向前、向侧弹踢。

（9）开合跳：并腿跳起，分腿落地，然后分腿跳起，并腿落地。

（10）弓步跳：并腿跳起，落地时成前（侧、后）弓步。

跳跃时要轻松自如、有弹性，注意呼吸的配合。

思政课堂

2023年“庐山杯”全国健美操锦标赛开幕

近日，由国家体育总局体操运动管理中心、中国健美操协会主办，江西省体育局、九江市人民政府联合主办，江西省体操协会、九江市体育局承办，江西师范大学、九江市文旅集团等单位协办的2023年“庐山杯”全国健美操锦标赛开幕式在九江市体育中心体育馆举行。

国家体育总局体操运动管理中心有关负责人在开幕致辞中指出：“中国正在由体育大国向体育强国迈进，全民健身已经上升为国家战略，体育所承载的功能和责任，不仅仅体现为奥运赛场上的争金夺银，更体现在对群众体育和全民健身活动的关注，对‘发展体育运动，增强人民体质’的贯彻执行上。”本次赛事作为江西省首次举办的全国健美操锦标赛，也是今年以来江西省首次举办的国家级A类体育赛事，省委、省政府高度重视、精心组织，致力于将赛事办成一届“简约、安全、精彩”的体育盛会。目前，本次比赛已吸引了来自全国25个省（自治区、直辖市）的近1800人报名参赛，创下了全国健美操锦标赛参赛人数的新高。

（资料来源：央广网，2023年8月3日，有删改）

任务二　形体训练

一、形体训练简介

形体训练起源于芭蕾、体操等的基本功训练。形体训练的内容有站姿、基本脚位、基本手位、基本方位的练习，以及把杆和垫上等一系列基本功的练习。

二、形体基础训练

（一）站姿

口诀：提、收、松、挺。其中，提、收是指腰带以下部位的动作，即膝关节、臀部、腹部向上提收、绷紧；松、挺是指腰带以上部位的动作，即前胸、后背、颈部用力向上挺，两肩自然放松。（图11–2–1）

图 11–2–1

（二）基本脚位

一位脚：两脚跟紧靠在一条直线上，两脚尖夹角为180°。[图11–2–2（a）]

二位脚：两脚跟相距一足的长度，脚尖向外，两脚在一条直线上。[图11–2–2（b）]

三位脚：两脚前后重叠放置，脚尖向外张开。[图11–2–2（c）]

四位脚：两脚前后保持一足的距离，两足趾踵相对成两条直线，腿向外转。[图11–2–2（d）]

五位脚：两脚前后重叠，两足趾踵互触，腿向外转。[图11–2–2（e）]

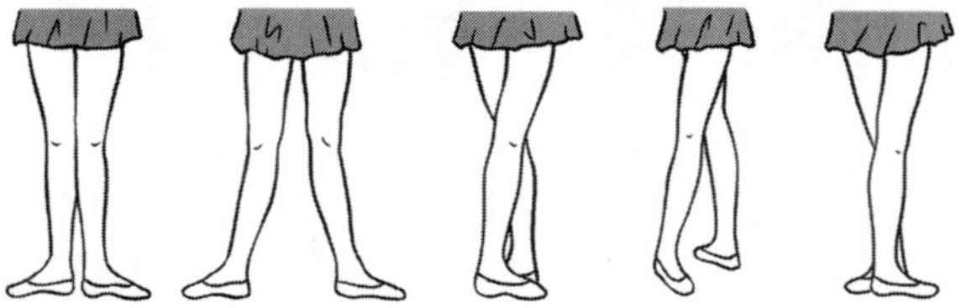

图 11–2–2

（三）基本手位

一位手：在基本脚位站立姿势的基础上，两手在身前垂放，手臂略呈弧形，两臂合成一个圆形，肘关节略用力前顶，手心向上，两手手指相距一拳，手掌与身体也相距一拳。[图11–2–3（a）]

二位手：保持一位手的姿势，两臂平平地向上端起，手心对着胸口约第三粒纽扣处。两肩仍保持一位手的弧度，有一种合抱大树的感觉。[图11–2–3（b）]

三位手：保持二位手的姿势，两臂同时向头顶的正上方抬起，手心朝向头顶，肘关节略向后用力掰开，两臂仍保持弧形。[图11–2–3（c）]

四位手：一条手臂在三位手位置上，另一条手臂保持原有姿势下降到二位手的位置。[图11–2–3（d）]

五位手：停留在三位手位置的手臂仍保持不动，下降至二位手位置的手臂向外、向旁扩张出去到正旁稍靠前，肘关节向上抬起，手心向另一侧的斜前，从肩到手指略有一点下降。[图11–2–3（e）]

六位手：已打开到旁的手臂保持不动，另一条手臂从三位手的位置下降到二位手的位置上。[图11–2–3（f）]

七位手：原已打开的手臂仍保持不动，下降到二位手的位置的手臂向外、向旁扩张出

去到正旁，此时两臂都到了身旁，注意避免肘关节下坠。[图11-2-3（g）]

图 11-2-3

（四）基本方位

当站在场地中央时，从前、后、左、右放射出8条线。这就是我们通常所说的8个方向点，正前方为1点的方向，沿顺时针方向分别是从2点的方向到8点的方向。

（五）把杆练习

（1）站。两手扶把，一位脚姿势站立，身体成一条直线。

（2）立。两手扶把，一位脚姿势站立，用脚尖的力量将身体推向最高点，身体成一条直线。

（3）蹲。两手扶把，一位脚姿势站立，双膝外展，被动屈膝，身体成一条直线。

（4）前擦地。一位脚姿势站立，前擦地出去，保持外开，两胯外开，双膝绷直。在擦地的过程中，注意收紧臀大肌，大腿尽量转开，内侧肌夹紧。侧擦地、后擦地的动作要领同前擦地。

（5）向前小踢腿。右腿经擦地向前25°左右踢出，再点地收回成五位脚姿势。动作要有爆发力，停顿准确，脚绷直。向侧小踢腿、向后小踢腿动作要求同向前小踢腿。

（6）画圈。身体重心移至左腿，右腿经过前擦地、向外画圈到体侧脚点地，做前画圈动作时经过旁擦地还原。注意：保持腿的外开，两胯放松。后画圈动作同前画圈，但方向相反。

思政课堂

体彩大连市健身健美公开赛举办

“中国体育彩票”第十九届大连市健身健美公开赛在辽宁省大连市沙河口区凯德和平广场举行，百余名健身爱好者尽情展示健康之美。

虽是盛夏，但高温没能阻挡市民的观赛步伐，比赛吸引了几百名观众驻足观看。“我平时也在健身，这半年开始练肌肉了，争取明年也能报名参赛。”市民乔栋带着女朋友一起来现场体验比赛氛围，并确定了明年的参赛目标。

看台上，健身教练王晓亮的加油声很响亮，他手拎的袋子里装着美黑的油彩，这次他带着几名学员一起参赛，观赛的他比台上的选手还要激动。“就像家长、老师都盼着学生在期末考试取得好成绩一样，我这会儿就是看着学生考试的老师。学员也希望在这个专业比赛里拿到奖牌，这是对自己长期坚持的肯定。”

大连市体彩中心作为本次赛事的冠名方，已连续5届参与并支持赛事的组织工作，助力打造健身爱好者交流展示的平台。大连市体彩中心支持的健身健美大赛已经成为大连乃至辽沈地区颇具影响力的品牌活动，这项兼具专业性和趣味性的赛事为百姓的生活增趣添彩。

（资料来源：《中国体育报》，2023年7月19日，有删改）

任务三　体育舞蹈

一、体育舞蹈简介

体育舞蹈起源于原始舞蹈，是一种社交舞，也称为交际舞、交谊舞、舞厅舞。体育舞蹈按舞蹈的风格和技术结构可分为现代舞（摩登舞）和拉丁舞2类。体育舞蹈按竞赛项目可分成摩登舞、拉丁舞和团体舞3类。其中，摩登舞包括华尔兹、探戈、狐步、快步和维也纳华尔兹5种舞蹈；拉丁舞包括桑巴、恰恰、伦巴、斗牛舞、和牛仔舞5种舞蹈。

二、体育舞蹈的基础训练

（1）舞程向：在同一舞池中，为避免舞者相碰撞，规定舞者必须按逆时针方向行进。这一行进方向被称为舞程向。

（2）舞程线：沿舞程向行进的路线。（图11-3-1）

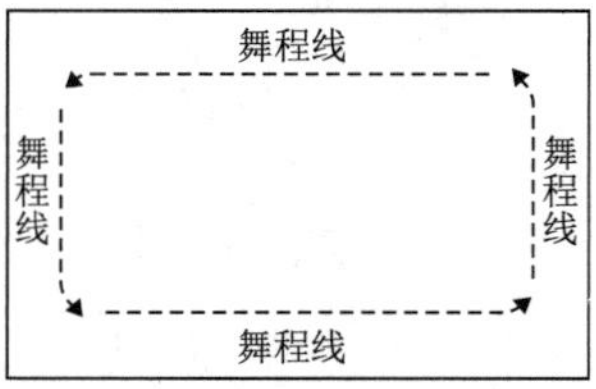

图 11-3-1

（3）舞姿：泛指舞者跳舞的姿态。

① 合对位舞姿（闭式舞姿）：泛指男女面对面两手扶握的身体姿态。“合”指男女交手握抱，“对”指男女面对面。

② 侧行位舞姿（简称 P.P舞姿）：指男士右侧身体与女士左侧身体贴靠，身体的另一侧略向外展开呈“V”字形站立或行进的跳舞姿态。

③ 外侧位舞姿（简称 O.P舞姿）：指在摩登舞中，舞者的一侧脚向舞伴同侧脚的外侧（右外侧或左外侧）前进所形成的跳舞姿态。

④ 并肩位舞姿：指在拉丁舞中，男女舞伴面对同一方向、肩臂相并的跳舞姿态。以男士为例，男士左肩与女士右肩相并称为“左并肩位”，男士右肩与女士左肩相并称为“右并肩位”。

⑤ 影子位舞姿：指男女舞伴面向同一方向、重叠而立、形影相随的身体姿态。以女士居前较为常见。

（4）反身动作：指在一侧脚前进或后退时，同侧肩和胯后让或前送，使身体与舞步形成反向配合的身体动作。

（5）反身动作位置：指在身体不转动的情况下，一只脚在身前或身后形成交叉，以保证两人身体维持相靠姿态的身体位置。反身动作位置常用于侧行位舞姿、外侧位舞姿的舞步。

（6）升降动作（起与伏）：指在跳舞时身体的上升与下降。升降动作是在膝关节、踝关节、趾关节的屈和伸动作的转换中完成的。

（7）倾斜动作：指在跳一些舞步时，身体的倾斜。从形体方面来讲，它是指肩的平衡线向左倾斜或向右倾斜，与地面的水平线成三角斜线。

（8）节奏：通常指以一定规律反复出现、赋予音乐以性格的具有特色的节拍。

（9）速度：这里指音乐速度，即一分钟内所演奏的小节总数。

（10）准线：指两脚的位置或两脚方向与场地的关系。

（11）平衡：在舞蹈中指身体重心的准确分配。

（12）基本舞步：指构成一种特定舞蹈的基调舞步型。

（13）滑步：指在第二步两脚并拢的三步组成的舞步。

（14）踌躇步：指前进暂时受阻的舞步型或舞步型部分重心停留于一脚超过一拍。

（15）锁步：指两脚前后交叉的舞步。

（16）脚跟转：指向后迈出的脚跟旋转。在动作过程中，并上的脚必须与主力脚平行，旋转结束时身体重心移动至并上的那只脚。

（17）脚跟轴转：指不变重心的单一脚跟旋转。

（18）开式转：指第三步不是并靠，而是超越第二步的旋转。

（19）轴转：指一只脚脚掌的旋转，另一只脚处于前或后的反身动作位置。

三、华尔兹基本技术

（一）风格特点

华尔兹舞的风格特点是庄重典雅，音乐华丽、节奏明显，动作流畅起伏、婉转多变，舞姿飘逸洒脱；男士气宇轩昂，女士雍容大方。

（二）音乐节奏

3/4 拍，一般情况下 30 ~ 32 小节 / 分。

（三）握抱姿势

（1）闭式舞姿。（图11–3–2）

（2）P.P舞姿。（图11–3–3）

（3）O.P舞姿。（图11–3–4）

图 11–3–2

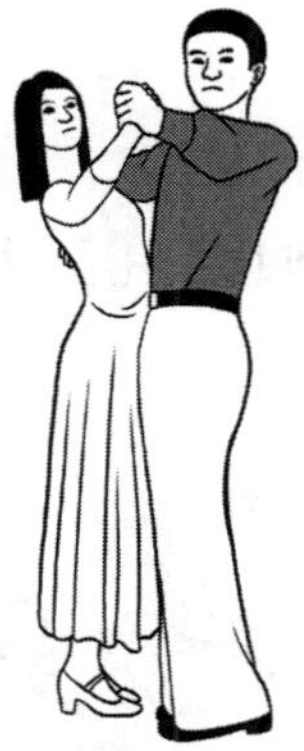

图 11–3–3

图 11–3–4

（四）基本步伐

（1）左脚并换步：开始姿势和结束姿势均采用闭式舞姿。第1 ~ 第3步动作及脚迹图示如图11–3–5至图11–3–9所示。

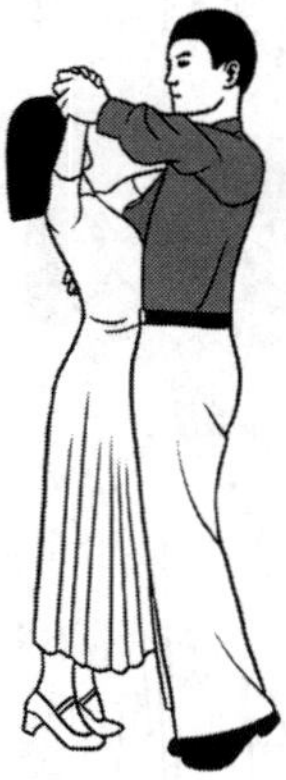

图 11–3–5

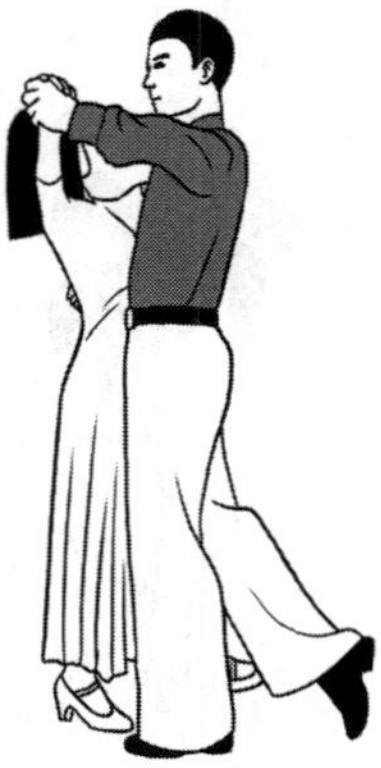

图 11–3–6

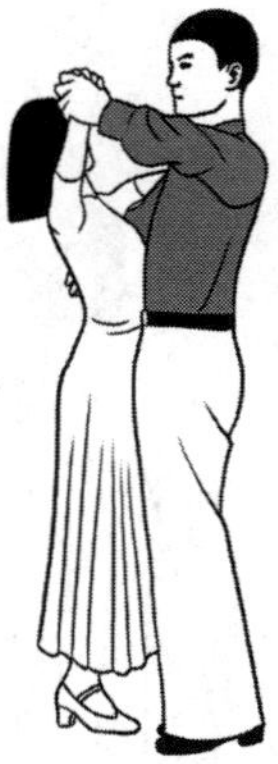

图 11–3–7

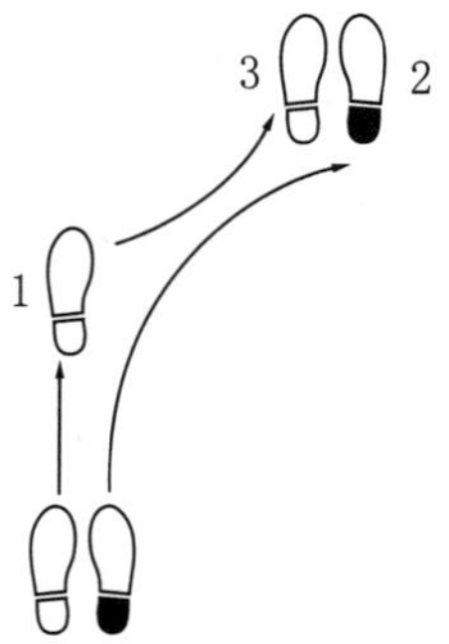

图 11-3-8

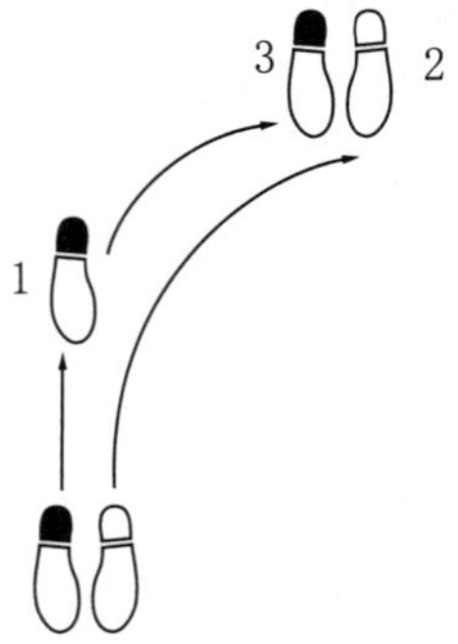

图 11-3-9

（2）右转步：开始姿势和结束姿势均采用闭式舞姿。第1～第6步动作及脚迹图示如图11-3-10至图11-3-17所示。

图 11-3-10

图 11-3-11

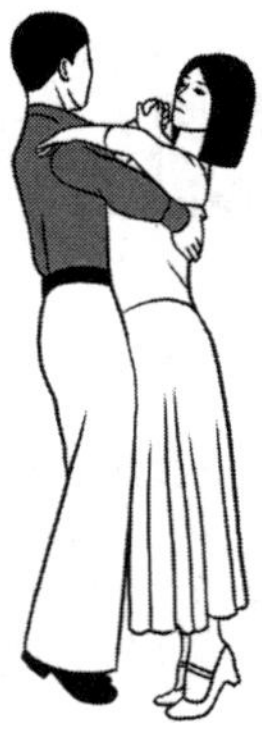

图 11-3-12

图 11-3-13

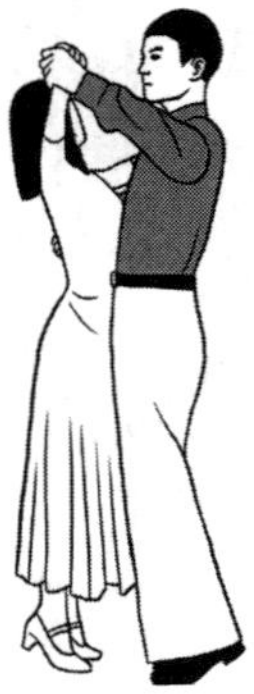

图 11-3-14

图 11-3-15

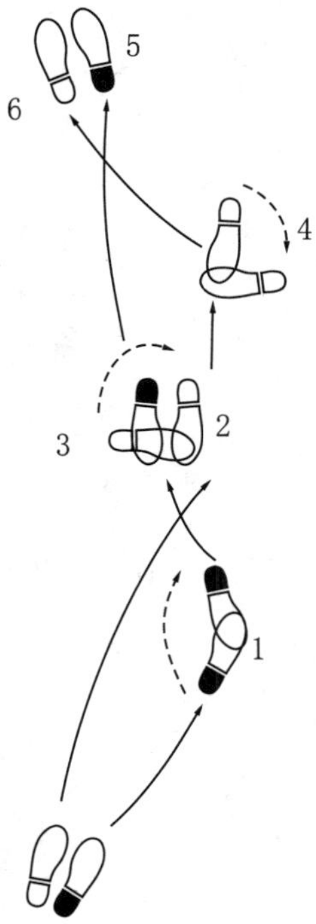

图 11-3-16

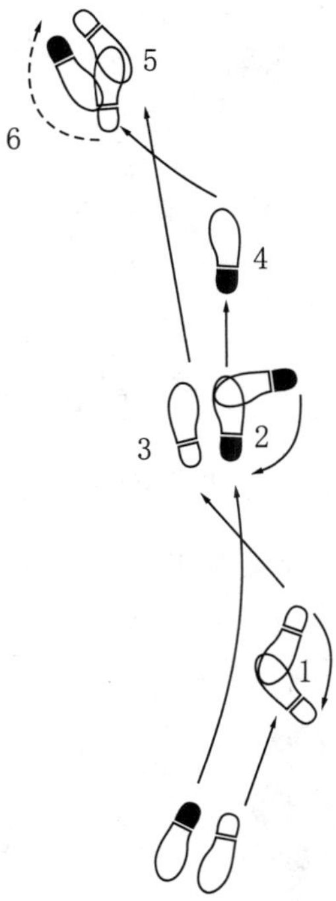

图 11-3-17

（3）右脚并换步：开始姿势和结束姿势均采用闭式舞姿。第1～第3步动作及脚迹图示如图11-3-18至图11-3-22所示。

图 11-3-18

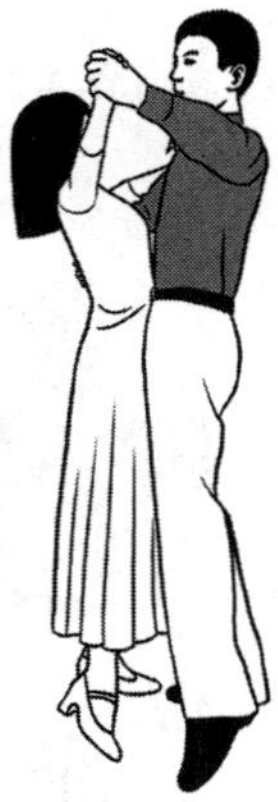

图 11-3-19

图 11-3-20

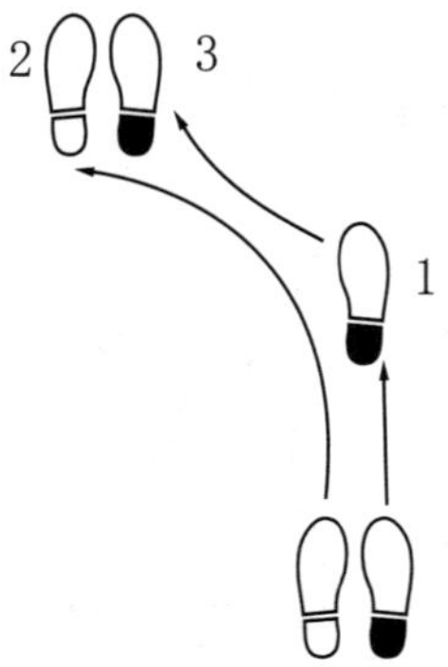

图 11-3-21

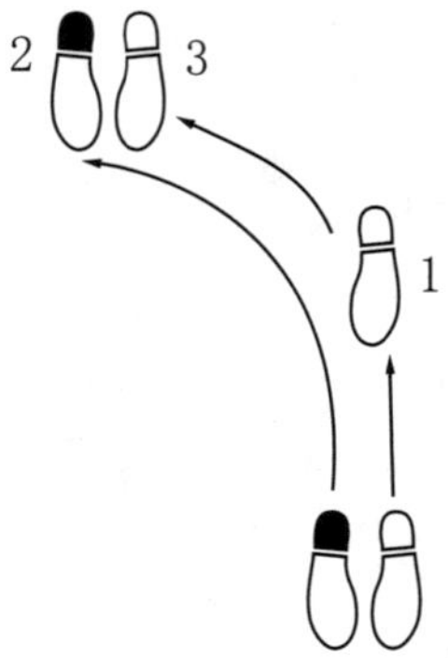

图 11-3-22

（4）左转步：开始姿势和结束姿势均采用闭式舞姿。第1～第6步动作及脚迹图示如图11-3-23至图11-3-30所示。

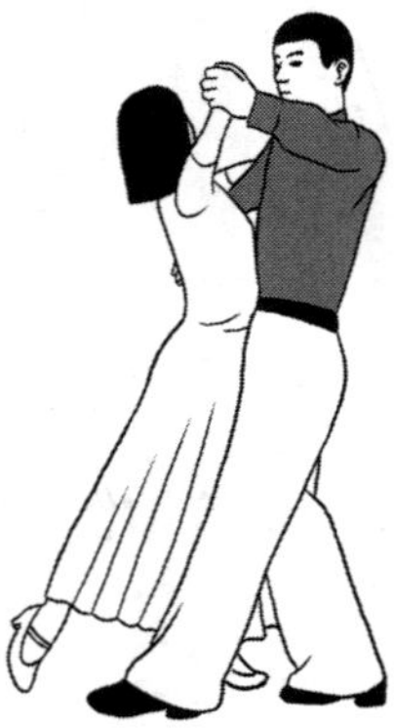

图 11-3-23

图 11-3-24

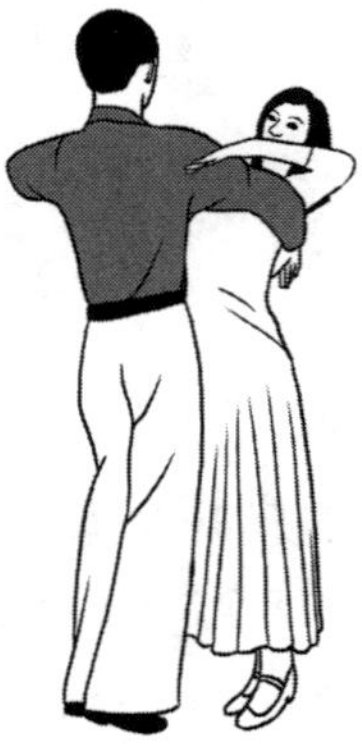

图 11-3-25

图 11-3-26

图 11-3-27

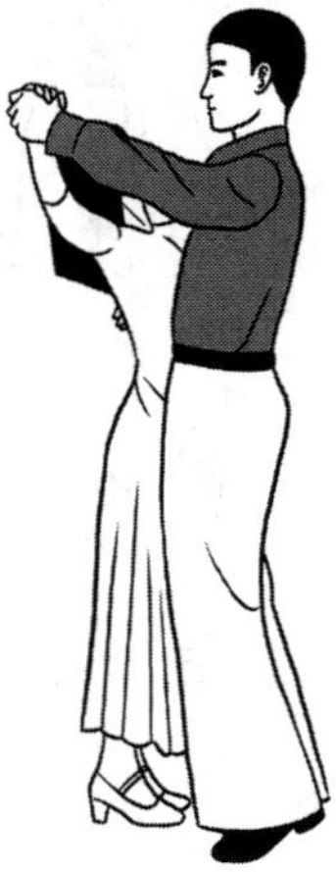

图 11-3-28

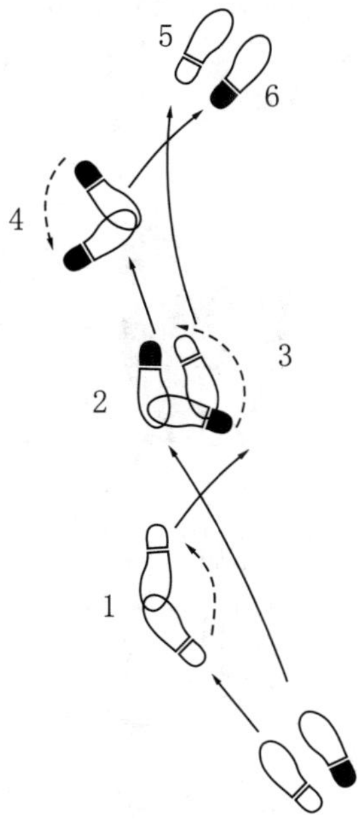

图 11-3-29

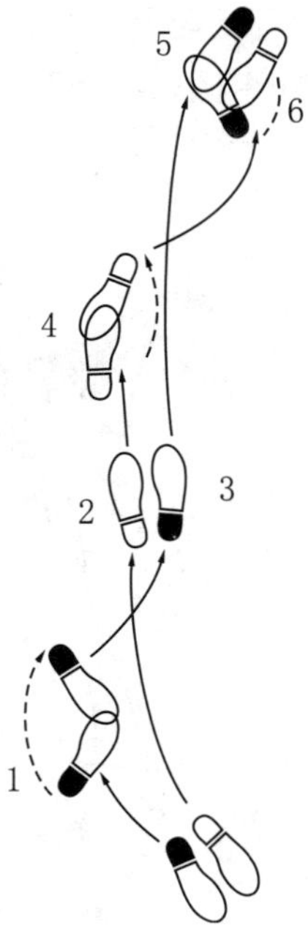

图 11-3-30

（5）叉形步：开始姿势采用闭式舞姿，结束姿势采用P.P舞姿。第1～第3 步动作及脚迹图示如图11-3-31至图11-3-35所示。

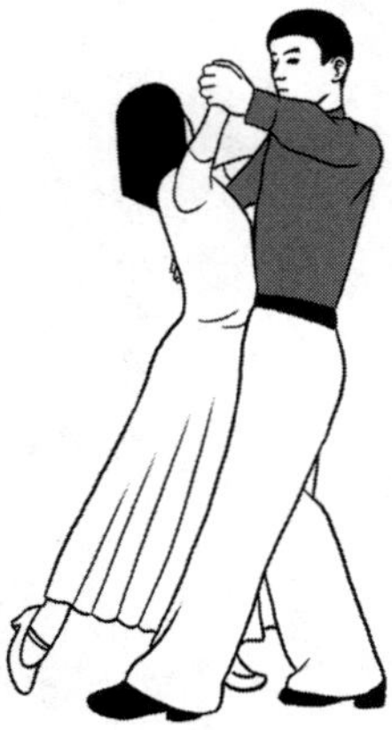

图 11-3-31

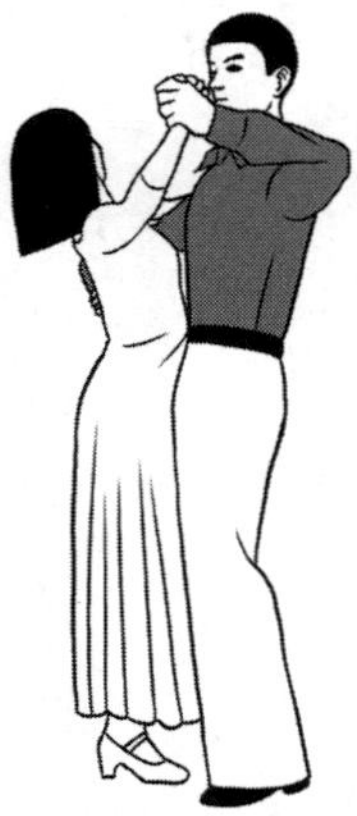

图 11-3-32

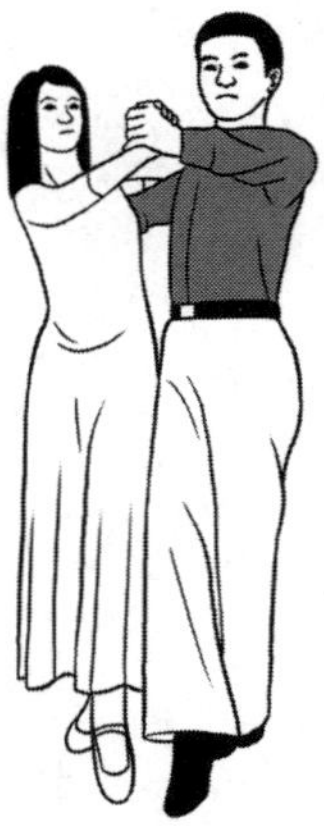

图 11-3-33

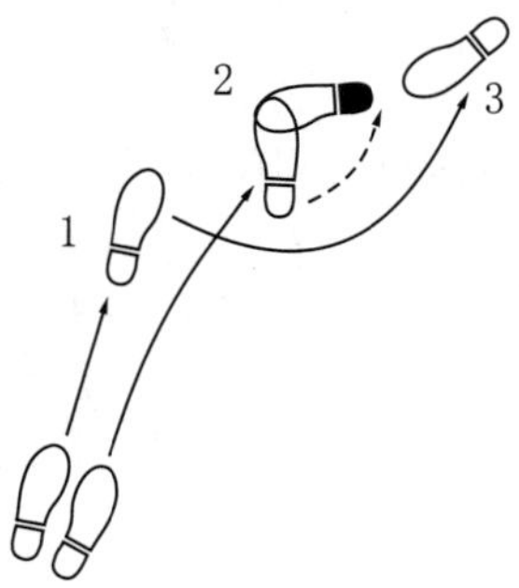

图 11-3-34

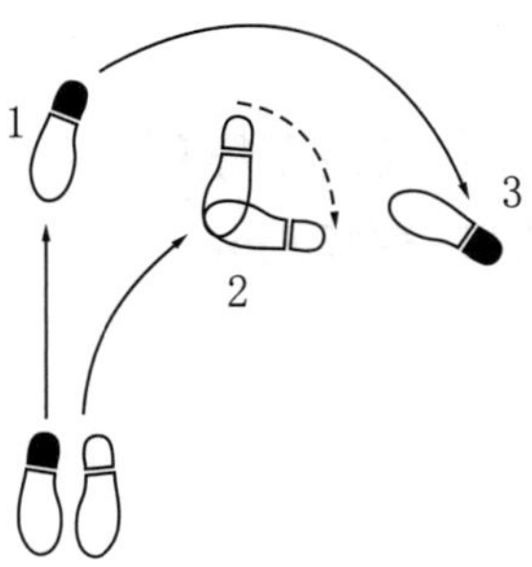

图 11-3-35

（6）侧行追步：开始姿势采用P.P舞姿，结束姿势采用闭式舞姿。第1～第4 步动作及脚迹图示如图11-3-36至图11-3-41所示。

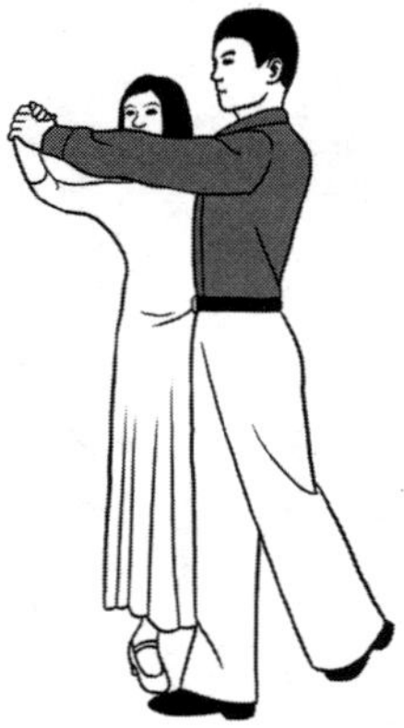
图 11-3-36

图 11-3-37

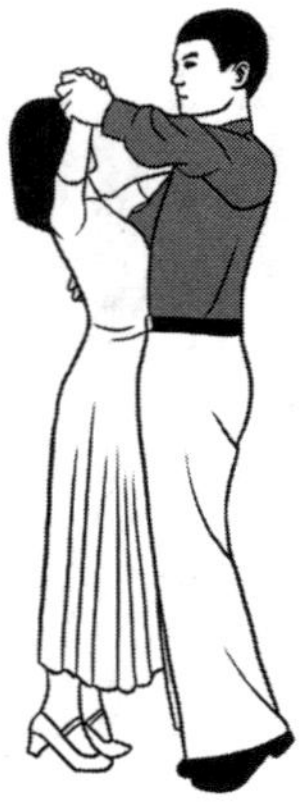
图 11-3-38

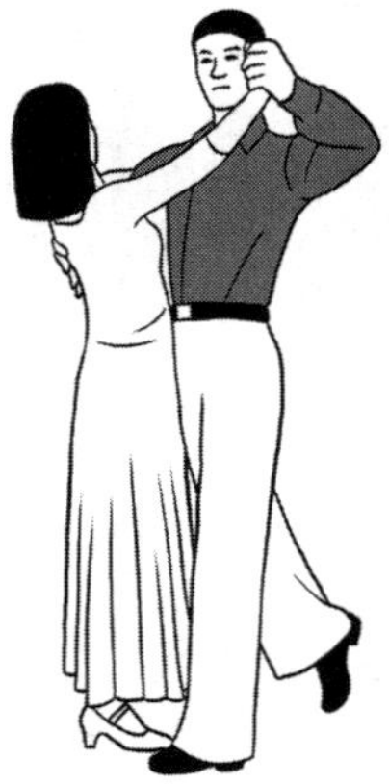
图 11-3-39

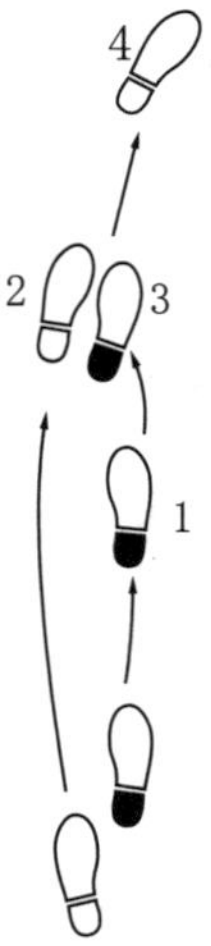

图 11-3-40

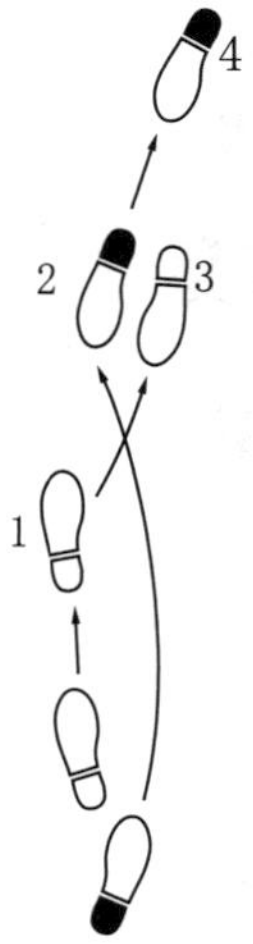

图 11-3-41

（7）后退锁步：开始姿势和结束姿势均采用闭式舞姿。第1～第4 步动作及脚迹图示如图11-3-42至图11-3-47所示。

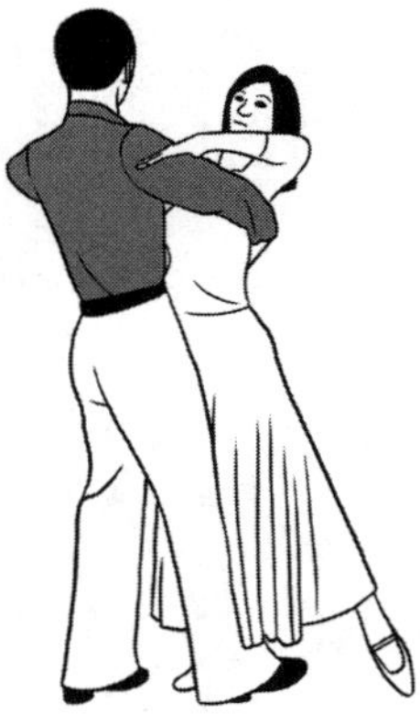
图 11-3-42

图 11-3-43

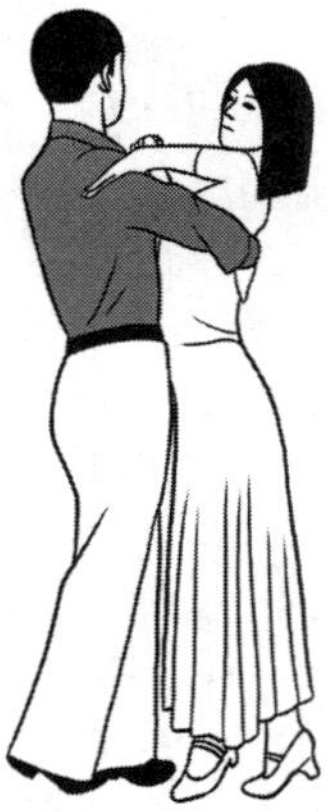
图 11-3-44

图 11-3-45

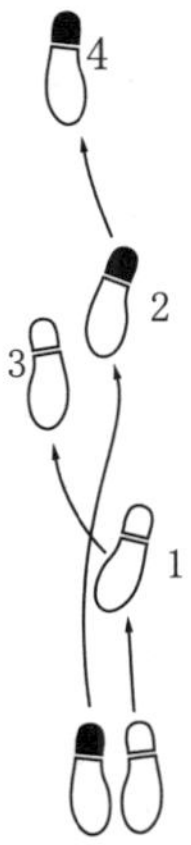

图 11-3-46

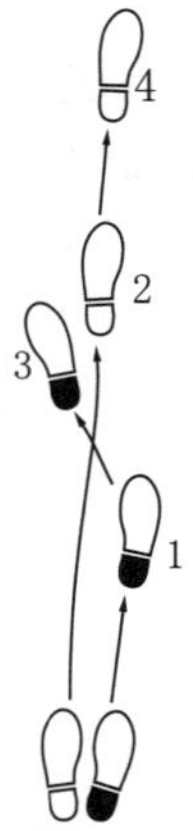

图 11-3-47

（8）后叉形步：开始姿势采用闭式舞姿，结束姿势采用P.P舞姿。第1～第3 步动作及脚迹图示如图11-3-48至图11-3-52所示。

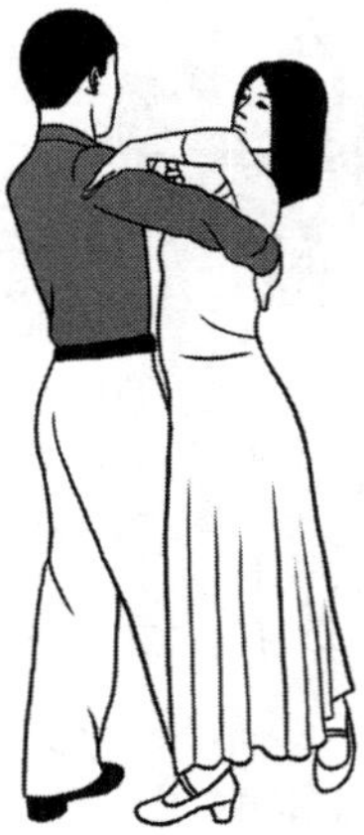
图 11-3-48

图 11-3-49

图 11-3-50

图 11-3-51

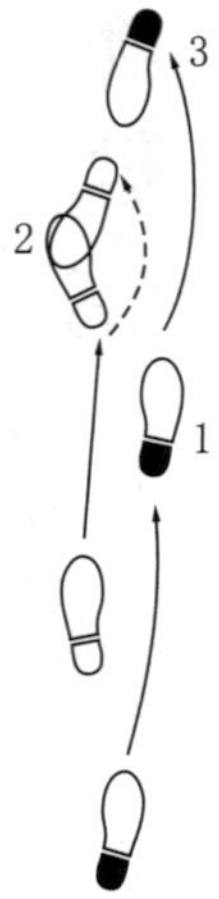

图 11-3-52

（9）纺织步：开始姿势采用P.P舞姿，结束姿势采用闭式舞姿。第1 ~ 第6步动作及脚迹图示如图11-3-53至图11-3-60所示。

图 11-3-53

图 11-3-54

图 11-3-55

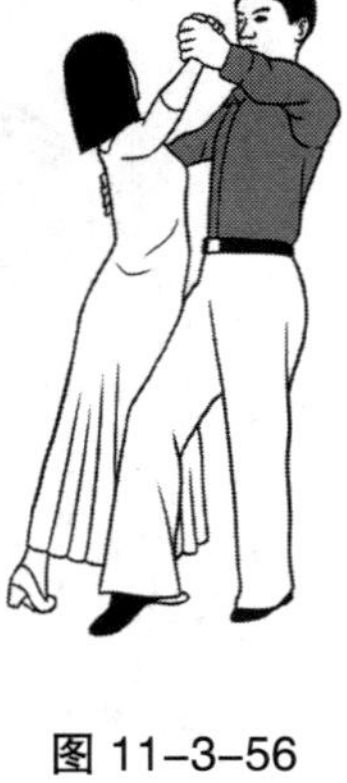
图 11-3-56

图 11-3-57

图 11-3-58

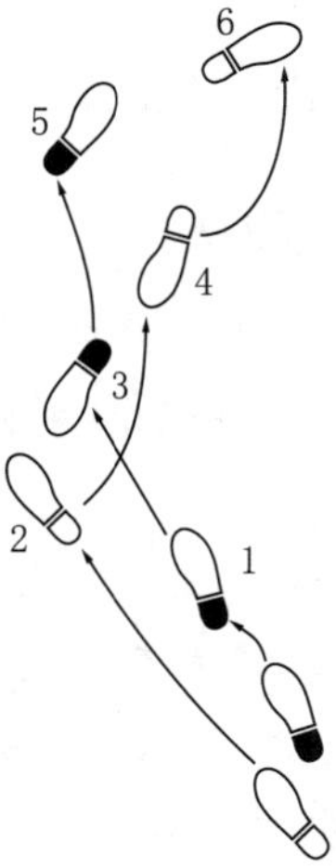

图 11-3-59

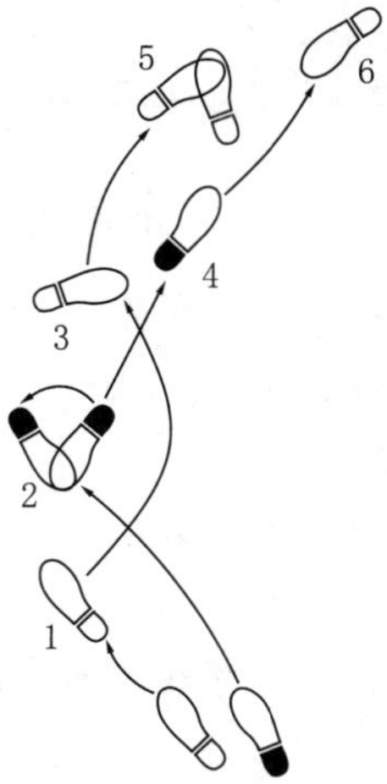

图 11-3-60

（10）右旋转步：开始姿势和结束姿势均采用闭式舞姿。第1～第3步动作及脚迹图示如图11-3-61至图11-3-65所示。

图 11-3-61

图 11-3-62

图 11-3-63

图 11-3-64

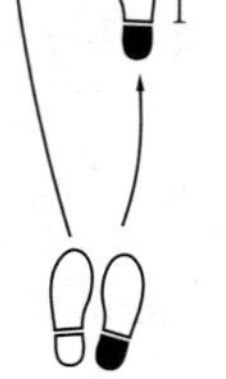

图 11-3-65

思政课堂

广东省青少年体育舞蹈大赛走进阳东

2023年广东省青少年体育舞蹈大赛暨阳东体育舞蹈公开赛近日在广东省阳江市阳东体育馆举行。来自武汉市、广州市、深圳市、湛江市等地的48支代表队的近900人参加了本次比赛。

为积极响应"百社联百村——助力百千万工程"行动，主办方在阳东体育馆举行了多场中国·阳东"冠军公益大课堂"活动，向广大人民群众，特别是社会体育指导员普及、传授体育舞蹈的要领，促进全民健身，为乡村振兴注入更多能量。

本次赛事分为壮年组、成人组、青少年组、精英组等，共设立210个组别。该赛事是"百社联百村——助力百千万工程"行动之一，由广东省青少年体育联合会与阳东区结对，发挥自身体育与资源优势，助力乡村振兴的有力举措。

（资料来源：《中国体育报》，2023年8月16日，有改动）

任务四　瑜伽

一、瑜伽简介

"瑜伽"一词源于印度梵语"yug"或"yuj"，其含义为"连接""一致""结合""和谐"。这也是瑜伽的宗旨和目的。瑜伽运用古老而易于掌握的方法，提高人们在生理、心理、情感和精神方面的能力。瑜伽是一种身体、心灵与精神和谐统一的运动形式。

二、瑜伽呼吸法

根据呼吸部位的不同，最常见的瑜伽呼吸法有胸式呼吸法、腹式呼吸法和完全呼吸法3种。

（一）胸式呼吸法

仰卧或挺直背坐姿，两手放在胸廓的侧面，轻轻压迫肋骨；吸气时，腹部保持平坦，同时胸廓向外、向上扩张；呼气时，胸廓还原。

（二）腹式呼吸法

仰卧或挺直背坐姿，两手轻轻放在肚脐上；吸气时，腹部升高，横膈膜下降，两指尖分开；呼气时，腹部向内收并还原，两指尖再次相触。

（三）完全呼吸法

吸气时，首先吸向腹部，然后慢慢过渡到胸部，尽量使胸部吸满空气并且扩张到最大限度；呼气时，首先放松胸部，然后过渡至腹部，仿佛一个波浪轻轻地往返于腹部和胸部之间。

三、瑜伽练习

（一）伸展身体

预备姿势：身体直立，抬头挺胸，两肩下沉，收腹、提臀，两脚左右开立。（图11–4–1）

（1）向右转体 90°，手臂经侧上伸，手掌合十，抬头，目视手指方向，两腿成右弓步。（图11–4–2）

（2）在动作（1）的基础上，手臂打开成斜上伸展，目视斜上方。（图11–4–3）

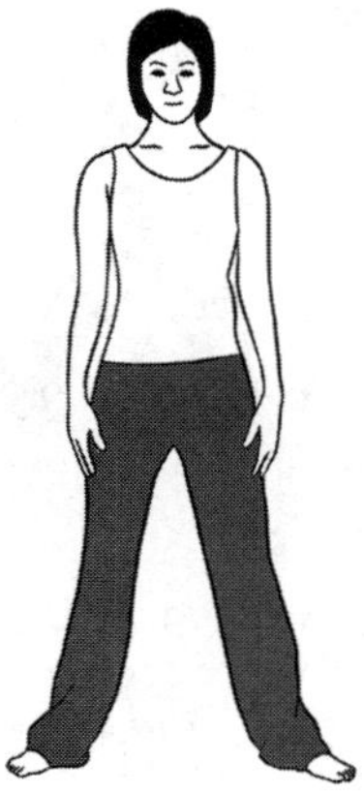

图 11–4–1

图 11–4–2

图 11–4–3

（3）重心移至后腿，后腿微屈，前腿伸直；同时，身体前屈至胸部靠近大腿，两手侧后伸。（图11–4–4）

（4）上体左转 90°，右手触右脚，左手臂向上伸，目视左手方向。（图11–4–5）

（5）重心移至右腿站立，左手抓左脚向上拉起，右手臂前伸（图11–4–6）；起立落腿，向左转体 90°，还原成预备姿势。

（6）相反方向练习，结束。

图 11–4–4

图 11–4–5

图 11–4–6

（二）身体侧伸展

预备姿势：身体直立，抬头挺胸，两肩下沉，收腹、提臀，两脚左右开立。（图11–4–7）

（1）左脚向右前点地站立，右手下按，左手上伸、托掌，身体侧屈。（图11–4–8）

（2）重心前移成左弓步，身体前屈。（图11–4–9）

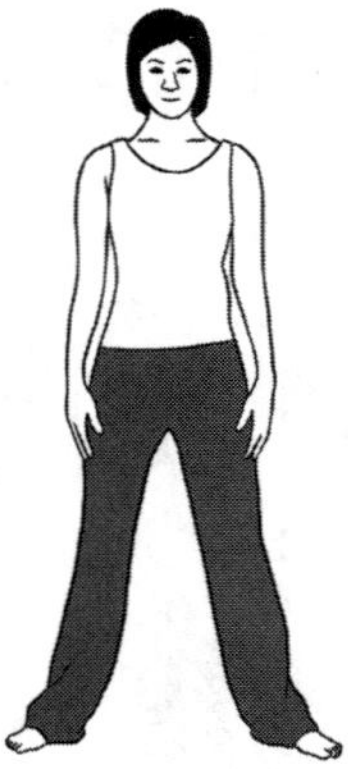

图 11–4–7

图 11–4–8

图 11–4–9

（3）重心移至两腿之间，身体向左侧屈，两手臂经体侧交换位置。（图11–4–10）

（4）右脚向右前一步成右弓步，右手背至体后，左手经上与右手会合。（图11–4–11）

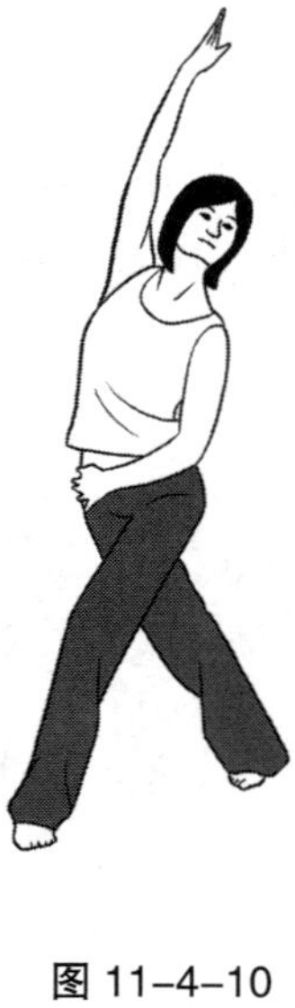

图 11–4–10

图 11–4–11

（5）向右转体 90° 成侧弓步，身体侧屈靠近右大腿，两手松开，右手经体前在体后与左手会合。（图11–4–12）起立，还原成预备姿势。

（6）相反方向练习，结束。

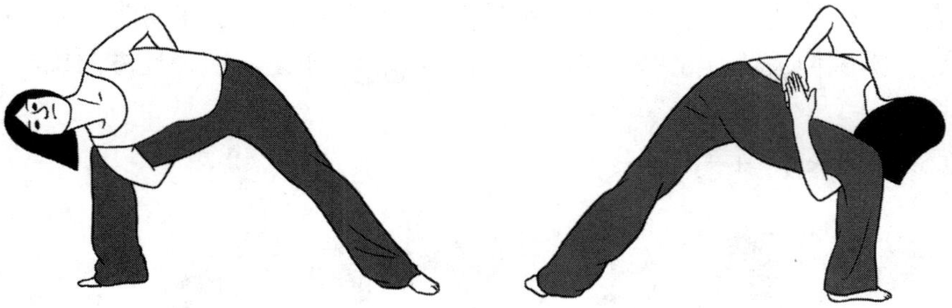

图 11-4-12

（三）身体平衡

预备姿势：身体直立，抬头挺胸，两肩下沉，收腹、提臀，两脚左右开立。（图11-4-13）

（1）右腿直立，左腿抬起，左脚底贴紧右腿内侧，两臂经侧上伸，手掌合十。（图11-4-14）

（2）左腿移至右腿前，身体前屈并靠近左腿，两臂侧后伸展。（图11-4-15）

（3）放下左腿成后点地站立，左手仍侧后伸展，右手屈肘触头部。（图11-4-16）

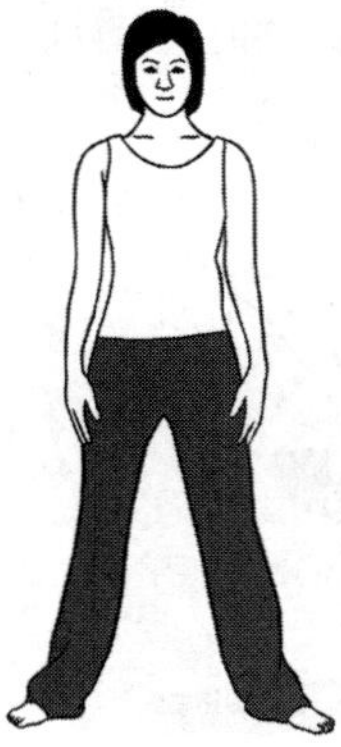

图 11-4-13

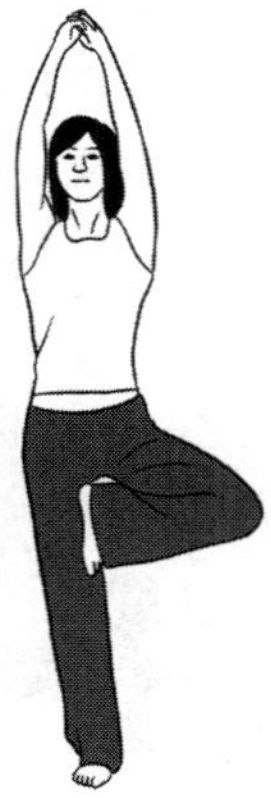

图 11-4-14

图 11-4-15

图 11-4-16

（4）身体恢复直立，重心移至右脚，左腿后举至平衡，右手臂前伸，左手臂扶左腿。（图11-4-17）

（5）左脚落地，成左右开立，两臂侧伸，身体前屈，向右转体 90°，两手撑地，左腿向后上方伸。（图11-4-18）

图 11-4-17

图 11-4-18

（6）以右手、右脚为轴，转体180°（翻转），左脚落地，左手在胸前屈曲，成右手单手蹲撑。然后，挺髋伸手臂，成单手支撑。（图11-4-19）重复一次，反方向练习。起立，还原成预备姿势，

（7）相反方向练习，结束。

图 11-4-19

（四）身体后屈

预备姿势：身体直立，抬头挺胸，两肩下沉，收腹、提臀，两脚左右开立。（图11-4-20）

（1）身体前屈 90°，手臂侧伸。（图11-4-21）

（2）向右转体 90°成右腿屈，左腿后伸，身体后屈，两手经侧合十向上伸。（图11-4-22）

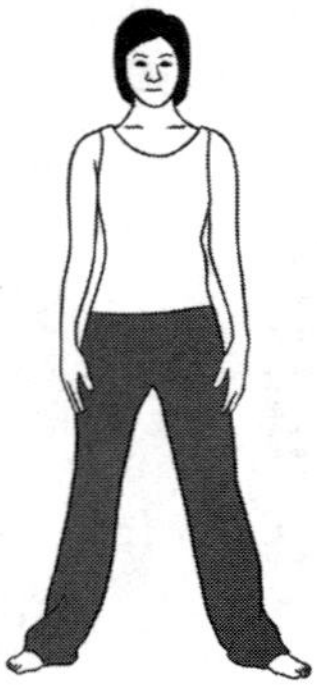

图 11-4-20

图 11-4-21

图 11-4-22

（3）重心后移至左腿，右腿伸直，向左转体 90°，身体侧屈，右手触右脚，左手臂上伸。（图11-4-23）

（4）左手在左前方撑地，右手臂向上伸，右脚移动到左后侧点地，身体后屈。（图11-4-24）

图 11-4-23

图 11-4-24

（5）身体翻转成正面，右腿后伸，右手前伸；放松身体和腿，收腹、含胸，右腿膝盖接触右臂肘关节。（图11-4-25）重复一次。

（6）成分腿蹲，两手经内扶脚的外侧；低头伸直腿，成分腿屈体立。（图11-4-26）重复一次。起立，还原成预备姿势。

（7）相反方向练习，结束。

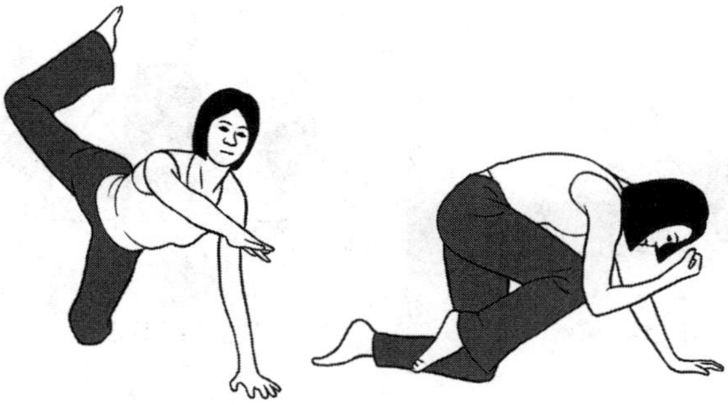

图 11-4-25

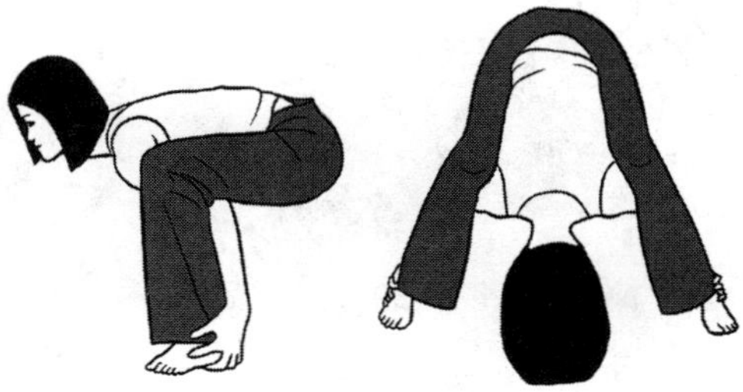

图 11-4-26

（五）身体扭转

预备姿势：屈腿盘坐，两手各放在同侧膝关节上，挺直后背。（图11-4-27）

（1）右手臂经侧举至左手背后，右手扶左腿膝盖，身体扭转，右肩接触右膝盖。（图11-4-28）

图 11-4-27　　图 11-4-28

（2）转体 45° 右腿伸直，左脚掌贴住右大腿内侧；手臂经侧向上，身体前屈，两手抓握右脚脚背。（图11-4-29）

图 11-4-29

（3）身体立直，向右扭转，右脚至左腿外侧，左肘至右腿外侧，两手掌相对。（图11-4-30）

（4）左腿屈膝至左侧，身体右侧屈，右手触右脚，左手背后。（图11-4-31）

（5）右腿收回，右脚掌与左脚掌相对，手臂经侧落下，身体前屈。（图11-4-32）还原成预备姿势。

（6）相反方向练习，结束。

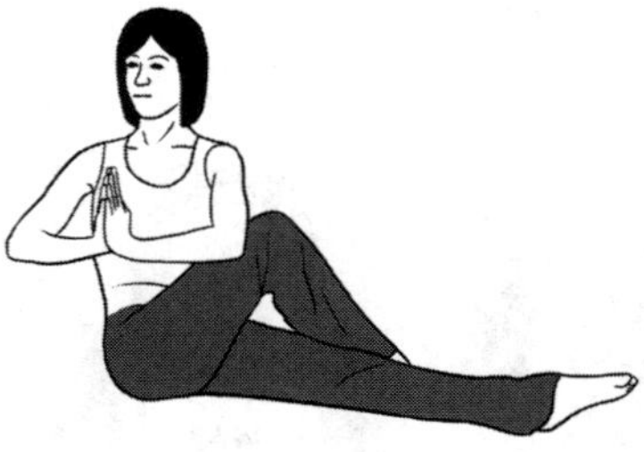
图 11-4-30

图 11-4-31

图 11-4-32

思政课堂

大学生暑期教村民瑜伽健身操　引领重庆乡村健康新风尚

2022年7月29日，在重庆市荣昌区万灵镇尚书村的农家小院内，10多个村民在一位年轻姑娘的带领下，呼吸、调息、盘腿而坐、单腿站立……这位年轻的姑娘是来重庆市荣昌区参加暑期实践活动的华中科技大学体育学院研究生淦莉洛，她正在教乡亲们练习户外瑜伽健身操。

2022年暑假，华中科技大学“喻竹计划”重庆荣昌实践队和清华大学研究生骨干研修班重庆荣昌支队走进万灵镇尚书村，开展“小院+”公益健康活动，以简单易学的户外瑜伽健身操，推动全民健身运动走进乡村，引领乡村健康新风尚。

“为了引导村民们积极锻炼，强身健体，林家院子在区里的支持下，成立了‘健康小院’，当地村民经常在此相约一起开展活动，锻炼身体”，林家院子健康小院“院长”林念介绍，“这次华中科技大学和清华大学的研究生来到我们健康小院，教我们练习瑜伽，让村民们都感到很惊喜，让我们健康小院的生活也更加丰富多彩。”

荣昌区委组织部相关负责人表示，近年来，为持续推进乡村振兴战略，荣昌区把不少传统院落建设成不同主题的新型农村院落。为了在乡村振兴中全面加强党建引领乡村善治，荣昌区计划每年创建100个以上的善治小院，打造“小院+”品牌，全面提升农村居民的获得感、幸福感、安全感。

(资料来源：中国新闻网，2022年7月30日，有改动)

任务五　健美

一、健美运动简介

健美运动是以哑铃、杠铃等专用健身器械为工具，通过系统训练，使全身肌肉表现出粗壮发达、比例匀称的外观，增强体格、塑造形体的体育项目。

现代健美运动是从20世纪30年代由欧美传入我国的。赵竹光是我国近代健美运动的奠基人，被誉为“中国健美运动之父”。中华人民共和国成立后，群众性健美运动广泛开展。1985年11月，在瑞典哥德堡举行的第39届国际健美联合会年会上正式接纳我国为国际健美联合会的会员国。1988年9月，全国高等教育委员会决定将“健美运动”列为高等学校学生选修体育科目。

二、基本动作练习

（一）臂部肌肉的练习方法

1. 臂弯举

坐于长凳上，掌心向内，两手各握一哑铃；吸气时抬起一侧手臂，掌心转向上方，肘部抬高，继续弯举哑铃至肩部最高点，呼气时还原。两手交替练习。

2. 锤击式臂弯举

站姿、坐姿均可，掌心向内，两手各握一哑铃，两肘紧靠躯干两侧；吸气间弯举哑铃至肩部最高点，呼气时还原。两手同时或交替练习。

3. 仰卧哑铃（杠铃）臂屈伸

仰卧于长凳上，两臂伸直，正握哑铃（杠铃）；吸气，屈肘，稳定上肢；回到起始位时呼气。

（二）肩部肌肉的练习方法

1. 坐（站）姿颈后（体前）实力推

背部伸直，正手握杠铃，置于颈后（体前）上方；吸气，将杠铃推至头顶上方，至两肘完全伸直；完成时呼气。

2. 直立并握杠铃提肘拉

两脚分开直立，腰背伸直，两手并握杠铃的杆中部，置于大腿前；吸气，贴身提杠铃至下颌处，并使肘关节向上做最大位移；缓慢且匀速地返回至起始位时呼气。

（三）胸部肌肉的练习方法

1. 平位（上斜、下斜）杠铃卧推

仰卧于卧推凳上，保持头、肩、臀始终紧贴凳面，两脚平行放于凳尾两侧地面；两手握距明显大于肩宽，掌心向外，正握杠铃；吸气，闭气的同时使杠铃慢速降至胸部乳头上方，触胸即可；推举杠铃至两肘完全伸直时呼气。

2. 俯卧撑

俯卧，两臂伸直，两手与肩同宽或稍宽；两掌掌心向下平行或向内支撑于地面，两脚并拢；吸气屈肘，使躯干平行靠近地面；推举身体至两臂肘关节完全伸直时呼气。

3. 仰卧飞鸟（平位、上斜）

仰卧于飞鸟凳上，掌心相对，手握哑铃；两臂向上伸，手腕稍微内扣，肘关节微屈。吸气，两臂匀速且缓慢地向肩两侧分开至肘关节，与肩部齐平。停顿一秒，呼气的同时还原至起始位。

（四）背部肌肉的练习方法

1. 正（反）卧引体向上

两臂伸直，宽握距，正握单杠。吸气，身体上拉至眼睛高于单杠处。还原时呼气。

2. 俯卧背起

俯卧于体操垫或专用健身器械上，固定下肢；两踝部，并使髋部位于支撑点最前端。两手抱头（两手伸直反握于臀后），挺胸、扩肩，下颌微抬。吸气，向上挺身。

（五）腹部肌肉的练习方法

1. 屈膝仰卧起坐

屈膝平卧，两脚着地，两手抱头。吸气时团身，将躯干部抬起至两肘能触膝时呼气。复位后不间断重复此动作，直至腹肌出现热胀的现象。

2. 屈腿仰卧起坐

平躺，两手抱头，抬腿屈髋成 90° 角。吸气时团身，起坐至头接近大腿部时呼气。还原至起始位后，不间断地重复此动作，直至腹肌出现热胀的现象。

3. 小腿搁凳仰卧起坐

平躺，两小腿放在矮凳上，两手抱头。吸气时团身，起坐，使头部尽可能触及膝关节时呼气。还原至起始位后，不间断地重复此动作，直至腹肌出现热胀的现象。

（六）腿部肌肉的练习方法

1. 负重颈后深蹲起

收腹、挺胸、直腰，杠铃置于肩上，两手握于杠铃两侧，握距明显大于肩宽（握距以练习者舒适为宜），并使掌心朝下，虎口向前，手腕部位与掌背成平面。下蹲时两腿尽量分开，脚尖向前或朝外并使膝关节与脚尖成一条直线。吸气、闭气，下蹲至膝关节明显高于臀部时起蹲，直至两膝完全伸直，呼气。

2. 负重颈后半蹲起

将杠铃置于肩部斜方肌上，且稍高于三角肌后束，以合适的握距握住杠铃两侧。深吸气，平视前方，两腿分开，与肩同宽，保持脚尖向前或朝外，缓慢屈膝下蹲至大小腿夹角成 90° 或稍大于 90° 时，还原至起始位，呼气。

3. 俯卧小腿屈伸

俯卧，两手紧握于体前固定位置，脚踝部负重。吸气时，尽力抬脚至膝关节完全弯曲（尽量使足跟触及臀部），缓慢还原至起始位，呼气。此动作可分为分腿交替或并腿练习。

（七）臀部肌肉的练习方法

1. 负重弓步

两脚分开，与髋同宽，两手持杠铃置于颈后肩上。吸气，向前跨一步下蹲，上身保持直立，成弓步。前腿上部稍低于膝关节水平线。还原至起始位，呼气。

2. 侧卧直腿侧平举

侧卧，头与肩成一条直线。向上抬腿，与地面约成 90° 角，膝关节伸直，还原至起始位后，不间断地重复此动作。动作幅度可依据个人实际情况控制。注意：在腿抬到最高点时保持 3 ~ 5 秒；熟练后可进行小腿负重练习，以增加效果。

3. 站姿直腿负重后摆

直立时保持髋、膝、踝成一条直线。在运动腿踝部固定轻负荷物（如沙袋等），两手握固定位保持身体平衡。吸气时直腿后伸，呼气时还原至起始位后，不间断地重复此动作。

思政课堂

中国健身健美精英职业联赛武汉站收官

6月25日，2023年中国健身健美精英职业联赛（武汉站）决出了7个项目的冠军，这场展示力、健、美的结合的视觉盛宴在湖北武汉体育馆落幕。

赛事设置男子古典健美、传统健美、健体、健身模特4个项目及女子健身比基尼、健身模特、形体3个项目。

现场来自全国各地的运动员表现精彩，不论是屡获佳绩的名将，还是初次登台的新生力量，都在力与美的较量中展示良好的精神风貌和超高的竞技水平。经过激烈角逐，王旺城获得古典健美全场冠军，李丹燕获得健身比基尼全场冠军，代杰鸿获得男子健体全场冠军，王森贵获得传统健美全场冠军，齐晓芸获得女子健身模特全场冠军，武汉队邬博在主场获得男子健身模特全场冠军。

王旺城来自福建，44岁的他多次在大赛中取得佳绩。加上本次武汉站，在今年举办的4站联赛中，他均夺得第一。他说："要想取得好成绩必须一直让身体保持在最好的状态。我平时按计划早晚要进行两次训练，还要控制饮食。台上一分钟，台下十年功，练健美就要靠平时的积累，这才是最重要的。"

据武汉市健身健美模特协会相关领导介绍，这项高水平赛事吸引了全国各地的高手参加，也为本地的健身健美爱好者提供了展示的舞台，促进了健身健美运动在武汉的普及和推广。未来3年，这项赛事还将继续在武汉举办。

（资料来源：《中国体育报》，2023年6月27日，有删改）

任务六　啦啦操

啦啦操

一、啦啦操概述

啦啦操的历史可以追溯到原始部落时代，啦啦操原名cheerleading，其中cheer有振奋精神、提振士气的意思。在早期的部落社会里，为激励外出打仗或者打猎的战士，通常会举行仪式，仪式中人们用欢呼、手舞足蹈的表演来鼓励战士，希望战士凯旋。

现代啦啦操是体育运动中的一个新兴项目。起源于美国，至今已有100多年的历史。最初为美式足球呐喊助威的活动发展，到现在成为世界范围内的一项体育运动。

21世纪初期，啦啦操传入我国。由于啦啦操运动比较新颖、具有独特魅力，深受广大青少年的喜爱，啦啦操运动在我们得到了广泛的推广和发展。

二、啦啦操的分类

啦啦操按照活动目的分为竞技性啦啦操、表演性啦啦操，而竞技性啦啦操分为舞蹈啦啦操和技巧啦啦操两大类。

舞蹈啦啦操是一项在音乐的伴奏下，运用多种舞蹈元素的动作组合，结合转体、跳步、平衡与柔韧等难度动作以及舞蹈的过渡连接技巧，通过空间、方向与队形的变化表现出不同的舞蹈风格特点，强调速度、力度与运动负荷。

舞蹈啦啦操是一项展示运动舞蹈技能以及团队风采的体育项目。舞蹈啦啦操包括花球舞蹈啦啦操、爵士舞蹈啦啦操、街舞舞蹈啦啦操和自由舞蹈啦啦操。

技巧啦啦操是指在音乐的伴奏下，以跳跃、托举、叠罗汉、筋斗、抛接和跳跃等技巧性难度动作为主要内容，配合口号、啦啦操基本手位、舞蹈动作及过渡连接等，充分展示运动员高超的技能技巧的团队竞赛项目。

技巧啦啦操包含有翻腾、托举、抛接、金字塔等难度动作。其动作比较随意，用力方向向下，音乐节奏要求明快、热情、动感、奔放，并富于震撼力和感染力。技巧啦啦操竞赛项目包括集体技巧啦啦操自选套路、五人配合技巧啦啦操自选套路和双人配合啦啦操自选套路。

三、啦啦操的基本动作

（一）啦啦操基本手位

啦啦操32位基本手位（图11–6–1）。

上 M

下 M

W

上 V

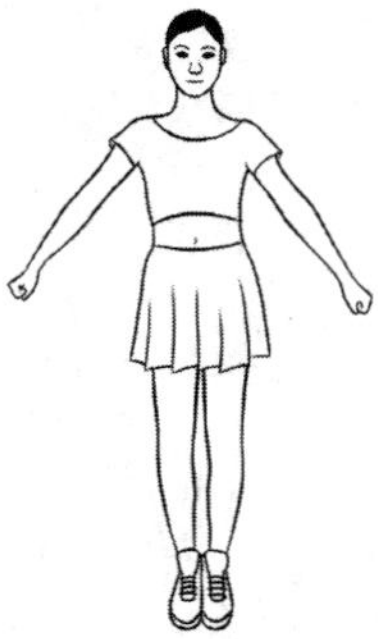
下 V

T

斜线

短 T

前 X

上 X

下 X

屈臂 X

X

上 A

下 A

加油

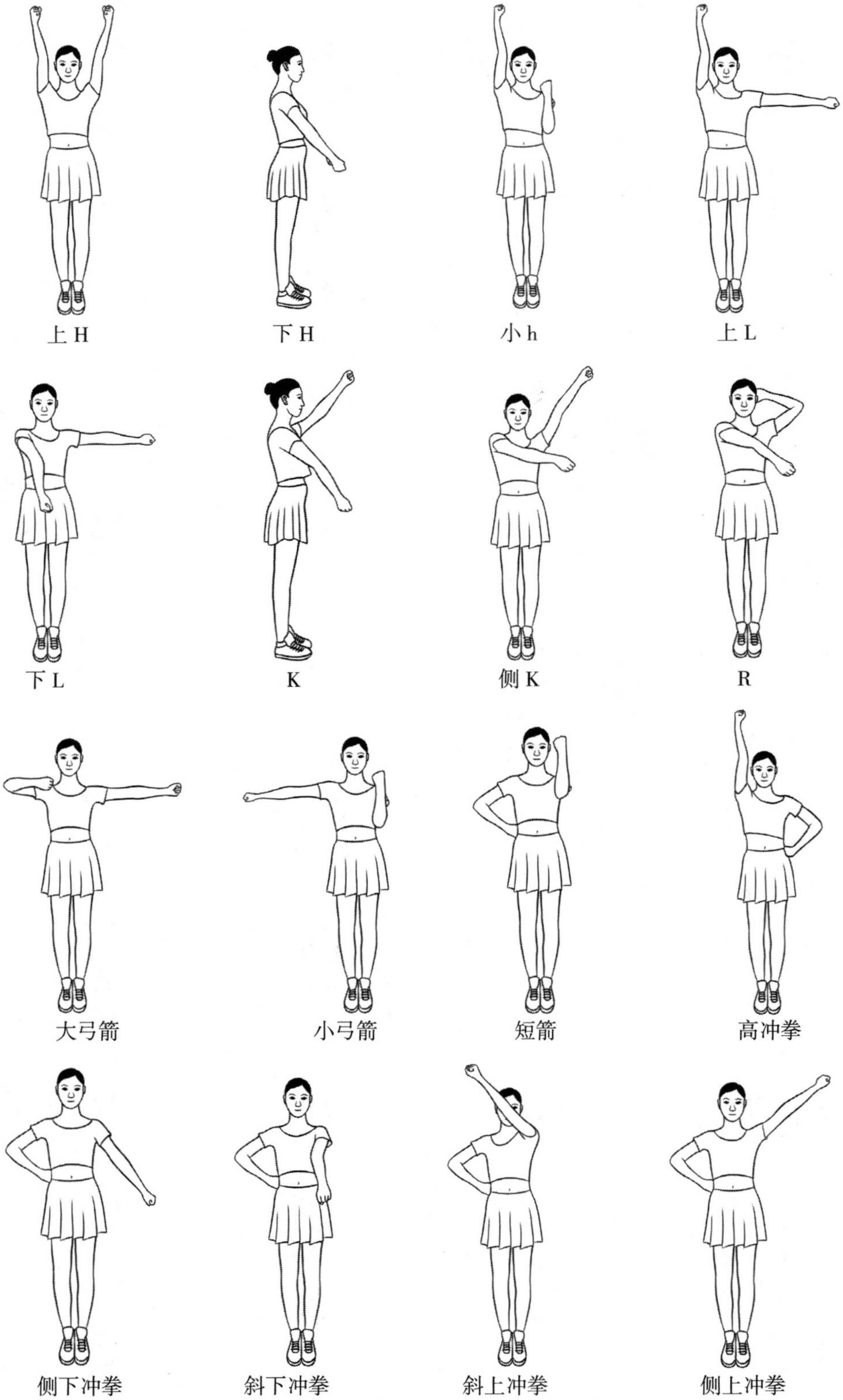

图 11-6-1

（二）啦啦操基本手型

啦啦操8种基本手型（图11–6–2）。

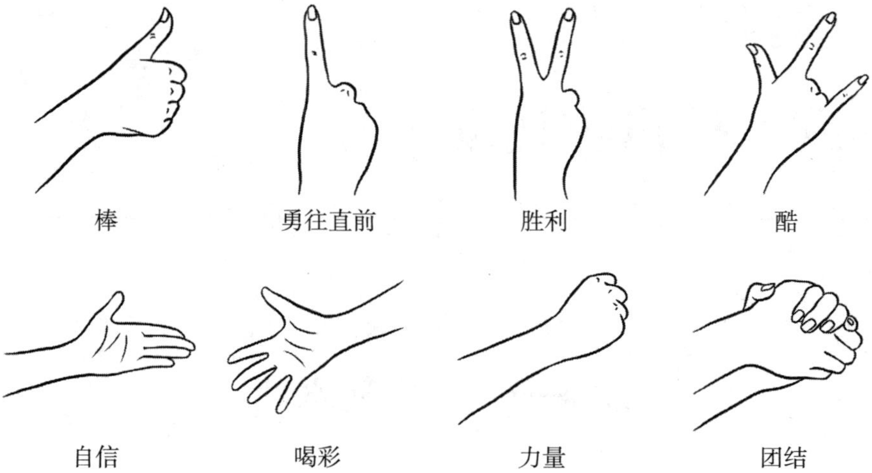

图 11–6–2

（三）啦啦操基本站位

啦啦操6位基本站位（图11–6–3）。

图 11–6–3

项目十二
武术搏击类运动

任务一　武术基本功

一、武术基本功简介

武术基本功是初学者的武术入门功夫，更是武术教学的基础和关键。武术基本功和基本动作的练习，可使习武者身体各部位都得到比较全面的锻炼，并能较快地发展武术运动的专项身体素质，为学习拳术、器械、套路和提高运动技术水平打下坚实的基础。但是，因为我国武术内容丰富，拳种流派众多，各门各派基本功的练习方法不尽相同。

二、武术基本功内容

（一）手形

武术的基本手形如图12–1–1所示。

（二）手法

武术的基本手法如图12–1–2所示。

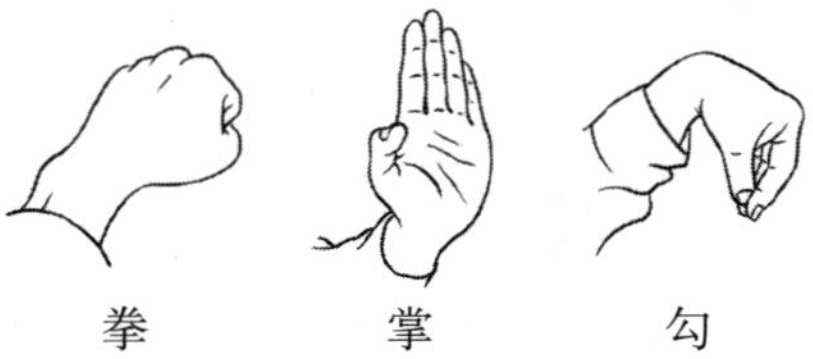

图 12–1–1

图 12–1–2

（三）步形

武术的基本步形如图12–1–3所示。

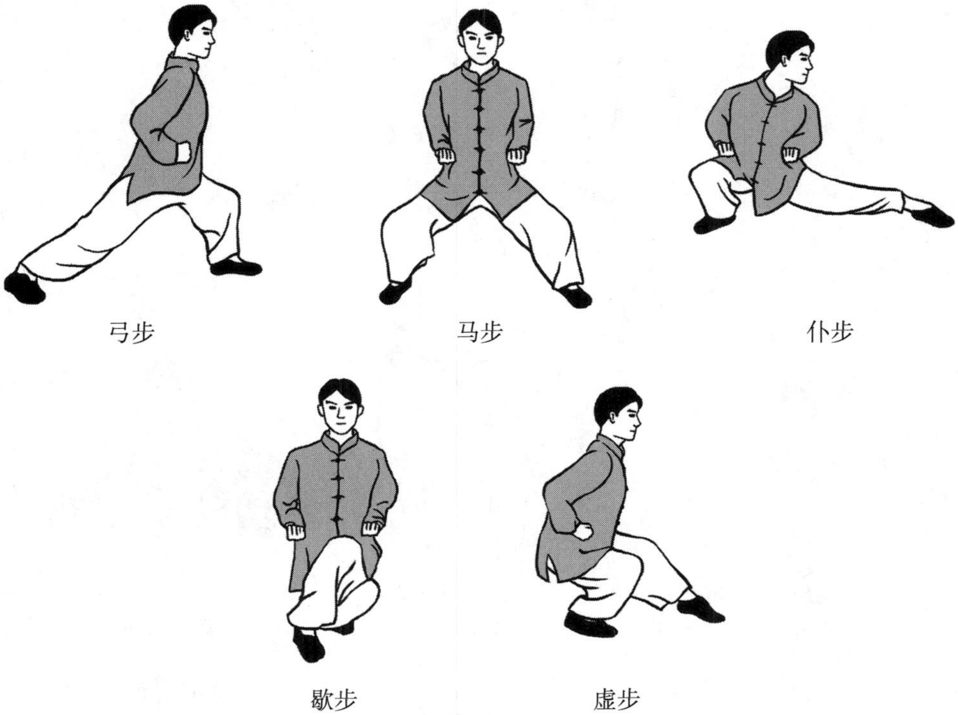

图 12–1–3

（四）腿功

武术的腿功如图12–1–4所示。

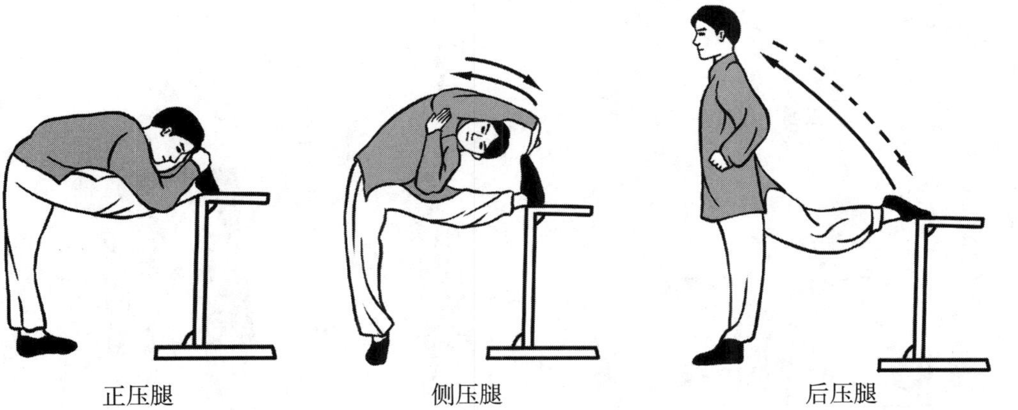

弹腿

正踢腿

外摆腿

仆步压腿

竖劈叉

里合腿

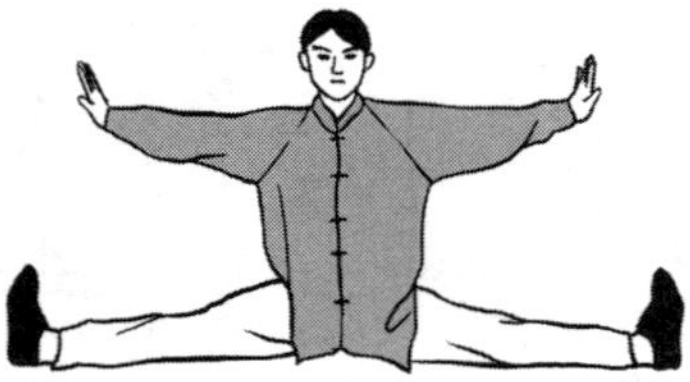

横劈叉

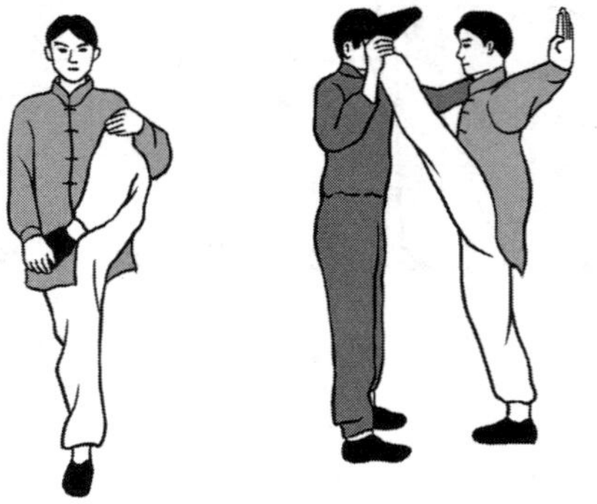

正搬腿

图 12–1–4

（五）腰功

武术的腰功如图12–1–5所示。

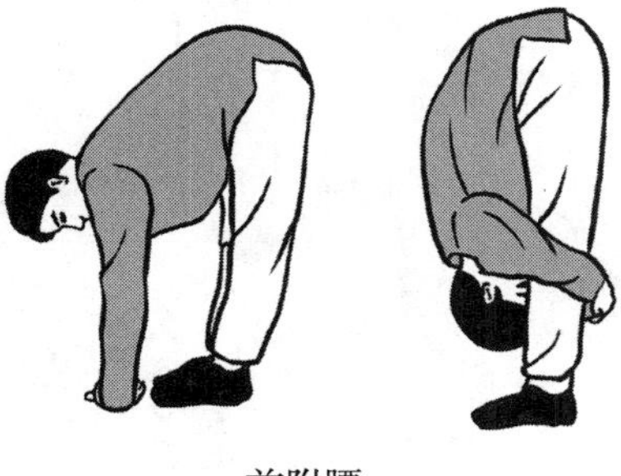

前附腰

甩腰

涮腰

图 12–1–5

（六）肩功

武术的肩功如图12–1–6所示。

压肩

推棍转肩

单臂绕环

图 12-1-6

思政课堂

陈小丽——持之以恒 传递武术精神

“人一定要有目标，持之以恒，为梦想努力奋斗。在我看来，武术精神就是坚持不懈、奋勇向前、发扬传承。”在刚刚结束的成都第31届世界大学生夏季运动会（简称大运会）上，陈小丽获得武术套路项目女子太极拳、太极剑双料冠军。

9岁时，陈小丽便在浙江省温州市苍南县飞林文武学校开启了她的武术生涯，2007年被输送到温州市武术队，2010年进入浙江省武术队，2013年获得亚洲青少年武术锦标赛冠军，现就读于浙江大学，是国家级运动健将、中国武术六段。从县队、市队、省队再到国家队，陈小丽一步步实现了自己的武术梦。

成功登顶大运会最高领奖台后，陈小丽便赶往她的母校苍南县飞林文武学校，参与太极拳展演活动和科学指导互动活动。她说：“作为校友回到母校，希望能够影响带动更多人科学习武，在师弟师妹们心中种下一颗种子、一个世界冠军梦，期望他们能够利用好学校为他们创造和提供的优越条件，用刻苦的训练和加倍的努力回报学校，坚定心中的梦想，突破重围，为校争光，为国争光。”

在交流过程中，陈小丽告诫师弟师妹们一定不能懈怠。“习武之路无疑是辛苦的，汗水、泪水挥洒不尽，需要在一次次跌倒中爬起，即使跌跌撞撞也要向着心中目标前进。但正是在这样起起伏伏的过程中，才能培养出自律、自强的宝贵品质”，她说，“社会发展速度飞快，作为新时代的青少年，自身素质一定要过硬，才能在繁杂的社会中活出精彩。”

“以文为主、以武为特色”是苍南县飞林文武学校的办学方针。“武术不仅是一种强身健体的方式，更是一种全面提升个人素质的教育，对青少年健康发展有着不可忽视的影响。”学校总教练黄龙表示，练习武术能有效提高身体和心理素质，有助于培养青少年坚韧不拔的意志。同时，练习武术有助于疏解压力，稳定情绪，养成良好的品格和树立正确的价值观，建立自信心。“每一次在赛场上的胜利，都是对青少年自信心的极大提升。这种自信将伴随青少年成长，鼓励他们在人生的各个阶段和不同领域追求卓越。”

（资料来源：《中国体育报》，2023年8月17日，有删改）

任务二 24式简化太极拳

一、24式简化太极拳简介

24式简化太极拳于1956年由国家体育运动委员会（今国家体育总局）组织太极拳专家，以杨式太极拳为基础，去掉了繁难和重复的动作，遵循由简到繁、由易到难的原则，整编而成。其套路动作充分体现了太极拳动作柔和、缓慢、圆活、连贯的特点。整套动作分为8组，共24个动作。练习时间约5分钟。动作简练，易学易练。

二、24式简化太极拳动作图解

第一组

1. 起势（图12-2-1至图12-2-4）

（1）身体自然直立，两脚开立，与肩同宽，脚尖向前；两臂自然下垂，两手放在大腿外侧；两眼平视前方。

（2）两臂慢慢向前平举，两手与肩齐平，与肩同宽，手心向下。

（3）上体保持正直，两腿屈膝下蹲；同时，两掌轻轻下按，两肘下垂与两膝相对；两眼平视前方。

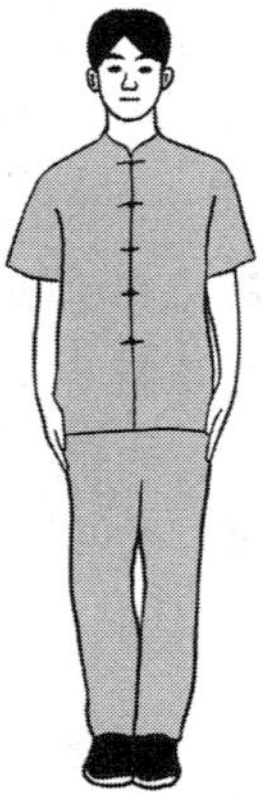

图 12-2-1

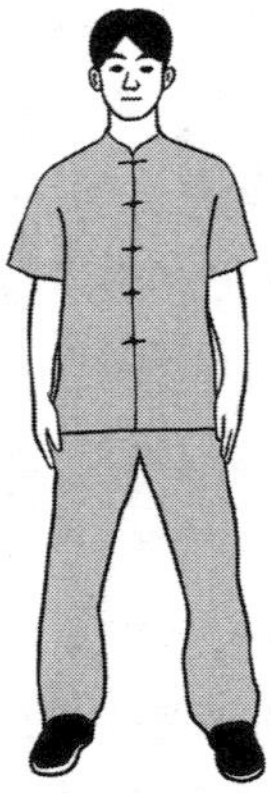

图 12-2-2

图 12-2-3

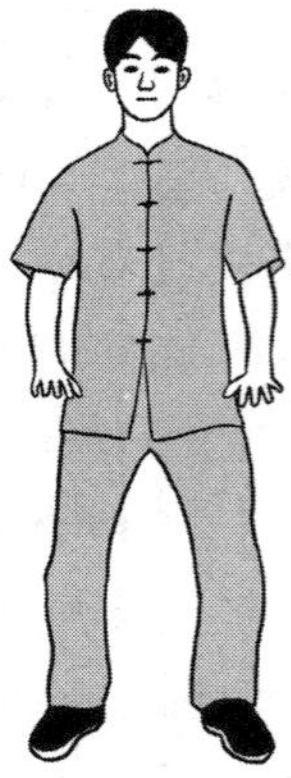

图 12-2-4

2. 左右野马分鬃（图12-2-5至图12-2-7）

（1）上体微向右转，重心移至右腿；同时，右臂收在胸前平屈，手心向下，左手经体前向右下画弧至右手下，手心向上，两手心相对呈抱球状；左脚收到右脚内侧，脚尖点地；目视右手。

（2）上体微向左转，左脚向左前方迈出，右脚跟后蹬，右腿自然伸直，成左弓步；同时，上体向左转，左、右手随转体慢慢分别向左上、右下分开，左手高度与眼齐平（手心斜向上），肘微屈；右手落在右胯旁，肘微屈，手心向下，指尖向前；目视左手。

（3）上体慢慢后坐，身体重心移至右腿，左脚尖翘起，微向外撇，随后脚掌慢慢踏实，左腿慢慢前弓，身体左转，身体重心转移至左腿；同时，左手翻转向下，左臂收在胸前平屈，右手向左上画弧至左手下，两手心相对呈抱球状；右脚随即收到左脚内侧，脚尖点地；目视左手。

（4）右腿向右前方迈出，左腿自然伸直，成右弓步；同时，上体右转，左右手随转体分别慢慢向左下、右上分开，右手高度与眼齐平（手心斜向上），肘微屈；左手落在左胯旁，肘微屈，手心向下，指尖向前；目视右手。

（5）动作同（3），但方向相反。

（6）动作同（4），但方向相反。

图 12-2-5

图 12-2-6

图 12-2-7

3. 白鹤亮翅（图12-2-8）

（1）上体微向左转，左手翻掌向下，左臂平屈于胸前，右手向左上方画弧，手心转向上，与左手呈抱球状；目视左手。

（2）右脚跟进半步，上体后坐，身体重心移至右腿，上体先向右转，面向右前方，目视右手；然后左脚稍向前移，脚尖点地，成左虚步，同时上体微向左转，面向前方，两手随转体慢慢向右上、左下分开，右手上提停于右额前，手心向左后方，左手落于左胯前，手心向下，指尖向前；目视前方。

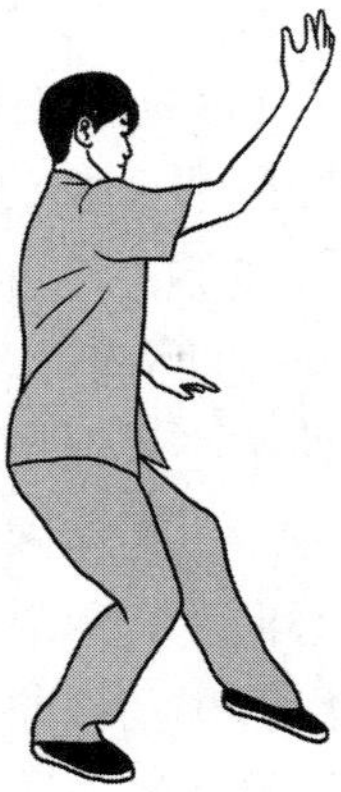

图 12-2-8

第二组

4. 左右搂膝拗步（图12-2-9至图12-2-11）

（1）右手从体前下落，自下向后上方画弧举至右肩外侧，肘微屈，手与耳同高，手心斜向上；左手由左下向上、向右下方画弧至右胸前，手心斜向下，同时上体先微向左再向右转；左脚收至右脚内侧，脚尖点地；目视右手。

（2）上体左转，左脚向前迈出成左弓步；同时右手屈回由耳侧向前推出，高度与鼻尖齐平，左手向下由左膝前搂过落于左胯旁，指尖向前；目视右手手指。

（3）右腿慢慢屈膝，上体后坐，重心移至右腿，左脚尖翘起微向外撇；随后脚掌慢慢踏实，左腿前弓，身体左转，重心移至左腿，右脚收到左脚内侧，脚尖点地；同时，左手向外翻掌由左后向上方画弧至左肩外侧，肘微屈，手与耳同高，手心斜向上；右手随转体向上、向左下画弧，落于左脚前，手心斜向下；目视左手。

（4）动作同（2），但方向相反。

（5）动作同（3），但方向相反。

（6）动作同（2）。

图 12-2-9

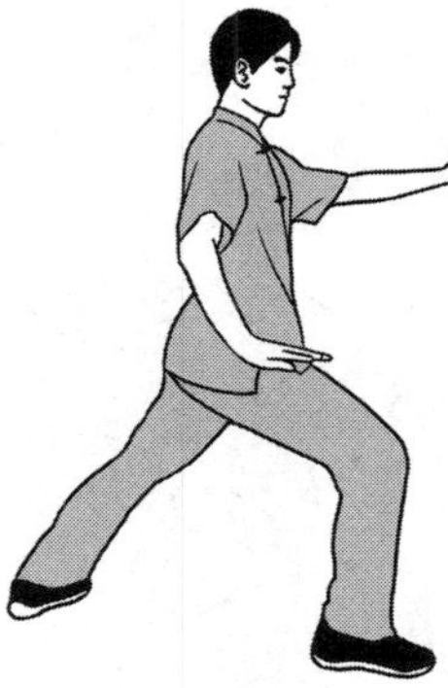

图 12-2-10

图 12-2-11

5. 手挥琵琶（图12-2-12）

右脚跟进半步，上体后坐，身体重心转至右腿，上体稍向右转，左脚略提起稍向前移，变成左虚步，脚跟着地，脚尖翘起，膝部微屈；同时左手由左下向上挑举，高度与鼻齐平，掌心向右，臂微屈；右手收回放在左肘里侧，掌心向左；目视左手食指。

6. 左右倒卷肱（图12-2-13至图12-2-17）

（1）上体右转，右手翻掌，手心向上，经腹前由下向后上方画弧平举，臂微屈，左手随即翻掌，掌心向上；两眼随着向右转体先右视，再转向前方视左手。

（2）右臂屈肘折向前，右手由耳侧向前推出，手心向前，左臂屈肘后撤，手心向上，撤至左肋外侧；同时，左腿轻轻提起向后偏左退一步，脚掌先着地，然后全脚慢慢踏实，身体重心移到左腿上，成右虚步，右脚随转体以脚掌为轴扭正；目视右手。

（3）上体微向左转，同时左手随转体向后上方画弧平举，手心向上，右手随即翻掌，掌心向上；两眼随转体先左视，再转向前方注视右手。

（4）动作同（2），但方向相反。

（5）动作同（3），但方向相反。

（6）动作同（2）。

（7）动作同（3）。

（8）动作同（2），但方向相反。

图 12-2-12

图 12-2-13

图 12-2-14

图 12-2-15

图 12-2-16

图 12-2-17

第三组

7. 左揽雀尾（图12-2-18至图12-2-21）

（1）上体微向右转，同时右手随转体向后上方画弧平举，手心向上；左手手心向下；目视左手。

（2）身体继续右转，左手下落，逐渐翻掌，经腹前画弧至右肋前，手心向上；右臂屈肘，手心转向下，收至右胸前，两手相对呈抱球状；同时，左脚收到右脚内侧，脚尖点地；目视右手。

（3）左脚向左前方迈出，上体继续向左转，右腿自然蹬直，左腿屈膝成左弓步；同时左臂向左前方推出，右手向右、向下落于右胯旁，手心向下。

（4）身体微向左转，左手随即前伸翻掌向下，右手翻掌向上，经腹前向上、向前伸至左前臂下方；然后两手下捋，即上体向右转，两手经腹前向右后上方画弧，直至右手手心向上，高度与肩齐平，左臂平屈于胸前，手心向后；同时身体重心移至右腿；目视右手。

（5）上体微向左转，右臂屈肘折回，右手附于左手腕里侧；上体继续向左转，两手同时向前慢慢推出，左手心向后，右手心向前，左前臂保持半圆；同时身体重心逐渐前移变成左弓步；目视左手腕部。

（6）左手翻掌，手心向下，右手经左腕上方向前、向右伸出，高度与左手齐平，手心向下，两手左右分开，与肩同宽；右腿屈膝，上体慢慢后坐，身体重心移至右腿，左脚尖翘起；同时两手屈肘回收至腹前，手心均向前下方；目视前方。

（7）上式不停，身体重心慢慢前移，同时两手向前、向上按出，掌心向前，成左弓步；目视前方。

图12-2-18

图12-2-19

图12-2-20

图12-2-21

8. 右揽雀尾（图12-2-22至图12-2-27）

（1）上体后坐并向右转，身体重心移至右腿，左脚尖里扣；右手向右平行画弧至右侧，然后由右下经腹前向左上方画弧至左肋前，手心向上；左臂平屈胸前，左手掌向下，与右手呈抱球状；同时身体重心转移至左腿，右脚收到左脚内侧，脚尖点地；目视左手。

（2）动作同“左揽雀尾”（3），但方向相反。

（3）动作同“左揽雀尾”（4），但方向相反。
（4）动作同“左揽雀尾”（5），但方向相反。
（5）动作同“左揽雀尾”（6），但方向相反。
（6）动作同“左揽雀尾”（7），但方向相反。

图 12-2-22

图 12-2-23

图 12-2-24

图 12-2-25

图 12-2-26

图 12-2-27

第四组

9. 单鞭（图12-2-28）

（1）上体后坐，身体重心逐渐移至左腿，右脚尖内扣，同时上体左转，两手（左高右低）向左做弧形转动，直至左臂平举，伸于身体左侧，手心向左，右手经腹前转至左肋前，手心向后上方；目视左手。

（2）身体重心逐渐移至右腿，上体左转，左脚向右脚靠拢，脚尖点地；同时右手向右上方画弧（手心由里转向外），至右侧方时变勾手，臂与肩平，左手向下经腹前向右上方画弧停于右肩前，手心向上；目视右手。

图 12-2-28

（3）上体微向左转，左脚向左前侧方迈出，右脚跟后蹬，成左弓步；在身体重心移向左腿的同时，左掌随上体的继续左转慢慢翻转向前推出，手心向前，手指高度与眼齐平，臂微屈；目视左手。

10. 左右云手（图12-2-29至图12-2-33）

（1）重心移至右腿，身体渐向右转，左脚尖里扣；左手经腹前向右上方画弧至右肩前，手心斜向后，同时右手松勾变掌，手心向右前方；目视左手。

（2）上体慢慢左转，重心随之逐渐左移；左手由脸前向左侧移，手心渐渐转向左侧；右手由右下经腹前向左上方画弧至左肩前，手心斜向后；同时右脚靠近左脚，成小开立步；目视右手。

（3）上体再向右转，同时左手经腹前向右上方画弧至右肩前，手心斜向后；右手向右侧移动，手心翻转向右；随之左腿向左横跨一步；目视左手。

（4）动作同（2）。

（5）动作同（3）。

（6）动作同（2）。

图 12-2-29

图 12-2-30

图 12-2-31

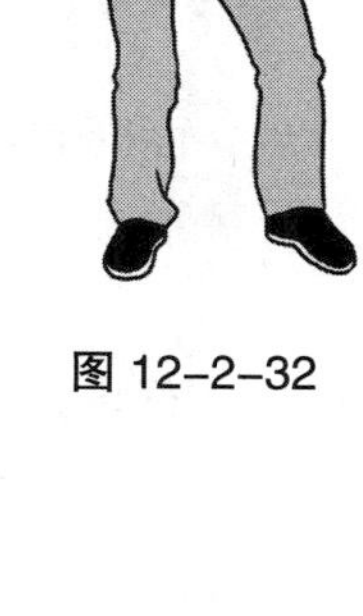

图 12-2-32

图 12-2-33

11. 单鞭（图12-2-34）

（1）上体向右转，右手随之向右转，转至右侧方变成勾手；左手经腹前向右上画弧至右肩前，手心向上，身体重心移至右腿，左脚尖点地；目视左手。

（2）上体微向左转，左脚向左前方迈出，右脚跟后蹬，成左弓步；在身体重心移至左腿的同时，上体继续左转，左掌慢慢翻转向前推出，成“单鞭”式。

第五组

12. 高探马（图12-2-35）

右脚跟进半步，右勾手变成掌，两手心翻转向上，两肘微屈；同时身体微向右转，左脚跟渐渐离地；目视左前方；上体微向左转，面向左前方，右掌经右耳旁向前推出，手心向前，手指高度与眼齐平；左手收至左侧腰前，手心向上；同时左脚微向前移，脚尖点地，成左虚步；目视右手。

图 12-2-34

图 12-2-35

13. 右蹬脚（图12-2-36）

（1）左手手心向上，前伸至打手腕背面，两手交叉，随即向两侧分开并向下画弧，手心斜向下；同时，左脚提起向左前方进步（脚尖稍外撇）；身体重心前移，右腿自然蹬直，成左弓步；目视前方。

（2）两手由外向里画弧，两手交叉合抱于胸前，右手在外，手心均向后；同时，右脚向左脚靠拢，脚尖点地；两眼平视右前方。

（3）两手臂左右画弧，分开平举，肘部微屈，手心均向外；同时，右腿屈膝提起，右脚向右前方慢慢蹬出；目视右手。

14. 双峰贯耳（图12-2-37）

（1）右腿收回，屈膝平举；左手由后向上、向前下落至体前，两手心均翻转向上，两手同时向下画弧，分落于右膝盖两侧；目视前方。

（2）右脚向右前方落下，重心渐渐前移，成右弓步，面向右前方；同时，两手下落慢慢变拳，分别从两侧向上、向前画弧贯拳至面部前方，呈钳形状，两拳相对。

15. 转身左蹬脚（图12-2-38）

（1）左腿屈膝后坐，身体重心移至左腿，上体左转，右脚尖里扣；同时，两拳变掌，由上向左、向右画弧，分开平举，手心向前；目视左手。

（2）身体重心再移至右腿，左脚收到右脚内侧，脚尖点地；同时，两手由外向里画弧，然后合抱于胸前，左手在外，手心均向后；目平视左方。

（3）两手臂左右画弧，分开平举，肘部微屈，手心均向外；同时，左腿屈膝提起，左脚向左前方慢慢蹬出；目视左手。

图 12-2-36

图 12-2-37

图 12-2-38

第六组

16. 左下势独立（图12-2-39至图12-2-41）

（1）左腿收回平屈，上体右转；右手变成勾手，左手向上、向右画弧下落，立于右肩前，手心斜向后；目视右手。

（2）右腿慢慢屈膝下蹲，左腿由内向左侧偏后伸出，成左仆步；左掌下落，掌心向外，向左下顺左腿内侧向前穿出；目视左手。

（3）身体重心前移，以左脚跟为轴，脚尖尽量向外撇，左腿前弓，右腿后蹬，右脚尖里扣；上体微向左转并向前起身，同时左臂继续向前伸出，立掌，手心向右，右勾手下落，勾尖向后；目视左手。

（4）右腿慢慢提起平屈，成左独立式；同时右勾手变掌，并由后下方顺右腿外侧向前弧形上挑，屈臂立于右腿上方，肘与膝相对，手心向左；左手落于左胯旁，手心向下，指尖向前；目视右手。

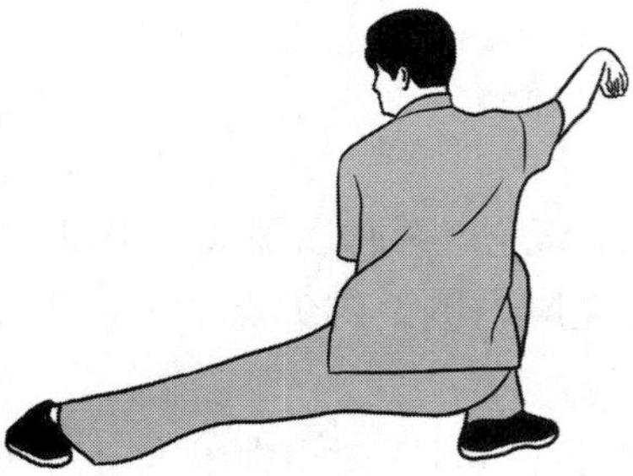
图 12-2-39

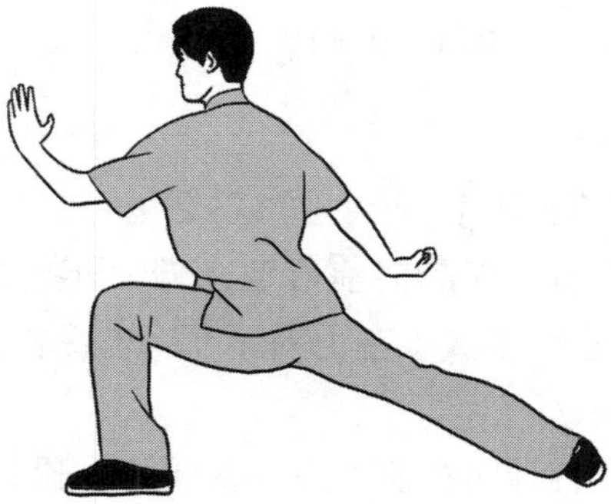
图 12-2-40

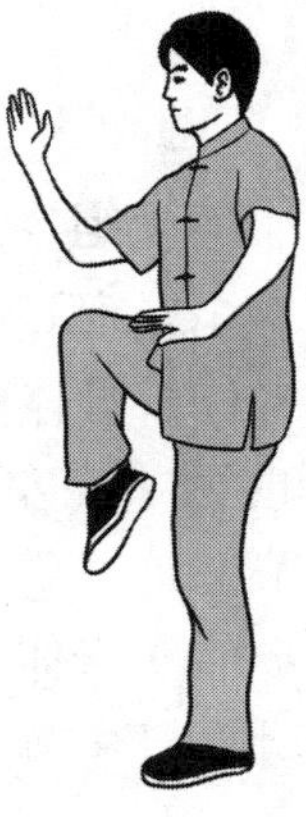
图 12-2-41

17. 右下势独立（图12-2-42至图12-2-45）

（1）右脚下落于左脚前，脚尖着地，然后左脚以前脚掌为轴，脚跟转动，身体随之左转；同时左手向后平举变成勾手，右掌随着转体向左侧画弧，立于左肩前，手心斜向后；目视左手。

（2）动作同“左下势独立”（2），但方向相反。

（3）动作同“左下势独立”（3），但方向相反。

（4）动作同“左下势独立”（4），但方向相反。

图 12-2-42

图 12-2-43

图 12-2-44

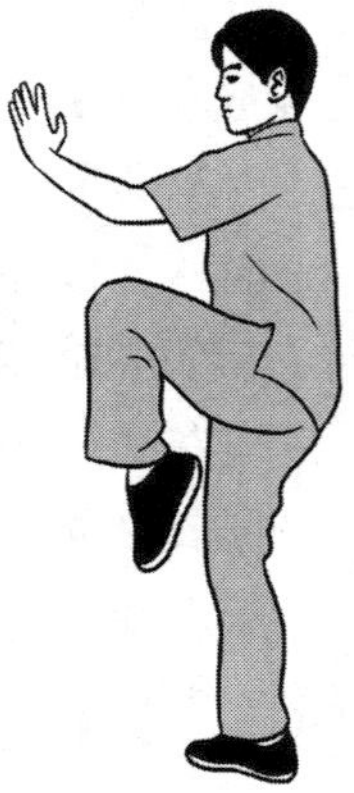

图 12-2-45

第七组

18. 左右穿梭（图12-2-46、图12-2-47）

（1）身体微向左转，左脚向前落地，脚尖外撇，右脚跟离地，两脚屈膝成半坐盘式；同时两手在左胸前呈抱球状（左上右下）；然后右脚收至左脚内侧，脚尖点地；目视左前臂。

（2）身体右转，右脚向右前方迈出，屈膝弓腿，成右弓步；同时右手由脸前向上举并翻掌停于右额前，手心斜向上；左手先向左、向下，再经体前向前推出，高度与鼻尖齐平，手心向前；目视左手。

（3）身体重心略向后移，右脚尖稍向外撇，随即身体重心移至右腿，左脚跟进，停于右脚内侧，脚尖点地；同时两手在右胸前呈抱球状（右上左下）；目视右前臂。

（4）动作与（2）相同，但方向相反。

图 12-2-46

图 12-2-47

19. 海底针（图12-2-48）

（1）右脚向前跟进半步，身体重心移至右腿，左脚稍向前移举步；右手下落经体前向后、向上提抽至肩上耳旁，左手下落至体前侧。

（2）左脚尖点地成左虚步，同时身体稍向右转，右手再随身体左转，由右耳旁斜向前下方插出，掌心向左，指尖斜向下；与此同时，左手向前、向下画弧落于左胯旁，手心向下，指尖向前；目视前下方。

20. 闪通臂（图12-2-49）

（1）上体稍向右转，左脚微回收举步；同时两手上提；目视前方。

（2）左脚向前迈出，脚跟着地；左右两手分别向左前、右后分开，左手心向前，右手心向外；目视前方。

（3）重心前移，左腿屈膝成左弓步；同时右手屈臂上举，停于右额前上方，手心翻转斜向上，拇指朝下；左手由胸前随重心前移慢慢向前推出，高度与鼻尖齐平，手心向前；目视左手。

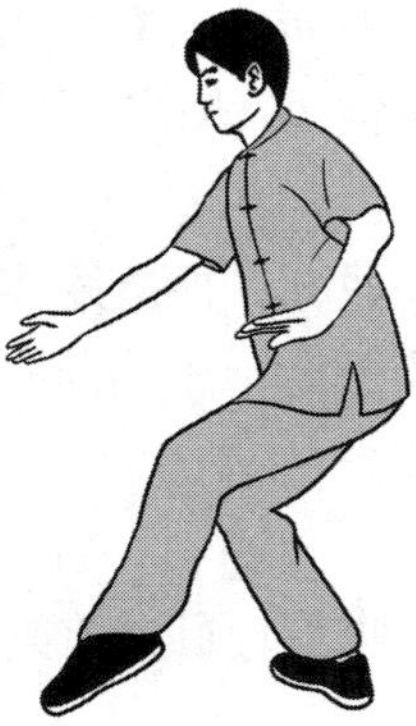

图 12-2-48

图 12-2-49

第八组

21. 转身搬拦捶（图12-2-50至图12-2-52）

（1）上体后坐，身体重心移至右腿，左脚尖里扣；身体向右、向后转，身体重心再次移至左腿；与此同时，右手随着转体向右、向下变拳，经腹前画弧至左肋旁，拳心向下；左掌上举于头前，掌心斜向上；目视前方。

（2）向右转体，右拳经胸前向前翻转撇出，拳心向上；左手落于左胯旁，手心向下，指尖向前；同时右脚收回后不要停顿或脚尖点地，即向前迈出，脚尖外撇；目视右拳。

（3）身体重心移至右腿，左脚向前迈出一步；左手上起经左侧向前、向上画弧拦出，手心向前下方；同时右拳向右画弧收到右腰旁，手心向上，目视左手。

（4）左腿前弓成左弓步，同时右拳向前打出，拳眼向上，高度与胸部齐平，左手附于右前臂里侧；目视右拳。

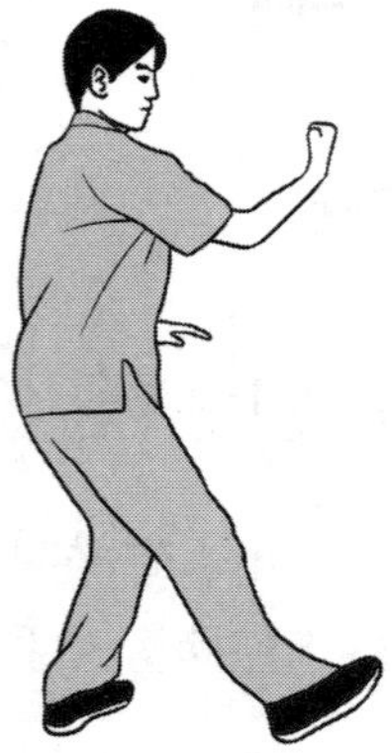

图 12-2-50

图 12-2-51

图 12-2-52

22. 如封似闭（图12-2-53）

（1）左手由右腕下方向前伸出，右拳变掌，两手手心逐渐翻转向上并慢慢分开回收；同时身体后坐，左脚尖翘起，身体重心移至右腿；目视前方。

（2）两手在胸前翻掌，向下经腹前再向上、向前推出，腕部与肩平，手心向前；同时左腿前弓成左弓步；目视前方。

23. 十字手（图12-2-54）

（1）屈膝后坐，身体重心移向右腿，左脚尖里扣，向右转体；右手随着转体向右平摆画弧，两臂侧平举，手心向前，肘部微屈；同时右脚尖随着转体稍向外撇，成右侧弓步；目视右手。

（2）身体重心慢慢移至左腿，右脚尖里扣，随即向左收回，两脚距离与肩同宽，两腿逐渐蹬直，成开立步；同时两手向下经腹前向上画弧，交叉合抱于胸前，两臂撑圆，腕与肩平，右手在外，呈“十”字状，手心均向后；目视前方。

24. 收势（图12-2-55、图12-2-56）

（1）两手向外翻掌，手心向下，两臂慢慢下落，停于腹前；目视前方。

（2）两腿缓缓蹬直，同时两掌慢慢下落至大腿侧，然后收左脚成并步直立；目视前方。

图 12-2-53

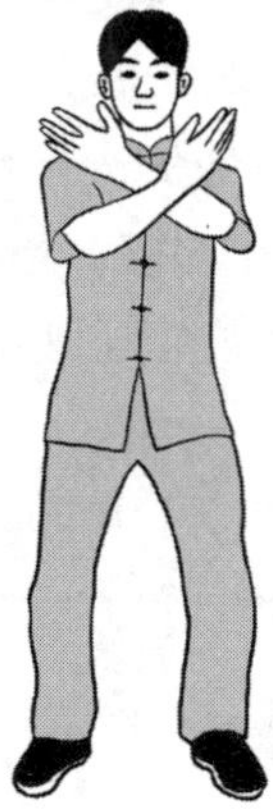

图 12-2-54

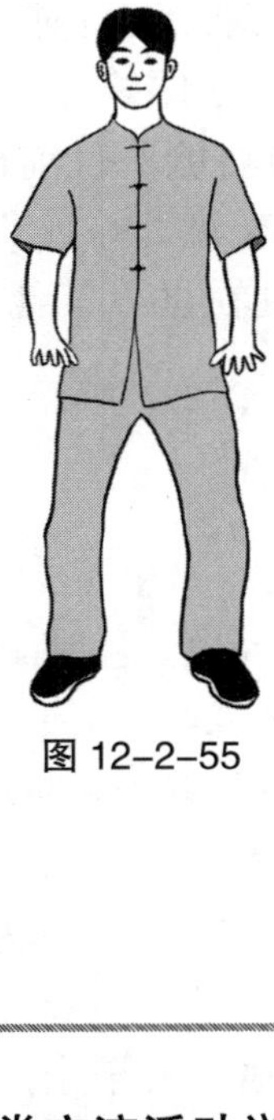

图 12-2-55

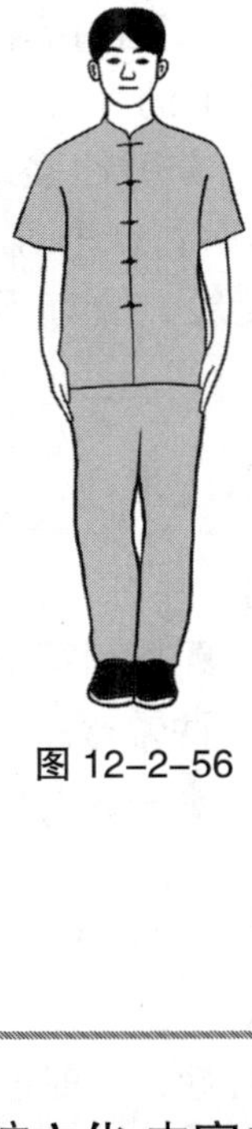

图 12-2-56

思政课堂

全国老健会太极拳交流活动举行——弘扬传统文化 丰富老年生活

太极拳是人类非物质文化遗产，目前全世界有3亿多人习练。焦作作为太极拳发源地，有着浓厚的太极拳文化氛围和底蕴，让很多习练太极拳的人心向往之，第二届和第三届全国老年人体育健身大会（简称老健会）太极拳（剑）交流活动都在焦作举办。焦作市体育局相关负责人表示，多年来，焦作一直致力于弘扬太极拳文化、大力推广太极拳运动。第四届老健会太极拳（剑）交流活动继续在焦作举办，这既是对焦作发展太极拳运动的充分肯定，也为焦作进一步弘扬传承太极拳文化、推广普及太极拳运动、推动老年人体育事业发展提供了重要机会。焦作将以本次活动为契机，持续加大太极拳宣传与推广的普及力度，持续加大老年人活动阵地建设和工作保障力度，全面提升公共体育服务特别是老年人体育服务能力，不断丰富老年人精神文化生活，为发展老年人体育事业和全民健身运动作出更大贡献。

（资料来源：《中国体育报》，2023年6月19日，有删改）

任务三　散打

一、散打简介

散打，又称散手，在中国历代有许多种称谓，如相搏、手搏、白打、对拆、技击等。散打是中国武术的精华，它不仅具有强身健体等与其他体育项目相同的特性，还具有对抗性强、实用性强等特殊的作用和功能。目前，散打和世界各地许多拳术（如跆拳道、泰拳、拳击等）都有着广泛的交流，并且产生了巨大的影响。经过不断总结、改进和发展，散打不仅在中国，而且在世界其他国家和地区得到了开展和普及。

二、散打基本技术

（一）基本姿势

两脚前后开立，距离稍宽于肩；两脚脚尖微内扣，后脚脚跟稍离地；两膝微屈，身体重心落在两脚之间；两臂弯曲，左臂屈肘约为90°，肘尖下垂，左拳置于体前，拳眼斜向上，与鼻平；右臂屈肘小于90°，右拳置于右肋前，略高于下颌，上臂内侧紧贴右侧肋部，肘自然下垂。胸、背保持自然，下颌微收，两眼平视前方。（图12–3–1）左脚在前称为正架，右脚在前称为反架。

图 12–3–1

（二）基本步法

前进步：左脚提起，向前进步，右脚迅速蹬地，跟进同样距离。

后退步：右脚向后退一步，左脚用力蹬地，迅速后退同样距离。

跨步：左（右）脚向左（右）侧横跨半步，身体重心下沉，右（左）脚半步跟进，左跨时防守手势左右更换，右跨时身体略向左转。

插步：后脚向左横移一步，脚跟离地，两脚略成交叉步；插步时，身体不要转动，左侧面仍与对手相对。插步后，及时还原成基本姿势。

闪步：左（右）脚向左（右）侧移半步，右（左）脚也随之向左（右）

滑步，同时身体转90°，步法轻灵，转体闪躲灵活、敏捷。

换步：左脚与右脚同时蹬地并前后交换，同时两拳前后交换成反架姿势；转换时，要以髋关节带动两腿，身体不能明显向上腾空。

（三）基本拳法

散打的基本拳法主要有直拳（冲拳）、摆拳（提拳）和勾拳（抄拳）。

1. 直拳（冲拳）

（1）左直拳。基本姿势站立；左脚在前，右脚在后，左脚跟稍外旋，重心移至左脚，上体略左转；同时，左臂顺肩伸肘，左拳内旋使拳面向前直线冲击，力达拳面，拳心朝下，右拳收至下颌处；目视前方。（图12–3–2、图12–3–3）

（2）右直拳。基本姿势站立；右脚微蹬地，脚跟外转，上体微左转，身体重心移向左脚；同时，右拳内旋，直线向前击出，力达拳面；左拳收至右肩前。

图 12–3–2

图 12–3–3

2. 摆拳（提拳）

（1）左摆拳。基本姿势站立；上体微右转，同时左臂内旋，抬肘与肩齐平，使拳向前、向内成平面弧形横击；左臂微屈，拳心朝下，力达拳面。

（2）右摆拳。基本姿势站立；左脚蹬地，身体重心移至右脚，右脚脚跟稍离地外转，并蹍转脚掌；上体左转的同时右臂内旋，抬肘与肩平，使右拳向外、向前、向内成平面弧形横击，掌心向下，力达拳面。

3. 勾拳（抄拳）

（1）左勾拳。基本姿势站立；右脚蹬地，身体重心移至左脚，上体微左转，重心稍下沉；随即左脚蹬地拧转的同时，左拳由下向前上方出击，拳心朝里，力达拳面。

（2）右勾拳。基本姿势站立；左脚蹬地，重心移至右脚，右脚脚跟略外转，脚掌蹍地，上体右转略下沉后，右膝及上体瞬间挺伸并向左转体；同时，右臂外旋由下向上击拳，拳面向上，拳心向里，力达拳面，左拳仍置于下颌前；目视右拳。（图12–3–4、图12–3–5）

图 12-3-4

图 12-3-5

（四）基本腿法

散打中有四大击法，即踢、打、摔、拿。其中，踢就是指腿法。

1. 正蹬腿

（1）右蹬腿。基本姿势站立；身体重心移至左腿，左腿略屈，右腿屈膝上抬，含胸、收腹，大腿贴近胸部，脚尖勾起，脚底朝前下；随即右腿由屈而伸向前上方蹬出，力达脚跟，当脚触击目标时伸胯并使脚尖猛向前下方压踩，使力达全脚掌；目视右脚。（图12-3-6至图12-3-9）

图 12-3-6

图 12-3-7

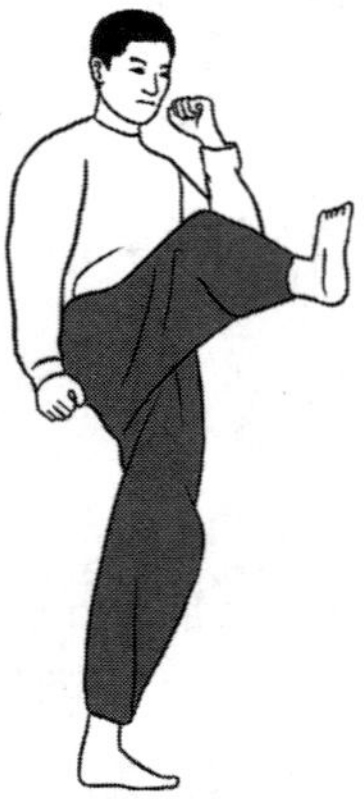

图 12-3-8

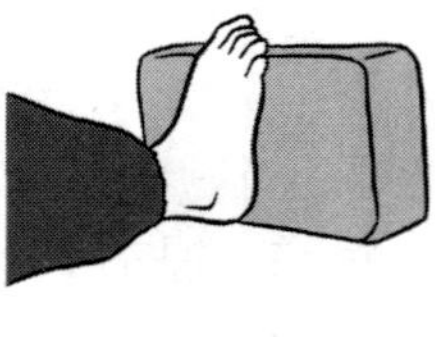

图 12-3-9

（2）左蹬腿。左蹬腿动作同右蹬腿，但方向相反。

2. 侧踹腿

（1）右侧踹腿。基本姿势站立；重心移至左腿，左膝略屈，脚尖外展；右腿屈膝上抬，抬膝高于腰，脚尖勾起，脚底朝外侧下；随即小腿外翻，脚底向攻击点挺膝踹出，力达脚底；同时，左腿挺直，上体向左腿侧倾；目视右脚。（图12-3-10至图12-3-13）

（2）左侧踹腿。左侧踹腿动作同右侧端腿，但方向相反。

图 12–3–10

图 12–3–11

图 12–3–12

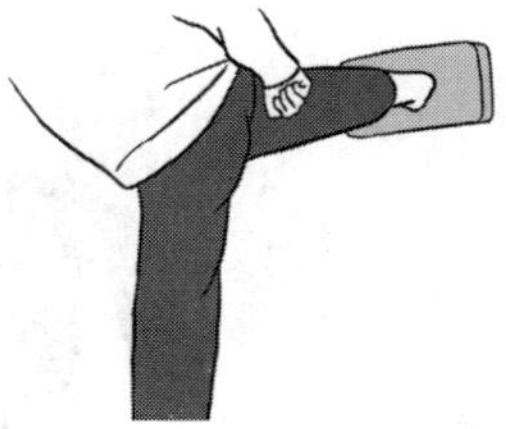
图 12–3–13

3. 鞭腿

（1）右鞭腿。基本姿势站立；重心移至左腿，左膝略屈，右腿屈膝上抬，高过腰；同时膝略内收，小腿略外翻，踝部放松；随即挺膝，使小腿从外向上、向前、向内进行弧形弹击，并使脚面绷平，力达脚面或胫骨处；目视右脚。（图12–3–14至图12–3–17）

（2）左鞭腿。左鞭腿动作同右鞭腿，但方向相反。

图 12–3–14

图 12–3–15

图 12–3–16

图 12–3–17

（五）基本摔法

1. 抱腿别腿摔

在格斗中，本方向对方的支撑腿后上左步，顺势将对方左腿抱住，上体右转，用左腿别对方右腿，同时用胸下压对方左腿，将对方摔倒在地。（图12–3–18至图12–3–21）

2. 两腿抱膝摔

在格斗中，本方先左脚向前滑步，同时用左直拳虚晃，右直拳重击对方脸部；对方受击必上体后仰，露出下盘空当。此时，本方应抓住机会，右脚向前上步至对方裆部，两手从外向内环抱对方膝窝；同时上体前倾，右肩前顶，合力将对方摔倒。（图12–3–22至图12–3–24）

图 12-3-18

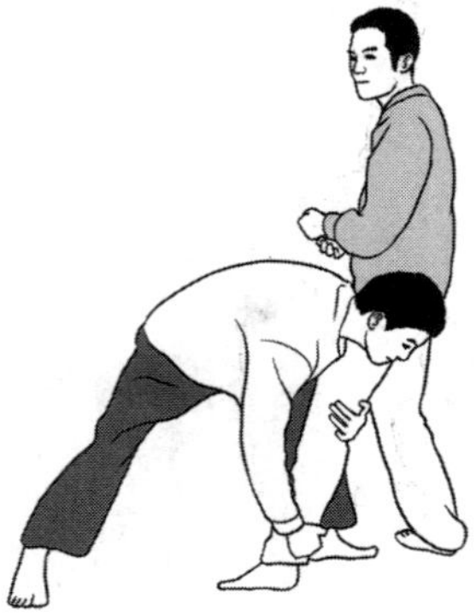
图 12-3-19

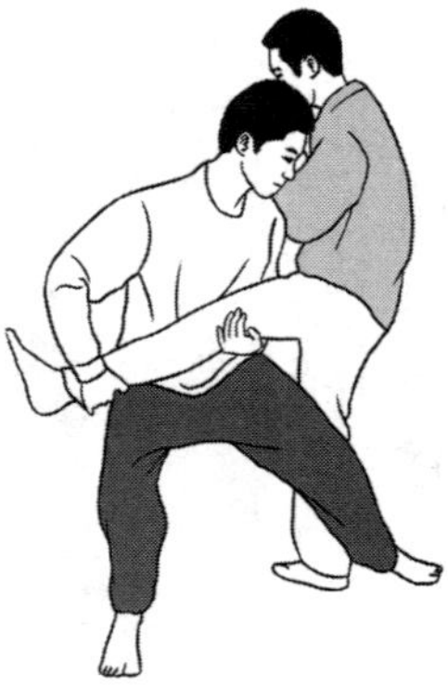
图 12-3-20

图 12-3-21

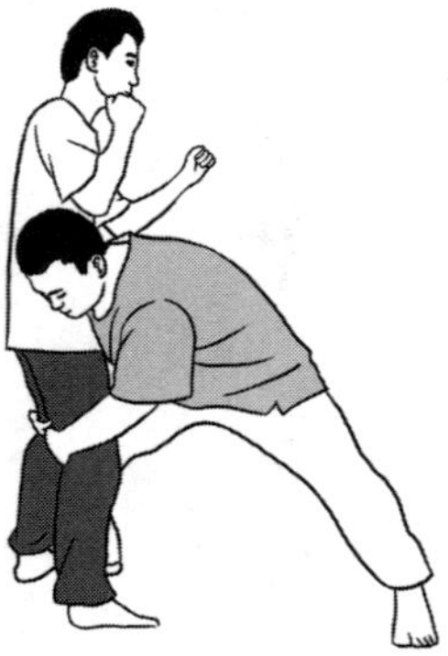
图 12-3-22

图 12-3-23

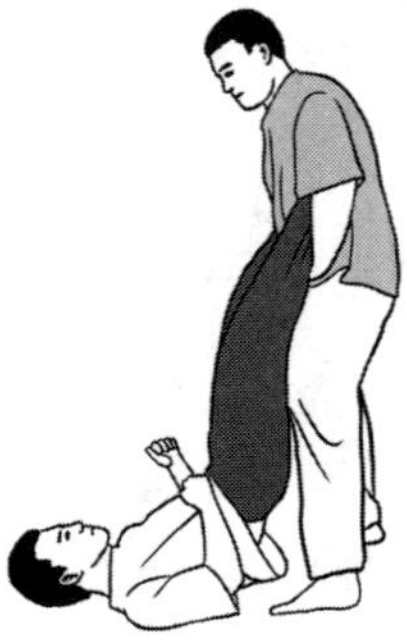
图 12-3-24

3. 拉臂过背摔

在格斗中，当对方以右摆拳攻击本方头部时，本方迅速左转身并以两手抓住对方手腕；紧接着本方向前方伸右脚，身体向左转 90° 将对方右臂紧贴于本方右肩上；然后两手向前拉，臀部向后上方顶，全身发力，将其背起摔于体前。（图12-3-25至图12-3-28）

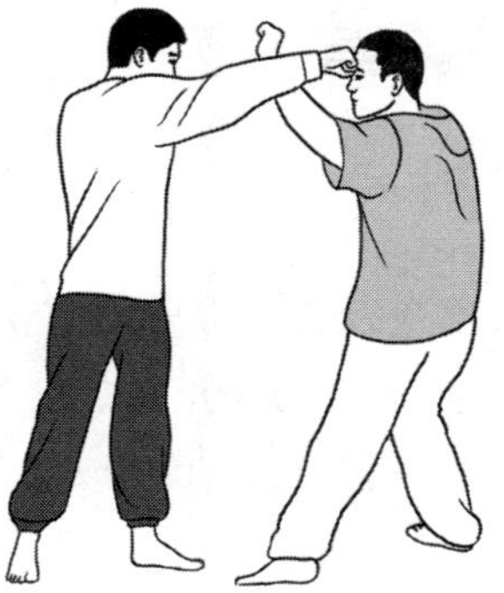

图 12-3-25

图 12-3-26

图 12-3-27

图 12-3-28

思政课堂

2017年全国青年武术散打锦标赛落下战幕

6月11日晚，在决出全部16个单项的名次后，2017年全国青少年武术散打锦标赛暨第九届亚洲青少年武术锦标赛选拔赛在浙江省湖州市吴兴区落幕。与往年青年武术散打赛事不同，本次赛事首次增设了10～13岁的少年组表演项目，为青少年散打项目的推广做出了大胆尝试。

本次赛事由国家体育总局武术运动管理中心、中国武术协会、浙江省体育局主办，共有来自全国46个参赛单位的442名运动员、教练员参加。比赛共设男子8个级别、女子4个级别及少年组4个级别。比赛采取单败淘汰赛，并遵循新规则和裁判法，提高了对拳、腿技术的重视程度，使比赛更加激烈、流畅。

赛事主办方为12～13岁的男孩设置了33公斤级和45公斤级的表演赛，为10～11岁男孩设置了28公斤级和36公斤级的表演赛，旨在进一步探索青少年武术散打运动发展方向，为今后政策的制定积累宝贵经验。赛事总裁判长表示，散打项目要求选手穿戴护具，规则也禁止选手使用反关节动作，因此安全性可以得到保障。

（资料来源：《中国体育报》，2017年6月13日，有删改）

任务四 跆拳道

一、跆拳道简介

跆拳道是一项利用拳脚进行搏击的对抗性运动项目。其主要内容包括品势、搏击(竞技与格斗)和功力检测3个部分。1995年 8 月，中国跆拳道协会正式成立。同年11月，中国跆拳道协会被世界跆拳道联盟接纳为正式会员。中国跆拳道队虽然成立较晚，但是经过众多教练员和运动员的不懈努力，已取得了斐然的成绩。

二、跆拳道基本技术

（一）实战姿势

左脚在前称为左势，右脚在前称为右势。以左势为例（图12-4-1），两脚前后开立，约与肩同宽，前脚掌斜向右前微内扣约 45°，后脚掌斜向右前内扣 30° ~ 60°，后脚脚跟抬起，膝关节微屈，保持弹性和灵活；身体自然直立，侧面对敌，左肩向前成 30° ~ 45° 角，前手低、后手高，成防御状态。

图 12-4-1

（二）基本手形及手法

（1）拳：四指节回屈并拢握紧，拇指内屈，紧贴食指和中指的第二关节处，拳面要平。（图12-4-2）

（2）冲拳：以腰部旋转带动肩部、手臂旋转出拳，放松手臂和拳。在击中目标的一刹那，突然加速用力握紧拳头，以拳面击中目标，力达拳面。

（3）手刀：四指并拢微屈，拇指屈曲贴紧食指，小指的外侧形成手刀，拇指的内侧形成刀背。手刀只局限于在品势、防身术中使用。（图12-4-3）

（4）贯手：手形和手刀相似，中指和食指微屈，基本保持四指尖齐平，拇指向掌内贴紧。（图12-4-4）

（5）二指贯手：伸展食指和中指呈“V”字形，拇指压紧无名指和小指第二指关节处。

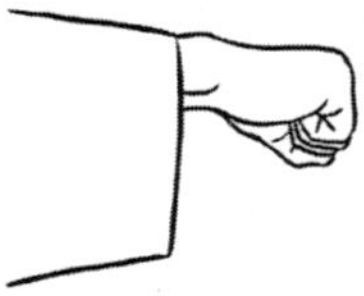
图 12-4-2

图 12-4-3

图 12-4-4

（三）基本步形及步法

1. 步形

（1）并步：两脚并拢，身体直立，两脚内侧贴紧并拢。（图12–4–5）

（2）开立步：两脚左右开立，与肩同宽；两脚尖稍微外展，两臂下垂于体前，两手轻握拳，身态自然。（图12–4–6）

（3）马步：两脚左右平行开立，间距约 3 倍于脚长；挺胸、立腰，上体正直；两膝关节微屈下蹲，重心在两脚之间。（图12–4–7）

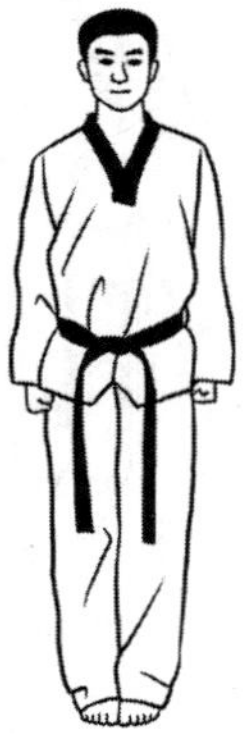

图 12–4–5

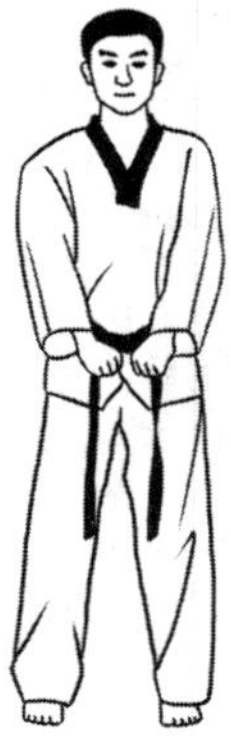

图 12–4–6

图 12–4–7

（4）弓步：两脚前后开立，间距约 3 倍于脚长；前腿屈膝，后腿伸直，后脚尖与前脚的延长线约成 30°角，前腿膝关节和脚面垂直，重心偏于前脚。（图12–4–8）

（5）前行步（也称为行走步、高前屈立）：两脚前后开立姿态和平时向前走路时相似，前后脚相距大约一脚长，重心移至两脚之间。（图12–4–9）

（6）三七步（也称为后屈立）：两脚前后相距一步，约2.5倍于脚长，后脚尖外展约 90°，后腿屈膝，前腿微屈膝，脚尖朝前，重心前后腿三七分。（图12–4–10）

图 12–4–8

图 12–4–9

图 12–4–10

（7）虚步（也称为猫足步）：两脚前后开立约1.5倍于脚长，后腿尖外展大约 90°，前

脚脚尖点地，脚跟抬起；两膝关节微内扣，重心在后腿上。（图12–4–11）

⑧独立步（也称为鹤立步）：一条腿直膝站立，脚尖外展约90°；另一条腿屈膝上提，脚贴于支撑腿内侧或膝窝处。（图12–4–12）

⑨交叉步（也称为十字步）：两腿交叉，两小腿贴紧。交叉步有后交叉步和前交叉步两种形式。后交叉步：一只脚向另一只脚后面插步，脚掌着地，两腿膝关节交叉。前交叉步：一只脚向另一只脚前面插步，脚掌着地，两腿膝关节交叉。（图12–4–13）

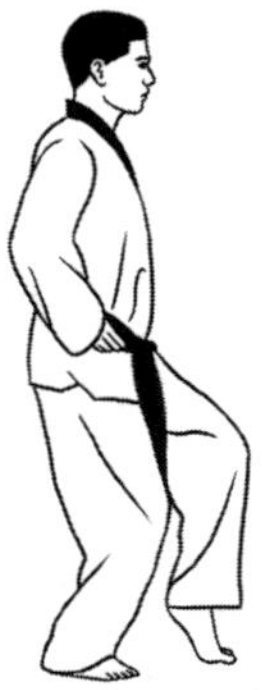

图 12–4–11

图 12–4–12

图 12–4–13

2. 步法

（1）前滑步与后撤步。前滑步：前脚先动，向前小距离迈步，后脚迅速跟进。注意：跟进时，有力且有弹性，而非被前脚拖进。后撤步动作同前滑步，但方向相反。

（2）前垫步与后垫步。前垫步：后脚先动，向前有力且有弹性地垫向前脚，同时前脚迅速向前小距离迈步，感觉就像后脚撞击前脚有弹性地前进。后垫步动作同前垫步，但方向相反。

（3）前进步和后退步。前进步：属于大距离前进的步伐；前脚后拉半步，后腿迅速越过前脚，交叉大跨步前进。后退步动作同前进步，但方向相反。

（4）侧闪步：和前滑步类似，区别在于侧闪步是向左右移动。向左移时则左脚先动，向右移时则右脚先动。此步伐用于左右闪躲，可配合攻击。

（四）基本腿法

1. 前踢

左势站立，右脚蹬地，身体重心前移至左脚。右脚蹬地，屈膝提起，左脚以前脚掌为轴外旋。同时，右腿迅速以膝关节为轴，伸膝、送髋、顶髋，小腿快速向前踢出，将力传到脚面。击打目标后，右腿迅速放松弹回，落回原地仍成左势实战姿势。（图12–4–14）

2. 横踢

左势站立，右脚蹬地，身体重心移至左脚，右腿屈膝上提。左脚前脚掌辗地内旋，旋转约180°，髋关节左转。同时，右腿膝关节向前抬至水平状态，肩、胯、膝关节成一条直线。小腿快速向左前横踢出。击打目标后迅速放松收回小腿，右脚落回成实战姿势。（图12–4–15）

图 12-4-14

图 12-4-15

3. 后踢

右势站立，重心移至右腿。以右脚尖为轴，脚跟外旋，身体向左后方转动；同时提起左大腿，使大、小腿几乎折叠，脚尖勾起，头部稍向左后方转动。左腿向后平伸、后蹬，在蹬直前，膝盖稍外翻（向左侧）。用脚跟部位击打对方腹部和胸部。击打后，左脚自然落下成左势。后撤左脚，还原成右势。（图12-4-16）

图 12-4-16

4. 下劈

右势站立，重心移至右腿。提起左腿，同时髋略转向右、向上送，左腿膝盖与胸部尽量贴近，身体重心向上。左脚高举过头，左腿伸直贴紧上体，上体保持正直或稍前俯。左脚脚面稍绷直，左腿快速下压（如刀劈木块一样），用脚掌或脚跟下砸对方的头部，身体重心前移至左腿，身体稍后仰来控制重心。击打后，左脚自然落下成左势。后撤左脚，还原成右势。（图12–4–17）

图 12–4–17

5. 侧踢

右势站立，重心移至右腿，同时以右脚前脚掌为轴，脚跟内旋。直线提起左腿，弯曲小腿，同时向右转髋，身体左侧侧对对方，膝盖向内，勾脚面，展髋，走直线，平蹬出左腿，用脚掌外侧攻击对方。击打后，左腿自然落下成左势。后撤左脚，还原成右势。（图12–4–18）

图 12–4–18

6. 旋风踢

右势站立，以右前脚掌为轴，脚跟外旋，重心移至右腿。身体左后转约 360°，左腿也随着向后转动。身体稍后仰，左腿下落的同时，右脚蹬地使用右腿横踢技术。击打后，两脚自然落下成右势。（图12–4–19）

图 12-4-19

7. 双飞踢

左势站立，重心移至右腿。提起左腿使用横踢，然后在左脚未落下时，立即提右腿使用横踢，即连续使用两个横踢。击打后，两脚自然落下，还原成左势。(图12-4-20)

图 12-4-20

三、跆拳道品势

跆拳道品势（又称“型”）是指练习者以技击为主要内容，通过攻守进退的动作编排，以强身健体、磨炼意志为目的一种练习形式。其分为初级品势和高级品势。初级品势有太极一章至太极八章；高级品势又分为高丽型、金刚型、太白型、平原型、十进型、地跆型、天拳型、汉水型、一如型。

太极一章　　太极二章

太极一章是跆拳道品势练习中最基础的套路。太极一章由18个动作组成，演示线就像一个“王”字。（图12-4-21）

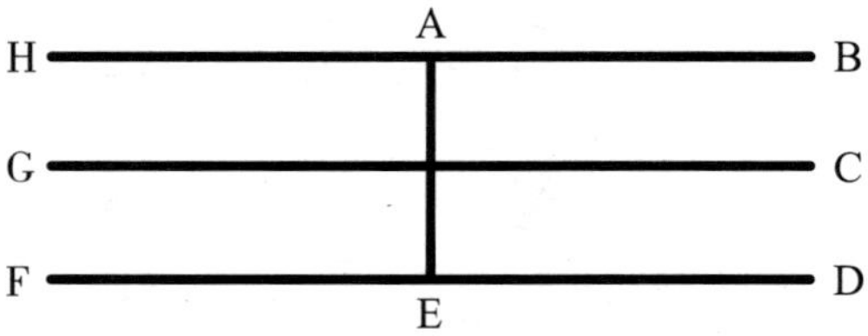

图 12-4-21

准备姿势：站于A方向位置（以下文中字母，均参见相应的演武线图）。（图12-4-22）两脚与肩同宽，自然站立，两手握拳屈臂于腹前约10厘米处，两拳间的距离大约也为10厘米，拳心向内。眼睛平视前方。（图12-4-23）

动作1：转身左下格挡。左转身体，左脚转向B方向（简称向B，以下同）成左前探步，左臂下截（防左下段），右拳回收腰侧。（图12-4-24）

动作2：上步右冲拳。右脚向B迈进一步成右前探步，右拳前冲拳（攻中段），左拳回收腰侧。（图12-4-25）

动作3：转身右下格挡。身体右转180°，右脚向H迈进一步成右前探步，右臂下截（防右下段）。（图12-4-26）

图 12-4-22

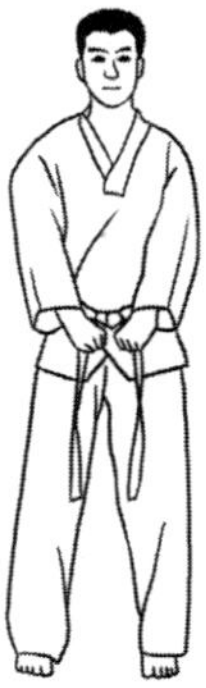

图 12-4-23

图 12-4-24

图 12-4-25

动作4：上步左冲拳。左脚向H迈进一步成左前探步，左拳前冲拳（攻中段），右拳回收腰侧。（图12–4–27）

动作5：左弓步下格挡。身体左转90°，左脚向E迈进成左弓步，左拳屈肘下截（防左下段），右拳回收腰侧。（12–4–28）

动作6：左弓步右冲拳。两脚不动，右拳前冲拳（攻中段），左拳回收腰侧。（图12–4–29）

动作7：上步左中格挡。左脚不动，右脚向G移步成右前探步，身体右转，左臂内格挡，拳心向上，右拳回收腰侧。（图12–4–30）

动作8：上步右冲拳。左脚向G迈进一步成左前探步，右拳前冲拳（攻中段），左拳回收腰侧。（图12–4–31）

图 12–4–26

图 12–4–27

图 12–4–28

图 12–4–29

动作9：转身右中格挡。身体向C转180°，左脚向C迈进一步成左前探步，右臂屈肘向内格挡。（图12–4–32）

动作10：上步左冲拳。右脚向C迈进成右前探步，左拳前冲拳（攻中段），右拳回收腰侧。（图12–4–33）

图 12–4–30

图 12–4–31

图 12–4–32

图 12–4–33

动作11：右弓步右下格挡。以左脚为轴，身体右转，右脚向E移步成右弓步，右臂屈肘上抬至左肩，然后向下截拳（防右下段），左拳回收腰侧。（图12-4-34）

动作12：右弓步左冲拳。两脚不动，左拳前冲拳（攻中段），右拳回收腰侧。（图12-4-35）

动作13：上步左上格挡。身体左转，左脚向D移步成左前探步，左臂屈肘上架（上段），置于额前，拳心朝外。（图12-4-36）

动作14：右前踢右冲拳。右脚前踢，两臂下截，置于体侧。右腿下落成右前探步，右拳前冲拳（攻中段），左拳回收腰侧。（图12-4-37至图12-4-39）

动作15：转身右上格挡。以左脚为轴，身体右后转，右脚向F移步成右前探步，右臂屈肘上架（防右上段），置于额前，拳心朝外。（图12-4-40）

动作16：左前踢左冲拳。左脚前踢，两臂下截，置于体侧。左腿下落成左前探步，左拳前冲拳（攻中段），右拳回收腰侧。（图12-4-41至图12-4-43））

图 12-4-34

图 12-4-35

图 12-4-36

图 12-4-37

图 12-4-38

图 12-4-39

图 12-4-40

图 12-4-41

图 12-4-42

图 12-4-43

动作17：上步左下格挡。以右脚为轴，身体右转，左脚向A移步成左弓步，左臂屈肘上抬至右肩，然后向下截拳（防左下段），右拳回收腰侧。（图12-4-44）

动作18：上步右冲拳。右脚向A迈进一步成右弓步，右拳前冲拳（攻中段）并发声，左拳回收腰侧。（图12-4-45）

收势：以右脚为轴，身体左后转，左脚向后撤与右脚平行，两手握拳屈臂于腹前成准备姿势。（图12-4-46、图12-4-47）

图 12-4-44

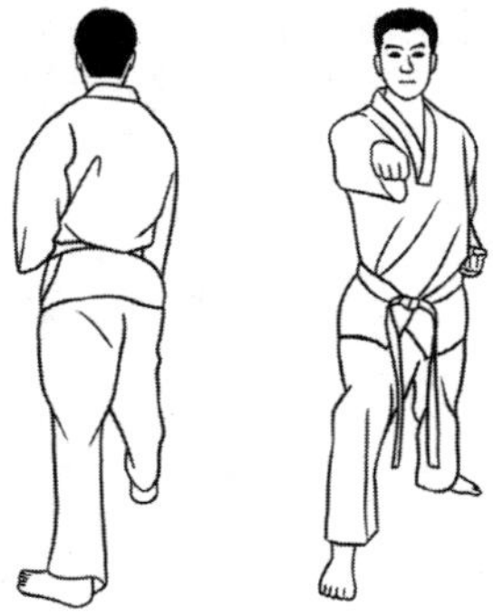

图 12-4-45

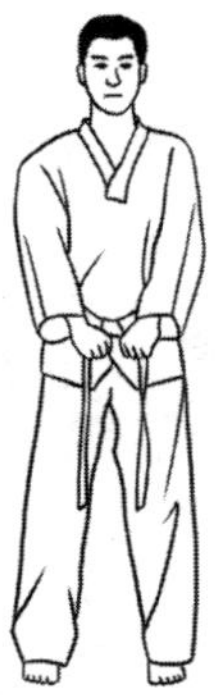

图 12-4-46

图 12-4-47

思政课堂

跆拳道第五个比赛日——中国队收获一金一银一铜

8月2日，第31届世界大学生夏季运动会（简称大运会）跆拳道项目在四川大学望江校区继续进行。中国队运动员徐蕾以2：0战胜伊朗队的阿纳希塔·塔瓦科利，夺得成都大运会跆拳道女子73公斤以上级冠军。

徐蕾在第一回合中尽显力量和身高优势，以11：2的大比分轻松获胜。第二回合，阿纳希塔·塔瓦科利强化防守，找准机会，多次依靠近身击打得分，不过徐蕾的实力显然更加强劲，最后徐蕾以7：6有惊无险地拿下第二回合，最终收获冠军，阿纳希塔·塔瓦科利获得银牌。

在其他项目比赛中，崔阳在男子74公斤级决赛中不敌伊朗选手米尔哈舍姆·胡塞尼，收获银牌。刘贵成在男子87公斤级半决赛中不敌土耳其运动员埃姆雷·阿特斯利，收获铜牌。

（资料来源：《中国体育报》，2023年8月2日，有删改）

项目十三

传统养生功法

任务一　五禽戏

一、五禽戏简介

五禽戏是东汉名医华佗根据古代导引、吐纳、熊经、鸟伸之术，研究了虎、鹿、熊、猿、鸟五禽的活动特点，并结合人体脏腑、经络和气血的功能，编制的一套具有民族风格特色的导引术。五禽戏寓医理于动作之中，寓保健康复效益于生动形象的“戏”之中，这是五禽戏区别于其他导引术的显著特征。

二、五禽戏手形介绍

（1）虎爪：五指张开，虎口撑圆，第一、第二指关节弯曲下扣。（图13–1–1）

（2）鹿指：拇指向外撑开、伸直，食指、小指伸直，中指、无名指弯曲内扣。（图13–1–2）

（3）熊掌：五指弯曲，拇指扣压食指第一指节，其他四指并拢弯曲，虎口撑圆。（图13–1–3）

（4）猿勾：五指指腹捏拢，屈腕。（图13–1–4）

（5）鸟翅：五指伸直，拇指、食指、小指向上翘起，中指、无名指并拢向下。（图13–1–5）

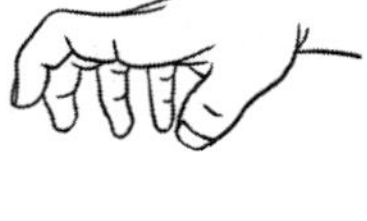
图 13–1–1

图 13–1–2

图 13–1–3

图 13–1–4

图 13–1–5

三、五禽戏动作方法

（一）预备姿势

（1）并步直立，两手自然垂于体侧。（图13–1–6）

（2）左脚向左平开一步，稍宽于肩，两膝微屈；两臂上抬，与胸同高，掌心向上。（图13–1–7）

（3）屈肘内收，掌心向内。（图13–1–8）

（4）两掌下按至腹前。（图13–1–9）

注意：重复动作（2）、动作（3）3遍后，两手自然垂于体侧，目视前方。（图13–1–10）

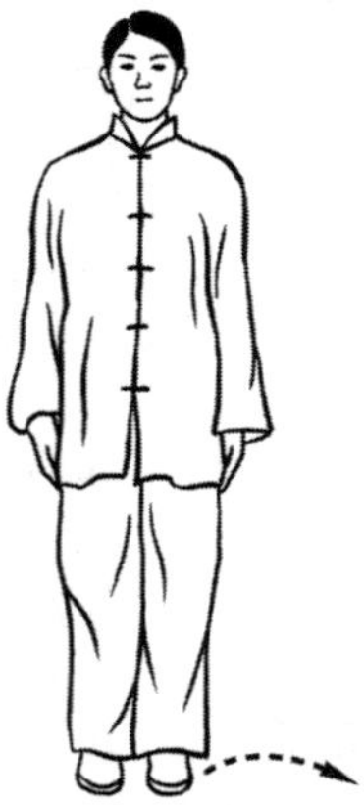

图 13–1–6

图 13–1–7

图 13–1–8

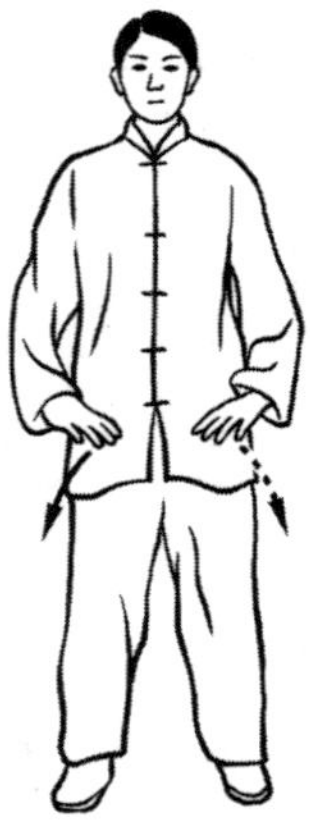

图 13–1–9

图 13–1–10

（二）第一戏　虎戏

第一式　虎举

（1）手心向下，十指张开，再弯曲成虎爪；目视两掌。（图13–1–11）

（2）两臂外旋，小指先弯曲，其余四指依次弯曲握拳。

（3）两拳上提至肩前，目视两拳。（图13–1–12）

（4）十指张开，举至头上方再成虎爪。（图13–1–13）

（5）两手外旋握拳，拳心相对；目视两拳。

（6）两拳下拉至肩前，变掌下按于腹前。（图13–1–14、图13–1–15）

注意：重复动作（1）至动作（6）3遍后，两手自然垂于体侧，目视前方。（图13–1–16）

图 13–1–11

图 13–1–12

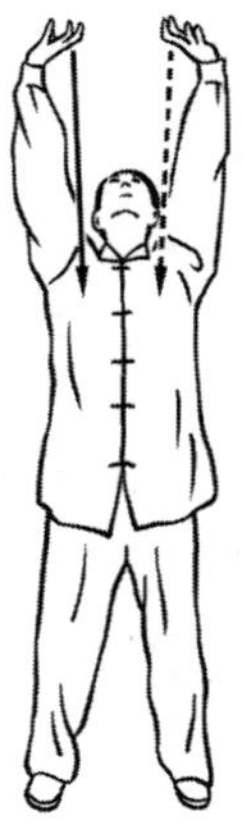

图 13–1–13

图 13-1-14

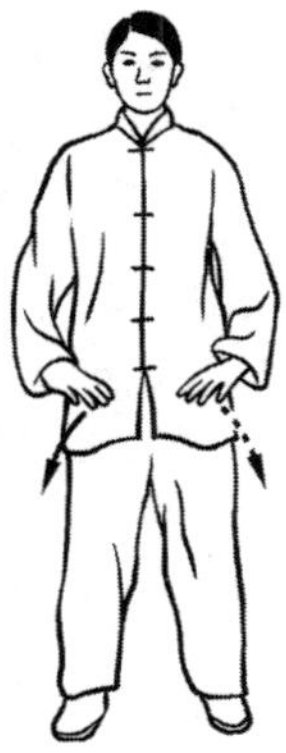
图 13-1-15

图 13-1-16

第二式　虎扑

（1）两手握空拳，沿身体两侧上提至肩前上方。（图13-1-17）

（2）两手向上、向前画弧至头上方成虎爪，上身稍后仰。

（3）上体前俯，虎爪向前、向下扑出至水平；目视前方。（图13-1-18）

（4）屈膝下蹲，两手画弧至膝两侧；目视前下方。（图13-1-19）

（5）伸膝、送髋、挺腹、后仰，同时，两手握空拳、沿体侧上提至胸侧；目视前上方。（图13-1-20）

（6）左腿提膝，两手上举。（图13-1-21）

（7）左脚向前迈步，脚跟着地，右腿屈膝；两拳变虎爪向前、向下扑至膝两侧。（图13-1-22）

（8）上体抬起，左脚收回，开步站立，两手自然垂于体侧；目视前方。（图13-1-23）

注意：右势动作同左势，但方向相反；一左一右为1遍，共3遍。完成后，两手侧起调息1次。（图13-1-24、图13-1-25）

图 13-1-17

图 13-1-18

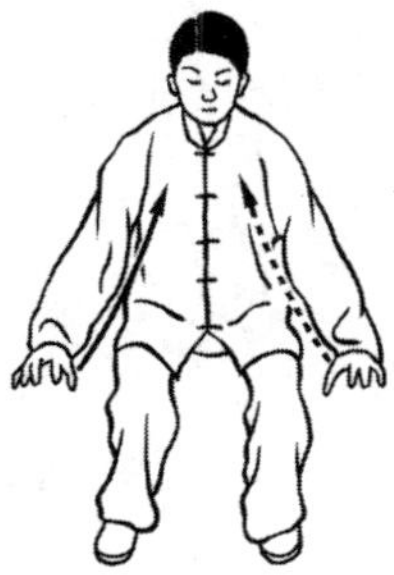
图 13-1-19

图 13-1-20

图 13-1-21

图 13-1-22

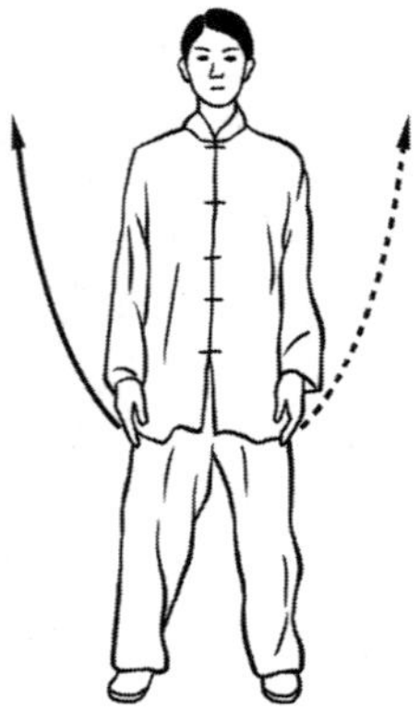

图 13-1-23

图 13-1-24

图 13-1-25

（三）第二戏　鹿戏

第一式　鹿抵

（1）右腿屈膝，重心右移，左脚向左前方迈出，脚跟着地；两手握空拳，朝右侧上抬至与肩同高。（图13-1-26）

（2）重心前移，左脚尖外展成左弓步，身体左转，两手变鹿指向上、向左、向后摆；目视右脚。（图13-1-27）

（3）身体右转，收左脚成开立步，两手向上、向右、向下摆，还原空拳下落于体前。（图13-1-28）。

注意：右势动作同左势，但方向相反；一左一右为1遍，共3遍。

图 13-1-26

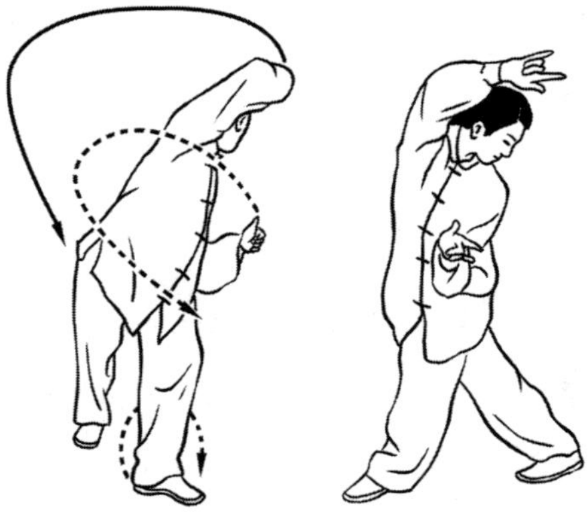

图 13-1-27

图 13-1-28

第二式　鹿奔

（1）左腿屈膝提起，两手上提至腰间，握空拳。

（2）左脚向前蹬出，两手继续上提至胸侧。

（3）左脚下落成左弓步，两拳前伸至与肩同高，屈腕。（图13-1-29）

（4）重心后移，左腿伸直，两臂内旋，变鹿指，手背相对，低头，弓背，收腹。（图13-1-30）

（5）上体抬起，重心前移成左弓步，臂外旋，还原成空拳。（图13-1-31）

（6）收左脚成开立步，拳变掌回落至体侧。（图13-1-32）

注意：右势动作同左势，但方向相反；一左一右为1遍，共3遍。完成后，两手侧起调息1次。（图13-1-33、图13-1-34）

图 13-1-29

图 13-1-30

图 13-1-31

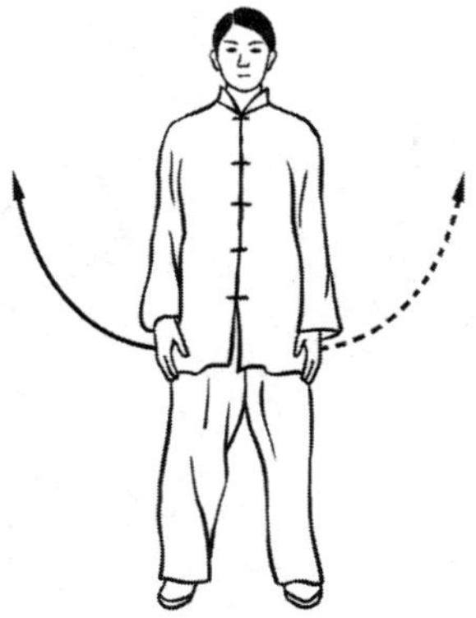

图 13-1-32

图 13-1-33

图 13-1-34

（四）第三戏　熊戏

第一式　熊运

（1）两掌握空拳成熊掌，置于下腹部；目视两拳。（图13-1-35）

（2）以腰、腹为轴，上体做顺时针摇晃；两拳随上体顺时针沿右肋部、上腹部、左肋部、下腹部画圆；两眼随上体摇晃环视。（图13-1-36至图13-1-38）

（3）沿顺时针画圆，左右各做3遍。

（4）两拳变掌垂放于体侧。

图 13-1-35

图 13-1-36

图 13-1-37

图 13-1-38

第二式　熊晃

（1）重心右移，左髋上提，左腿屈膝提起，两掌握空拳成熊掌。（图13-1-39）

（2）左脚向左前方落地成左弓步；左臂内旋前靠至左膝前上方，右臂摆至体后。（图13-1-40）

（3）身体左转，重心后移，拧腰晃肩，右臂前摆，左臂后摆。（图13-1-41）

（4）身体右转，重心前移，左腿屈膝，左臂前摆，右臂后摆。（图13-1-42）

注意：右势动作同左势，但方向相反。一左一右为1遍，共3遍。完成后，左脚上步成开立步，两臂自然下垂，两手侧起调息1次。

图 13-1-39

图 13-1-40

图 13-1-41

图 13-1-42

（五）第四戏　猿戏

第一式　猿提

（1）两掌摆至体前，手背相对。（图13-1-43）

（2）两掌同时外旋，抓拢成猿勾。（图13-1-44）

（3）两勾上提，耸肩缩颈，脚跟提起；目视左侧。（图13-1-45）

（4）头转正，勾手变掌，下按至体侧。

注意：右势动作同左势，但方向相反。一左一右为1遍，共3遍。

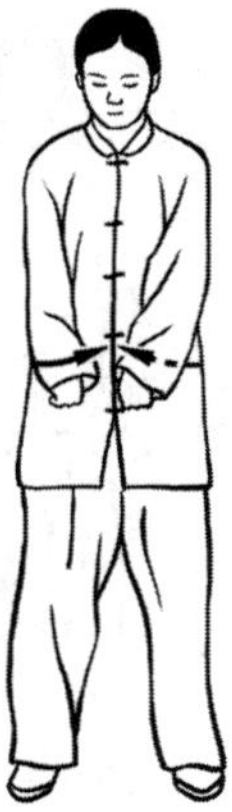

图 13–1–43

图 13–1–44

图 13–1–45

第二式　猿摘

（1）左脚向左后方撤步，右掌向右前方摆出，左掌变猿勾，收于左腰侧。（图13–1–46）

（2）重心后移，右脚收回，同时脚尖点地成丁步，右掌向下画至头左侧。（图13–1–47）

（3）右掌翻掌下按于左髋侧；目视右掌。（图13–1–48）

（4）右脚向右前方迈出，重心上移；右掌画至右上侧变猿勾，左掌向上伸出，屈腕成猿勾。（图13–1–49）

（5）重心后移，左勾握牢屈肘下收，右勾变掌下画。（图13–1–50）

（6）右脚收回成丁步，左拳收至左耳侧变掌，呈托桃状，右掌画至左肘下捧托。（图13–1–51）

注意：右势动作同左势，但方向相反。一左一右为1遍，共3遍。完成后，左脚还原成开立步，两掌下按放于体侧，两手侧起调息1次。（图13–1–52）

图 13–1–46

图 13–1–47

图 13–1–48

图 13–1–49

图 13-1-50

图 13-1-51

图 13-1-52

（六）第五戏　鸟戏

第一式　鸟伸

（1）两腿屈膝下蹲，两掌叠于腹前。（图13-1-53）

（2）两掌上举至头前上方，身体微微前倾。（图13-1-54）

（3）两腿屈膝下蹲，两掌相叠下按至腹前。（图13-1-55）

（4）重心右移，右腿蹬直，左腿伸直朝后抬起；两掌变鸟翅状向两侧分开。（图13-1-56）

注意：右势动作同左势，但方向相反。一左一右为1遍，共3遍。

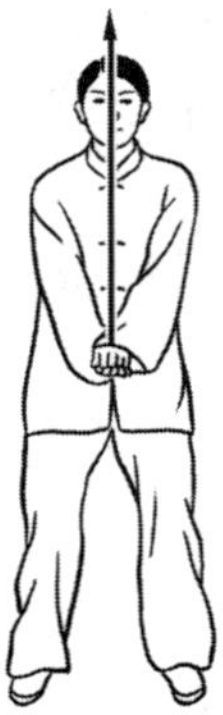

图 13-1-53

图 13-1-54

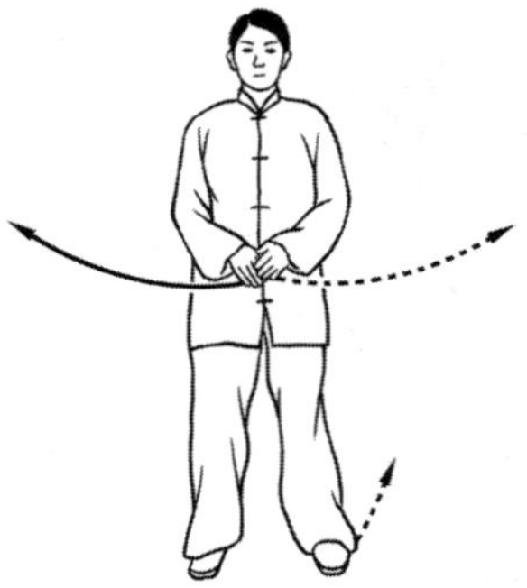

图 13-1-55

图 13-1-56

第二式　鸟飞

（1）右脚下落成开立步，屈膝半蹲，两掌以鸟翅状合于腹前。（图13-1-57）

（2）右腿直立，左腿提膝独立，两掌上摆至侧平举。（图13-1-58）

（3）右腿屈膝，左脚尖点地，两掌以鸟翅状合于腹前。（图13-1-59）

（4）右腿直立，左腿提膝独立，两掌上摆至头上方，手背相对。（图13-1-60）

（5）左脚下落成开立步，两腿微屈，两掌合于腹前。（图13-1-61）

注意：右势动作同左势，但方向相反。一左一右为1遍，共3遍。完成后两腿直立，两掌自然放于体侧，两手侧起调息1次。

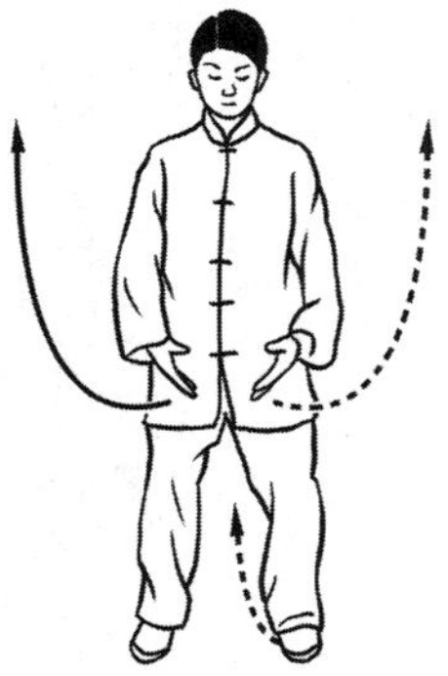

图 13-1-57

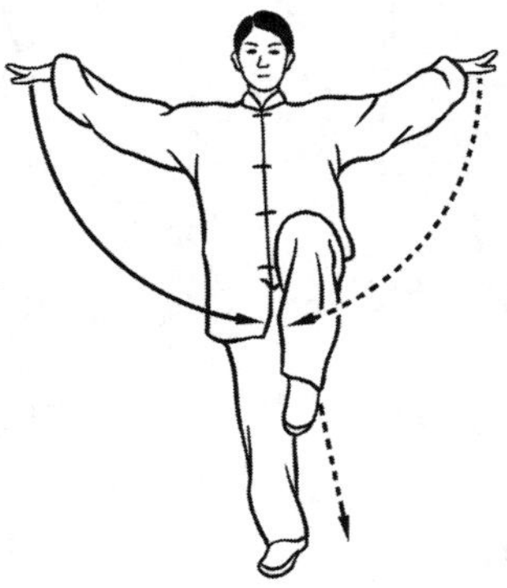

图 13-1-58

图 13-1-59

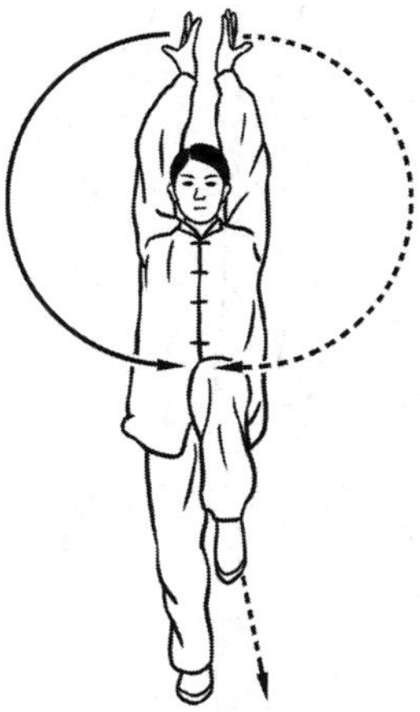

图 13-1-60

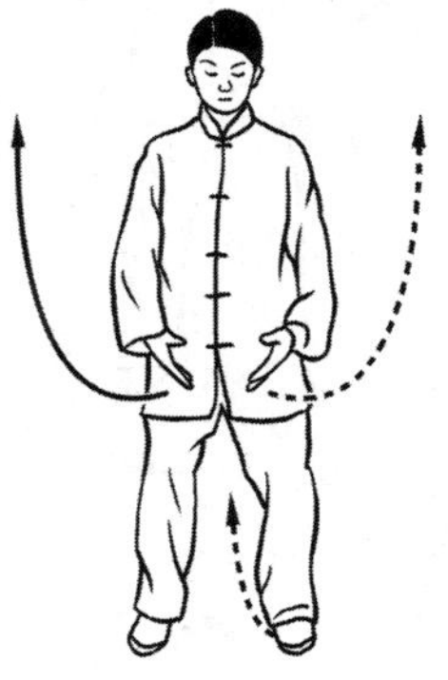

图 13-1-61

（七）收势

（1）两掌从体侧上摆至头顶上方，掌心向下。（图13-1-62、图13-1-63）

（2）屈肘下按至腹前，目视前方。（图13-1-64）

（3）两掌从斜下侧起，内旋，掌心朝后。

（4）两臂外旋，向前合抱。（图13-1-65）

（5）两掌相叠，放于下腹部；两眼微闭。（图13-1-66）

（6）数分钟后，睁眼，两手合掌，在胸前搓热。（图13-1-67）

（7）掌贴面部，由下至上浴面3次。（图13-1-68）

（8）两掌向后沿头顶、耳后、胸前下落于体侧，目视前方。（图13-1-69）

（9）收左脚，并步直立。（图13-1-70）

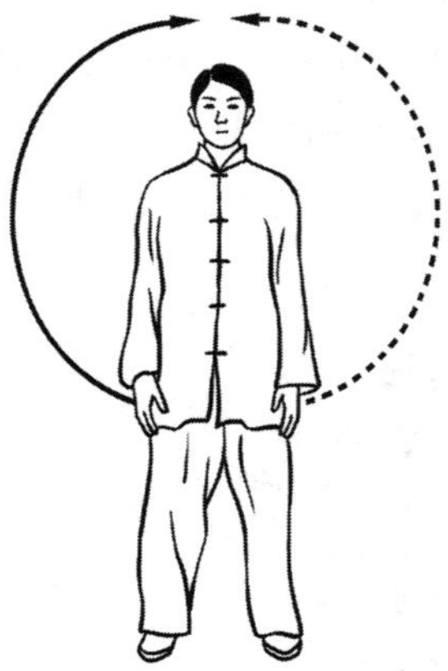

图 13-1-62

图 13-1-63

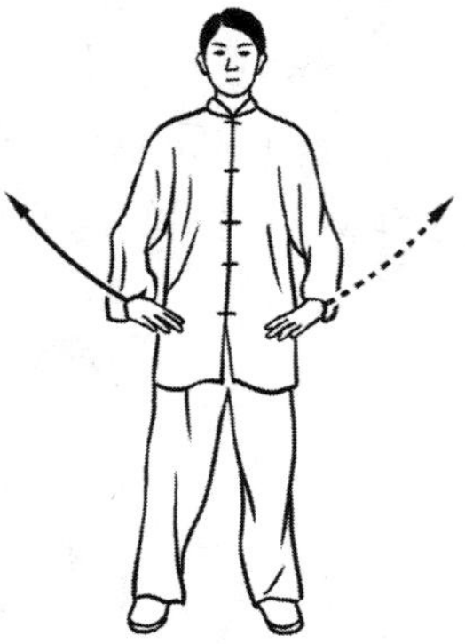

图 13-1-64

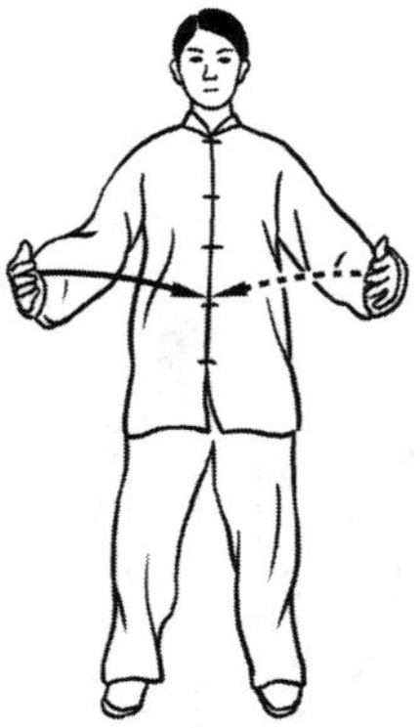

图 13-1-65

图 13-1-66

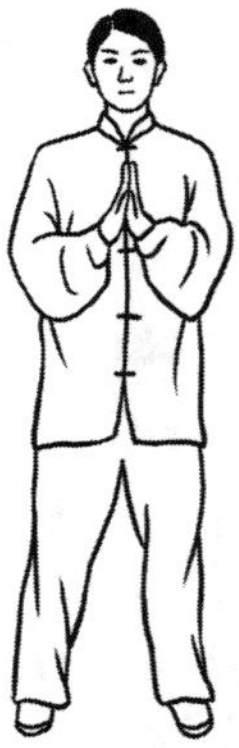

图 13-1-67

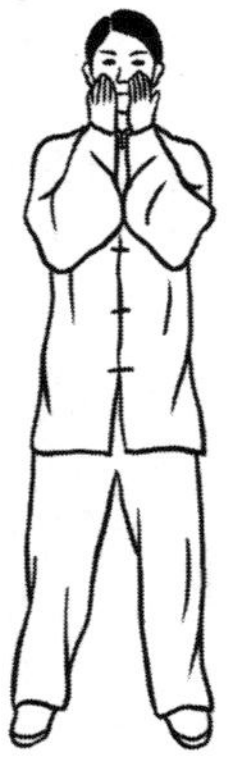

图 13-1-68

图 13-1-69

图 13-1-70

思政课堂

安徽亳州加强校园五禽戏普及

日前，在安徽省亳州市谯城区风华桐乡路小学操场上，一级社会体育指导员张萍、邵蕴辉正在对学校五、六年级的1600余名师生进行校园五禽戏小学版教学指导。社会体育指导员从校园五禽戏的渊源、基本手形、基本步形到习练要领，对每个动作都进行了细致入微的分析和讲解。

在社会体育指导员的耐心指导下，学生把老虎的威猛气势、鹿的轻捷奔放、熊的憨厚沉稳、猿的灵活敏捷、鸟的挺拔轻盈模仿得淋漓尽致。整个教学过程生动有趣，学生学得兴趣盎然，在欢声笑语中，学习到了校园五禽戏的理论知识和功法技能，体会到了中华传统文化的博大精深。

亳州市谯城区风华桐乡路小学体育组负责老师表示，今后将继续组织全校师生学练校园五禽戏，并将积极参加相关培训和比赛，希望在促进学生身体健康的同时传承中华传统文化。

（资料来源：《中国体育报》，2023年6月6日，有删改）

任务二　六字诀

一、六字诀简介

六字诀是一套简单易学、功效显著、风格独特的健身气功功法。六字诀是以呼吸吐纳为主，同时配合嘘（xū）、呵（hē）、呼（hū）、呬（sī）、吹（chuī）、嘻（xī）6种独特的吐音方法，并辅以相应简单的肢体动作和意念，来调整肝、心、脾、肺、肾、三焦乃至全身的气脉运行，达到调节心理、强壮脏腑、柔筋健骨等强身健体、养生康复的目的。

二、六字诀动作方法

（一）嘘字诀

口形：唇齿微张，嘴角后引，口唇微微用力拉“扁”。槽牙上下平对，中间留有空隙，舌尖放平，舌体微微后缩，舌两边与槽牙之间也留有空隙。

体会气息：保持上述口形，不要发音而呼气外出，体会气息主要是从槽牙间、舌两边的空隙中经过两嘴角而呼出体外的。这时口中发出的声音特别接近“嘘”的声音。

练功时，由于吐气时要求发声，气息就会变得更细，反而不容易体会到气息的流动，但这却更符合练功对气息“匀、细、柔、长”的要求。

对于其他几个字诀，也是同样的道理，所以练习者要细心揣摩和体会。

（二）呵字诀

口形：唇齿微张，舌体微微后缩并上拱，舌体后部两边轻贴上槽牙。

体会气息：保持上述口形，不要发音而呼气外出，体会气息主要是从舌面与上颚之间缓缓呼出体外的。这时口中发出的声音特别接近“呵”的声音。

（三）呼字诀

口形：唇齿张开，口唇撮圆前伸，舌两侧上卷。

体会气息：保持上述口形，不要发音而呼气外出，体会气息从喉部出来后，在口腔中形成一股中间气流，经撮圆的口唇中间慢慢呼出体外。这时口中发出的声音特别接近“呼”的声音。

（四）呬字诀

口形：牙齿合拢，口唇微张，上下门牙对齐，舌尖放平并轻抵下齿，嘴角微微后引。

体会气息：保持上述口形，不要发音而呼气外出，体会气息主要是从前部牙齿的缝隙中间慢慢呼出体外的。这时口中发出的声音也特别接近“呬”的声音。

（五）吹字诀

口形：吹字诀是六字诀中最复杂的一个，因为只有吹字诀的口形是动态的。为便于掌握，我们把它分解成三步来进行练习：

第一步，舌尖轻轻抵在上齿内侧，两唇和牙齿稍微张开，发出拼音“ch”（吃）的声音。

第二步，把张开的两唇稍微闭合，舌尖放平，发出拼音“u”（乌）的声音。

第三步，把两唇再稍微张开一些，同时舌尖轻轻抵在下齿内侧，发出拼音“i”（衣）的声音。

吹字诀就是把这三步连起来发音。

体会气息：由于吹字诀的口形是动态的，它的气息流动也最富有变化。归纳起来，体会气息主要是从喉部出来后，经舌的两边绕舌下，再经唇间缓缓呼出体外的。

（六）嘻字诀

口形：牙齿合拢，口唇微张，上下门牙对齐，槽牙上下轻轻咬合，舌尖放平并轻抵下齿，嘴角微微后引。

体会气息：保持上述口形，不要发音而呼气外出，体会气息主要是从后部牙齿的缝隙中间经嘴角而慢慢呼出体外的。这时口中发出的声音也特别接近“嘻”的声音。

思政课堂

全国健身气功走基层专家巡讲走进安徽

为进一步传承发扬传统体育项目和中华传统体育文化，让更多的群众掌握运动技能和科学健身的方法，全国健身气功走基层专家巡讲活动在安徽省广德市和金寨县举办，两地共有300多名学员参加。

本次走基层专家巡讲活动选派了重庆工商大学童世敏、内蒙古师范大学张彩琴、武汉体育大学项汉平3位健身气功专家为学员讲授健身气功理论及运动处方，指导五禽戏、六字诀和马王堆导引术等功法。除了集中教学之外，专家还利用早操时间走进基层社区3个健身气功站点为群众答疑解惑，讲解示范，重点纠正群众在练功中长期存在的错误动作，与站点广大群众开展交流。活动通过理论讲座、站点指导功法技术等多种形式，帮助基层群众解决在练功过程中遇到的疑难问题，从而推广普及健身气功，传递健康理念，以期惠及更多的民众。

（资料来源：《中国体育报》，2023年6月8日，有删改）

任务三　八段锦

一、八段锦简介

八段锦是一套独立而完整的健身功法。其起源于北宋，有800多年的历史。古人把这套动作比喻为“锦”。现代的八段锦在内容上和名称上均有所改变。此功法分为八段，每段一个动作，故名为八段锦。

八段锦的功法特点：柔和缓慢，圆活连贯；松紧结合，动静相兼；神与形合，气寓其中。

八段锦的习练要领：松静自然，准确灵活，练养相兼，循序渐进。

二、八段锦动作方法

（一）预备姿势

（1）两脚并步站立，两臂自然垂于体侧，身体中正；目视前方。（图13–3–1）

（2）随着松腰、沉髋，身体重心移至右腿；左脚向左侧开步，脚尖朝前，约与肩同宽；目视前方。（图13–3–2）

（3）两臂内旋，两掌分别向两侧摆起，摆到与髋同高，掌心向后；目视前方。（图13–3–3）

（4）上动不停，两腿膝关节稍屈；同时，两臂外旋，向前合抱于腹前呈圆弧形，与脐同高，掌心向内，两手指间距约 10 厘米；目视前方。（图13–3–4）

图 13–3–1

图 13–3–2

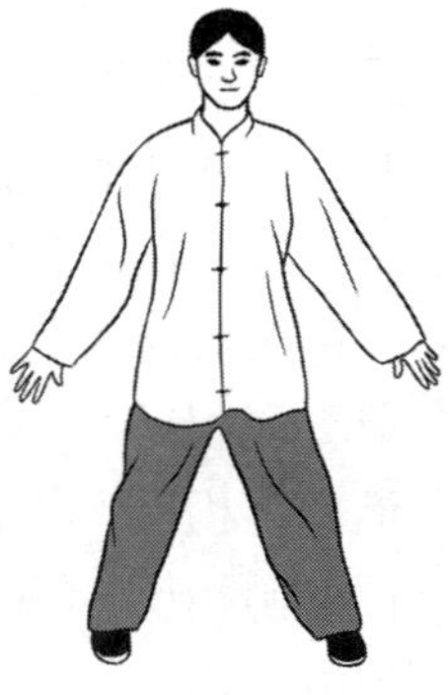
图 13–3–3

图 13–3–4

（二）第一式　两手托天理三焦

（1）接上式。两臂外旋微下落，两掌五指分开于腹前交叉，掌心向上；目视前方。（图13–3–5）

（2）上动不停，两腿缓慢挺膝伸直；同时，两掌上托至胸前，随之两臂内旋向上托起，掌心向上，抬头；目视两掌。（图13–3–6）

（3）上动不停，两臂继续上托，肘关节伸直；同时，下颌内收，动作略停；目视前方。（图13–3–7）

（4）身体重心缓缓下降，两腿膝关节微屈；同时，十指慢慢分开，两臂分别向身体两侧下落，两掌捧于腹前，掌心向上；目视前方。（图13–3–8）

注意：本式上托下落为1遍，共做6遍。

图 13–3–5

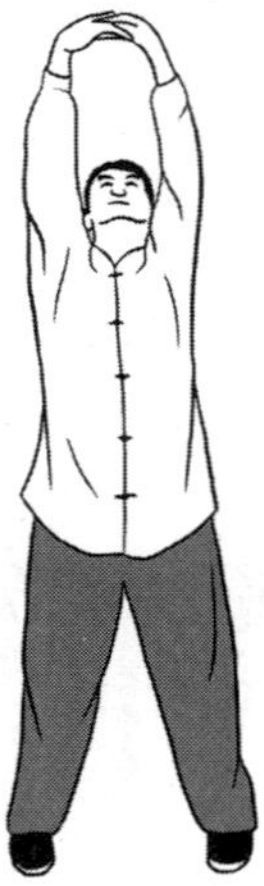

图 13–3–6

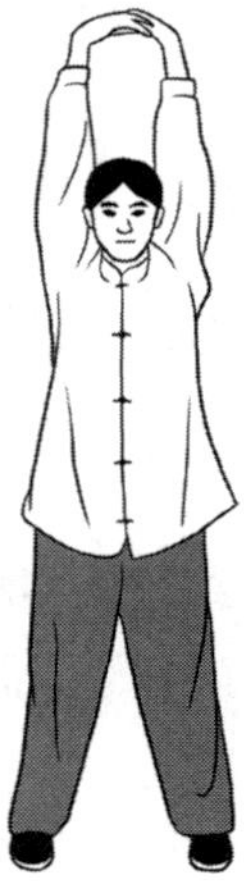

图 13–3–7

图 13–3–8

（三）第二式　左右开弓似射雕

（1）接上式。身体重心右移；左脚向左侧开步站立，两腿膝关节自然伸直；同时，两掌向上交叉于胸前，左掌在外，右掌在内，两掌心向内；目视前方。（图13–3–9）

（2）两腿慢慢屈膝半蹲成马步；同时，右手成爪，向右拉至肩前；左手成“八”字掌，左臂内旋向左侧推出，与肩同高，坐腕，掌心向左，食指指尖向上，如拉弓射箭之势，动作略停；目视左掌。（图13–3–10）

（3）身体重心向右移；同时，右手五指伸开成掌，向上、向右画弧，与肩同高，指尖向上，掌心斜向前；左手指伸开成掌，掌心斜向后；目视右掌。（图13–3–11）

（4）上动不停，重心继续右移；左脚收回成并步站立；同时，两掌向两侧下落，捧于腹前，指尖相对，掌心向上；目视前方。（图13–3–12）

（5）动作要领同（1），但方向相反。（图13–3–13）

（6）动作要领同（2），但方向相反。（图13–3–14）

（7）动作要领同（3），但方向相反。（图13–3–15）

（8）动作要领同（4），但方向相反。（图13–3–16）

注意：本式一左一右为 1 遍，共做 3 遍。做第 3 遍最后一步时，身体重心继续向左移；右脚向右侧开步站立，与肩同宽，屈膝下蹲，两掌不变；目视前方。（图13–3–17）

图 13–3–9

图 13–3–10

图 13–3–11

图 13–3–12

图 13–3–13

图 13–3–14

图 13–3–15

图 13–3–16

图 13–3–17

（四）第三式　调理脾胃须单举

（1）接上式。两腿慢慢伸直；同时，左掌上托，左臂外旋上穿经面前，随之手臂内旋上举至头左上方，肘关节微屈，力达掌根，掌心向上，手指向右；同时，右掌微上托，随之手臂内旋下按至右髋旁，肘关节微屈，力达掌根，掌心向下，手指向前，动作略停；目视前方。（图13–3–18）

（2）松腰、沉髋，身体重心慢慢下降，两腿膝关节微屈；同时，左臂屈肘外旋，左掌经面前下落于腹前，掌心向上；右臂外旋向上捧于腹前，两掌指尖相对，相距约 10 厘米，掌心向上；目视前方。（图13–3–19）

（3）动作要领同（1），但方向相反。（图13–3–20）

（4）动作要领同（2），但方向相反。（图13–3–21）

注意：本式一左一右为 1 遍，共做 3 遍。做第 3 遍最后一步时，两腿膝关节微屈；同时，两臂屈肘，两掌下按于两髋旁，掌心向下，指尖向前；目视前方。（图13–3–22）

图 13–3–18　图 13–3–19　图 13–3–20　图 13–3–21　图 13–3–22

（五）第四式　五劳七伤往后瞧

（1）接上式。两腿慢慢伸直；同时两臂伸直，掌心向后，手指向下。上动不停，两臂充分外旋，掌心向外；头左后转，动作略停；目视左斜后方。（图13–3–23、图13–3–24）

（2）松腰、沉髋，身体重心慢慢下降，两腿膝关节微屈；同时，两臂内旋，两手按于两髋旁，掌心向下，指尖向前；目视前方。（图13–3–25）

（3）动作要领同（1），但方向相反。（图13–3–26、图13–3–27）

（4）动作要领同（2），但方向相反。（图13–3–28）

注意：本式一左一右为 1 遍，共做 3 遍。做第 3 遍最后一步时，两腿膝关节微屈；同时，两掌捧于腹前，指尖相对，掌心向上；目视前方。（图13–3–29）

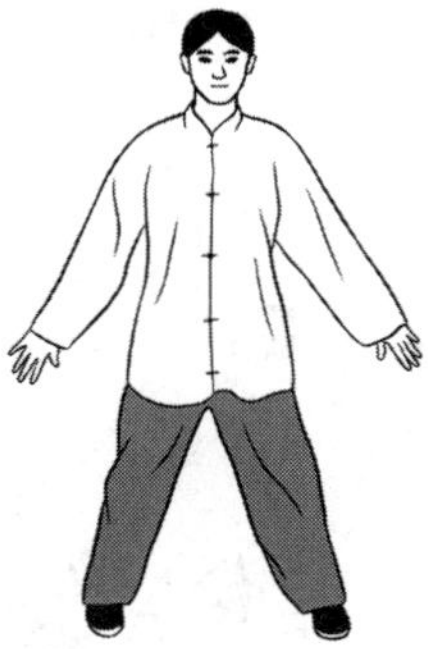
图 13-3-23

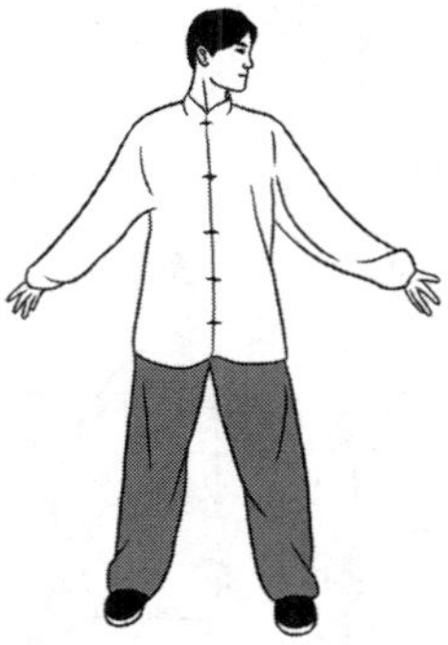
图 13-3-24

图 13-3-25

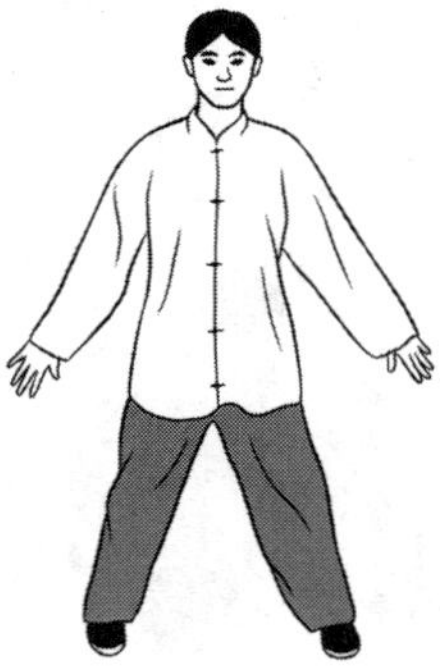
图 13-3-26

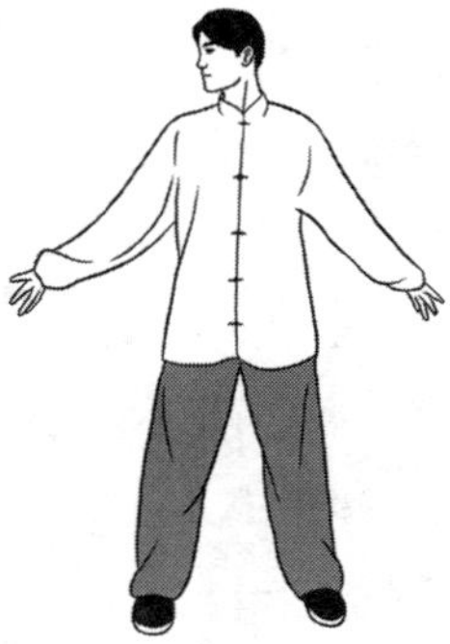
图 13-3-27

图 13-3-28

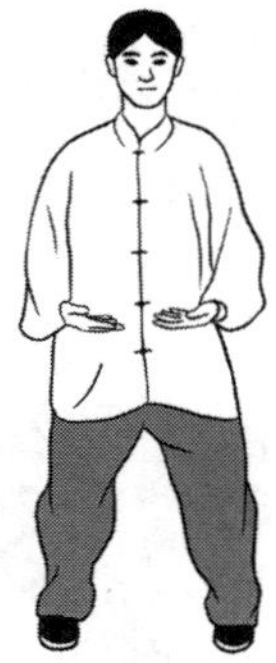
图 13-3-29

（六）第五式　摇头摆尾去心火

（1）接上式。身体重心向左移，右脚向右开大步站立，两腿膝关节自然伸直；同时，两掌上托与胸同高，两臂内旋，两掌继续上托至头上方，肘关节微屈，掌心向上，指尖相对；目视前方。（图13-3-30）

（2）上动不停，两腿慢慢屈膝下蹲成马步；同时，两臂向两侧落下，两掌扶于膝关节上方，肘关节微屈，小指侧向前；目视前方。（图13-3-31）

（3）身体重心向上稍提起，然后向右移；上体向右倾，目视左斜前方，随之俯身，低头看右脚内侧。（图13-3-32）

（4）上动不停，身体重心向左移；同时上体由右、向前、向左转；目视左脚。（图13-3-33）

（5）身体重心右移成马步；同时，头向后摇，由右向左约 270°，上体立起，随之下颌微收；目视前方。（图13-3-34）

（6）动作要领同（3），但方向相反。（图13-3-35）

（7）动作要领同（4），但方向相反。（图13-3-36）

（8）动作要领同（5），但方向相反。（图13-3-37）

注意：本式一左一右为 1 遍，共做 3 遍。做完 3 遍后，身体重心向左移，右脚收回成开立步，与肩同宽；同时，两掌向外经两侧向上举，掌心相对；目视前方。（图13-3-38）随后松腰、沉髋，身体重心慢慢下降，两腿膝关节微屈；同时屈肘两掌经面前下按至腹

前，掌心向下，指尖相对；目视前方。（图13–3–39）

图 13–3–30

图 13–3–31

图 13–3–32

图 13–3–33

图 13–3–34

图 13–3–35

图 13–3–36

图 13–3–37

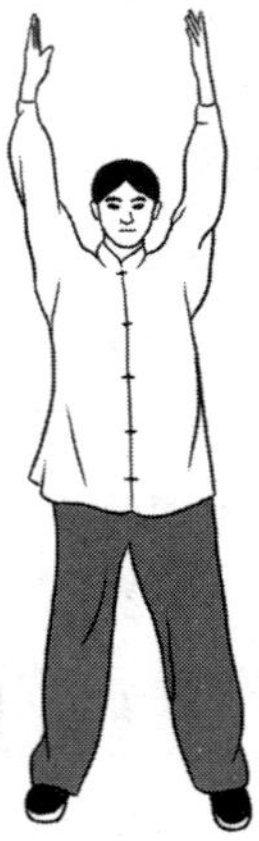

图 13–3–38

图 13–3–39

（七）第六式　两手攀足固肾腰

（1）接上式。两腿慢慢伸直站立；同时两掌指尖向前，两臂向前、向上举起，肘关节伸直，掌心向前；目视前方。（图13–3–40）

（2）两臂外旋至掌心相对，屈肘下按于胸前，掌心向下，指尖相对；目视前方。（图13–3–41）

（3）上动不停，两臂外旋，两掌心向上，随之两掌手指顺腋下向后插；目视前

方。（图13–3–42）

（4）两掌心向内沿脊柱两侧向下摩运至臀部；随之上体前俯，两掌继续沿腿后方向下摩运，经脚两侧置于脚面；抬头，动作略停；目视前下方。（图13–3–43）

（5）两掌沿着地面前伸，随之用手臂带动上体起立，两臂伸直上举，掌心向前；目视前方。（图13–3–44）

注意：本式一上一下为 1 遍，共做 6 遍。做完 6 遍后，松腰、沉髋，重心慢慢下降；两腿膝关节微屈，两掌向前下按至腹前，掌心向下，指尖向前；目视前方。（图13–3–45）

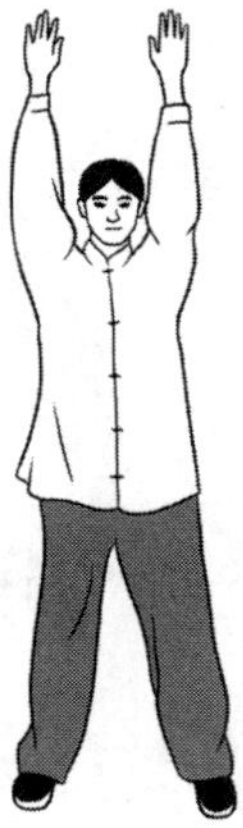

图 13–3–40

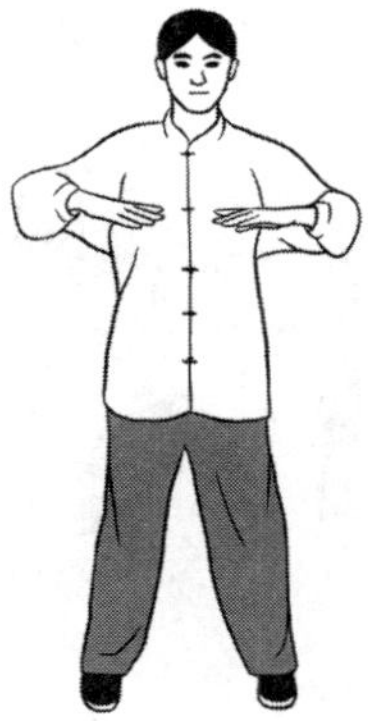

图 13–3–41

图 13–3–42

图 13–3–43

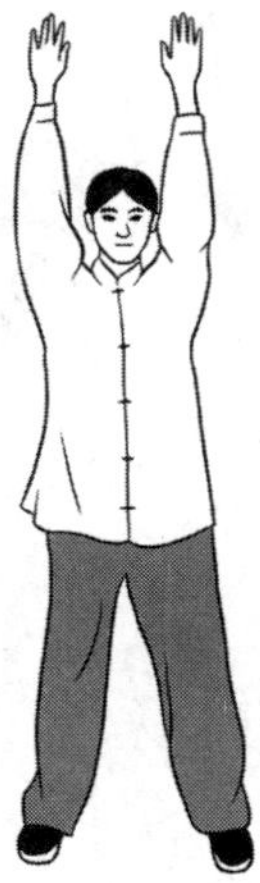

图 13–3–44

图 13–3–45

（八）第七式　攒拳怒目增气力

（1）接上式。身体重心右移，左脚向左开步，然后两腿慢慢屈膝半蹲成马步；同时，两掌握牢，抱于腰侧，拳眼朝上；目视前方。（图13–3–46）

（2）左拳慢慢用力向前冲出，与肩同高，拳眼朝上；瞪目，目视左拳冲出方向。（图13–3–47）

（3）左臂内旋，左拳变掌，虎口朝下；目视左掌。（图13–3–48）左臂外旋，肘关节微屈，左臂向左缠绕，变掌心向上后握牢；目视左拳。（图13–3–49）

（4）屈肘，回收左拳至腰侧，拳眼朝上；目视前方。（图13–3–50）

（5）动作要领同（2），但方向相反。（图13–3–51）

（6）动作要领同（3），但方向相反。（图13–3–52、图13–3–53）

（7）动作要领同（4），但方向相反。（图13–3–54）

注意：本式一左一右为1遍，共做3遍。做完3遍后，身体重心右移，左脚回收成并步站立；同时，两拳变掌，自然垂直于体侧；目视前方。（图13–3–55）

图 13–3–46

图 13–3–47

图 13–3–48

图 13–3–49

图 13–3–50

图 13–3–51

图 13–3–52

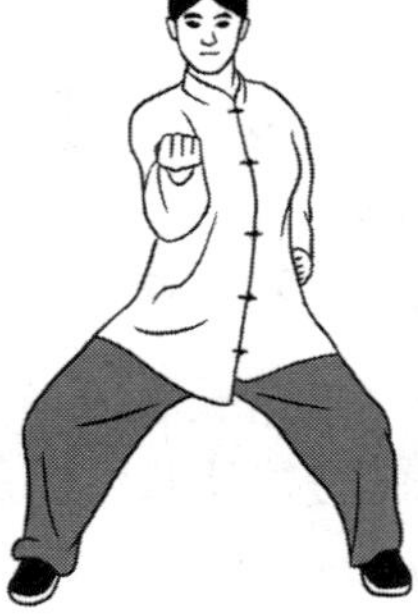
图 13–3–53

图 13–3–54

图 13–3–55

（九）第八式　背后七颠百病消

（1）接上式。两脚跟提起；头上顶，动作略停；目视前方。（图13–3–56、图13–3–57）

（2）两脚跟下落时，先下落到脚掌中间，然后两脚跟下落轻震地面；目视前方。（图13–3–58）

注意：本式一起一落为 1 遍，共做 7 遍。

图 13–3–56

图 13–3–57

图 13–3–58

（十）收势

（1）接上式。两臂内旋，向两侧摆起，与髋同高，掌心向后。目视前方。（图13–3–59）

（2）两臂屈肘，两掌相叠置于丹田处。目视前方。（图13–3–60）

（3）两臂自然下落，两掌轻贴于腿外侧；目视前方。（图13–3–61）

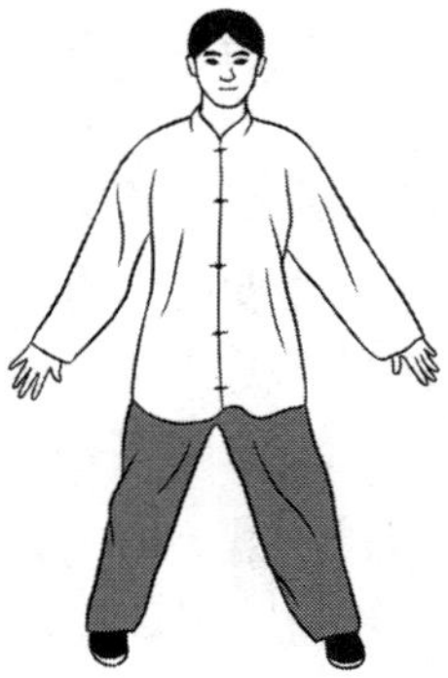

图 13–3–59

图 13–3–60

图 13–3–61

思政课堂

做不一般的八段锦“达人”

“固丹田、平阴阳、理三焦、健四肢、顺五脏、调六腑、除七伤、锦八段。”66岁的程伟习练八段锦20年，总结了这8句短小精湛的口诀。从坚持一招一式基础练习到持续提高整体水平，他全身心地投入到八段锦的习练和推广中。

程伟从军40余年，从小热爱体育运动，中学时曾是锦州市游泳运动员，是校运会的风云人物。即便入伍后任务繁重，他仍然抽空锻炼身体。程伟说："我总想寻找一种简便易行且效果好的健身方式。"于是，八段锦成为他的选择。程伟说："20年来，八段锦伴随我走南闯北，助我提振精神、调整心情、强健身体。"

2003年，在武警上海指挥学院，程伟结识了武术国家级教练员刘嘉欣，并在她的影响下，程伟开始学习动静结合、内外兼修的北派八段锦，从此没有间断。为了谋求进步，他不断地研究、交流、探索更适合自己的锻炼方式。程伟说："前年，我专门到国家体育总局健身气功中心座谈，平时也会同业内专家交流，练一练内在的东西。"如今，程伟的八段锦打得行云流水、完整协调。

说起八段锦的历史，程伟如数家珍。他介绍："八段锦是中华优秀文化的瑰宝，在古代《易筋经》和《洗髓经》的古本健身术中就有关于八段锦的记载，再到清代叶志铣的《颐身集》、近现代姚冬声所著的《岳武穆八段锦》、1957年人民体育出版社出版的《八段锦》，都有对八段锦的介绍。广东科技出版社1985年出版的《八段锦与健康》还介绍了马王堆三号汉墓出土的《导引图》与八段锦的渊源。"

汲古通今，程伟逐渐以太极拳、健身气功作为八段锦的拓展练习内容，并与易筋经相辅相成。他表示："这些内容是有内在联系的，综合练习对整个身体调理都有益处。特别是在加班劳累、任务繁重、身体不适时，更要强化练习。"程伟认为，八段锦老少皆宜，是年轻人忙里偷闲的最佳健身方法，也对老年人疾病有一定的效果，坐式八段锦还能帮助下肢行动不便者强健身体，促进气血流通。"

"无论在什么情况下，我都要坚持练下去。"八段锦为程伟的生活提供了强大的滋养，他希望能将研习与义务推广相结合，集中力量在更大范围内示范和宣传八段锦，力所能及地把这项"实在管用"的健身方法普及推广，让更多的人在科学健身理念的指导下获益，助力全民健身。

（资料来源：《中国体育报》，2023年4月4日，有删改）

任务四　易筋经

一、易筋经简介

易筋经是一种内外兼练的养生功法。多数学者认为，易筋经是明朝天启四年（1624年）紫凝道人集医、释、道于一体的养生导引术以及汉代东方朔的洗髓伐毛健身法，并在宋代八段锦的健身理论等基础上创编而成的。

二、易筋经动作方法

（一）预备姿势

并步站立，两手自然放于体侧；目视前方。（图13–4–1）

（二）第一式　韦驮献杵第一势

两脚分开，与肩同宽，脚掌踏实，两膝微松；两臂屈肘，缓缓平举至胸前呈抱球状，屈腕立掌，指尖向上，掌心相对（10厘米左右距离）。此动作要求肩、肘、腕在同一平面，手指中指指向天突穴，呼气时手臂向内拧转，双掌用力，气沉丹田。（图13–4–2、图13–4–3）配合呼吸做9次。

图 13–4–1

图 13–4–2

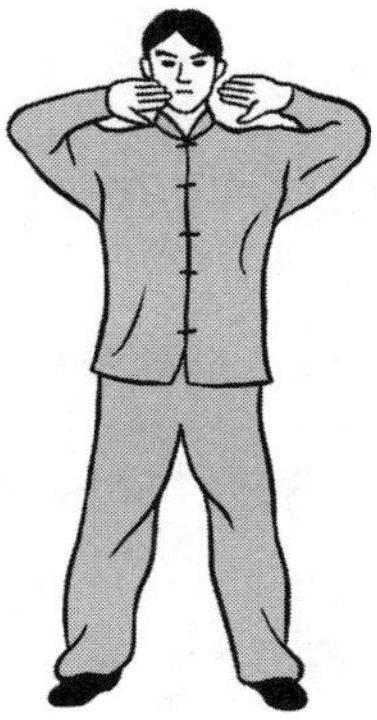
图 13–4–3

（三）第二式　韦驮献杵第二势

接上式。两手缓缓上抬至胸前；吸气时，胸部扩张，臂向后挺；呼气时，指尖向外撑；两脚跟提起离地，力达四肢之端，气沉丹田。（图13–4–4至图13–4–6）配合呼吸做9次。

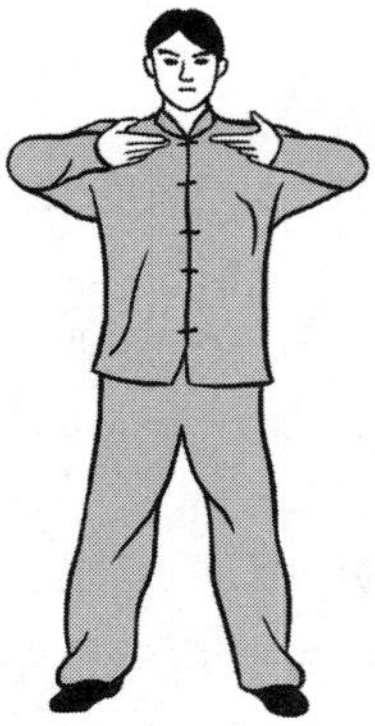
图 13–4–4

图 13–4–5

图 13–4–6

（四）第三式　韦驮献杵第三势

接上式。两手上举高过头顶，掌心向上，两手中指相距3厘米。沉肩、屈肘，两眼平视前方，内视指尖。舌抵上颚，鼻息调匀。呼气时，两手用暗劲尽量上托（如托千斤），两腿同时用力下蹬。吸气时，全身稍放松。收势时，上肢缓缓收至腰部，拳心向上，脚跟着地。（图13-4-7至图13-4-9）配合呼吸做9次。

图 13-4-7

图 13-4-8

图 13-4-9

（五）第四式　摘星换斗势

右脚稍向右前方移步，与左脚成斜“八”字，随势向左微侧。屈膝，提右脚跟，身体向下沉，成右虚步。右手高举伸直，掌心向下，头微右斜，双目仰视右手心。左臂屈肘，自然置于背后。呼气时，头向上顶，双肩后挺，两臂内拧，内视右手内劳宫穴。吸气时，全身稍放松。左右势交替练习。（图13-4-10、图13-4-11）配合呼吸做9次。

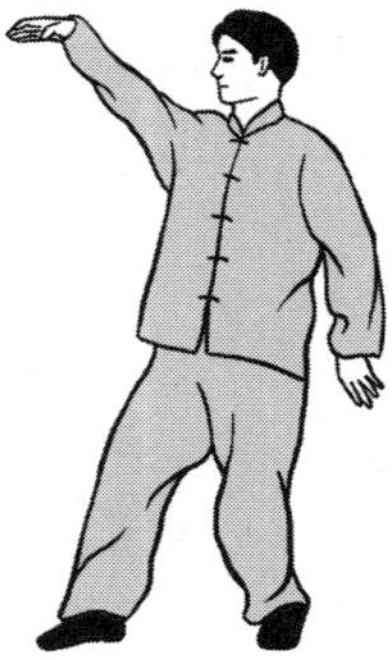

图 13-4-10

图 13-4-11

（六）第五式　倒拽九牛尾势

右脚前跨一步，屈膝成右弓步。右手握拳，举至前上方，双目观拳。左手握拳，左臂屈肘，斜垂于背后。吸气时，内视右手内劳宫穴，两拳紧握内收，右拳收至右肩，左拳垂至背后。呼气时，内视左劳宫穴，两拳两臂放松还原为本式预备动作。然后身体后转，成左弓步。左右势交替练习。（图13-4-12至图13-4-14）配合呼吸做9次。

图 13-4-12

图 13-4-13

图 13-4-14

（七）第六式　出爪亮翅势

两脚开立，两臂前平举，立掌，掌心向前，十指用力分开，虎口相对，两眼怒目平视前方，脚跟随势提起，以两脚尖支持体重。然后两掌缓缓分开，上肢呈一字形平举，立掌，掌心向外，脚跟随势着地。吸气时，两掌用暗劲伸探，手指向后翘；呼气时，臂掌放松。（图13-4-15、图13-4-16）配合呼吸做9次。

图 13-4-15

图 13-4-16

（八）第七式　九鬼拔马刀势

脚尖相衔，脚跟分离呈“八”字形；右手上抬，左手屈肘经下向后，成勾手置于身后，指尖向上。右手由肩上屈肘后伸，拉住左手指，使右手呈抱颈状。脚趾抓地，身体前倾，如拔刀一样。吸气时，两手用力拉紧，呼气时放松。（图13-4-17至图13-4-19）左右势交替练习，配合呼吸做9次。

图 13-4-17

图 13-4-18

图 13-4-19

（九）第八式　三盘落地势

左脚向左横跨一步，屈膝下蹲成马步。上体挺直，两手上抬，屈肘，翻掌向上，前臂平举呈托物状。稍停片刻，两手翻掌向下，前臂伸直放松，如用千斤力按水中浮球。（图13-4-20至图13-4-22）动作随呼吸进行，吸气时，呈托物状。呼气时，如按浮球。收功时，两脚缓缓伸直，左脚收回，两足并拢，呈直立状。配合呼吸做9次。

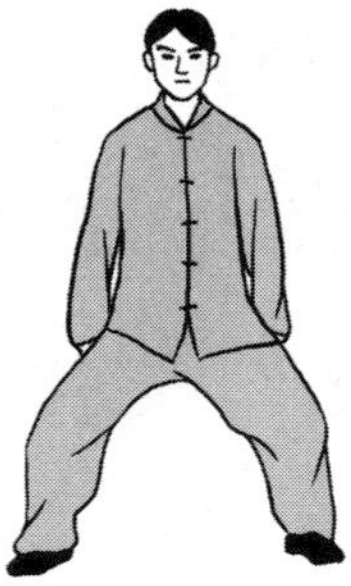

图 13-4-20

图 13-4-21

图 13-4-22

（十）第九式　青龙探爪势

两脚开立，两手成仰拳护腰。右手向左前方伸探，五指成爪，上体左转。腰部自左向右转动，右手随之自左向右水平画圈。手画至前上方时，上体前倾，同时呼气，力贯十指。手画至身体左侧时，上体伸直，同时吸气。（图13-4-23至图13-4-25）左右势交替练习。配合呼吸做9次。

图 13-4-23

图 13-4-24

图 13-4-25

（十一）第十式　卧虎扑食势

左脚向左跨一大步，屈左膝下蹲，呈左弓右仆腿势。上体前倾，两手撑地（随力增长，可改用手指），头微抬起，目视前下方。呼气时，从喉咙呼出浊气，同时两臂伸直，上体抬高并尽量前探，重心前移。吸气时，屈肘，胸部下落，上体后收，重心后移，蓄势待发。如此反复，两臂随呼吸而屈伸，上体起伏，前探后收，如猛虎扑食。（图13-4-26至图13-4-28）配合呼吸做9次。然后换右弓左仆脚势进行，动作相同，但方向相反。

（十二）第十一式　打躬势

两脚开立，脚尖内扣。两手仰掌缓缓向左右而上，用力合抱头后部，手指弹敲小脑后10次（同鸣天鼓）。配合呼吸做屈体动作。呼气时，直膝俯身弯腰，两手用力使头探于膝间呈打躬状，勿使脚跟离地。吸气时，身体挺直，目视前方，头如顶物。（图13-4-29至图13-4-31）配合呼吸做9次。

图 13-4-26

图 13-4-27

图 13-4-28

图 13-4-29

图 13-4-30

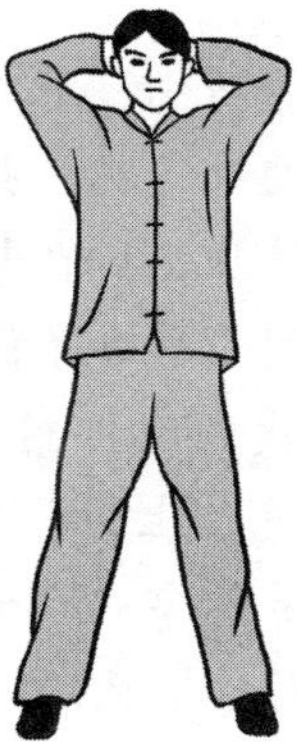

图 13-4-31

（十三）第十二式　掉尾势

两腿开立，两手仰掌由胸前缓缓上举至头顶，目视掌而移，身体立直，勿挺胸凸腹。十指交叉，旋腕反掌上托，掌心向上，仰身，腰向后弯，目视上方。然后上体前屈，两臂下垂，推掌至地，昂首瞪目。呼气时，屈体下弯，脚跟稍离地。吸气时，上身立起，脚跟着地。（图13-4-32至图13-4-34）配合呼吸做21次。

图 13-4-32

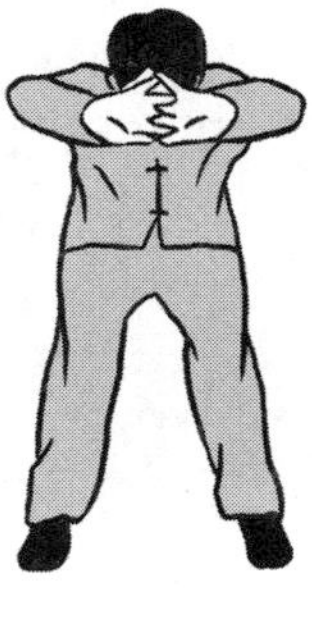

图 13-4-33

图 13-4-34

（十四）收势

直立，两臂左右侧举，屈伸7次。

思政课堂

健身气功首次易筋经交流比赛亮相武当山

11月30日，第一届中国武当山国际健身气功·易筋经交流比赛在武当国际武术交流中心开赛。这是健身气功项目的首个单项比赛，即首次以一套功法为比赛项目的赛事。国家体育总局健身气功管理中心、湖北省体育局有关领导等出席了前一晚举行的开幕式。

本次赛事吸引了来自7个国家和地区的26支代表队、90余名运动员和教练员参加。比赛设健身气功·易筋经普及功法和竞赛功法的集体赛与个人赛。集体赛不分年龄组，设优胜奖和优秀奖；个人赛根据年龄分为A、B两组，录取前8名。

赛事期间还举办了健身气功·二十四节气导引养生功编创研讨会。天津理工大学、中国疾病预防控制中心，以及来自武当山道教协会、武当山国际武术学院、武汉体育学院、上海体育学院、北京体育大学等单位的专家、学者积极为健身气功·二十四节气导引养生功的编创工作建言献策。武当文化产业博览会也在赛事同期进行，活动持续至12月4日。

（资料来源：《中国体育报》，2017年12月1日，有删改）

项目十四 时尚休闲运动

任务一　台球

一、台球简介

台球至今已有600多年的历史。台球于19世纪初传入我国，并且随着国家的繁荣昌盛而日渐普及。台球是老少皆宜的一项体育运动，从事此项运动有益于身心发展。

二、台球基本技术

（一）身体姿势

正确的身体姿势是身体放松，不刻意摆姿势，身体重心平稳而固定。

（1）手臂弯曲成90°角。

（2）握杆时手腕放松，虎口朝下，四指微握。

（3）两脚避免分得过开或过于靠拢，要求重心平稳，身体姿势自然轻松。

（4）击球前要使握杆、架桥、母球及目标球成一条直线，然后开始平稳地抽打动作，以预备击球。

（5）球杆必须在脸部（下巴）正中心的正下方，使架桥、下巴、握杆三点成一条直线。

（6）球杆必须瞄准正确的撞击点。

（二）握杆的方法

握杆的方法直接影响出杆的质量。正确的握杆方法：拇指和食指在虎口处轻轻用力握杆；手腕自然下垂，既不要外翻，也不要内收。掌握正确的握杆方法对于一名球手的成功十分重要。

（三）击球动作结构

1. 架杆

架杆就是用手给球杆一个稳定支撑（架桥）和对杆头在主球的击球点进行调节的姿势。架杆是打好台球的重要环节。

（1）基本架杆方法。

①“V”形架杆方法：先将整个手掌放在台面上，将拇指以外的四指分开，手背稍微

弓起，拇指翘起和食指的根部相贴形成一个“V”形的夹角，球杆放在“V”形夹角内。需要注意的是，架杆手的掌根、小指、食指以及拇指处大鱼际部位要充分贴住台面，切勿使球杆向左侧或右侧翻起，以确保架杆的稳定。“V”形架杆方法常用于斯诺克台球。

② 凤眼式架杆方法：左手手指张开，指尖微向内弯曲，用拇指和食指扣成一个指环，并与球杆成直角，掌根和中指、无名指、小指构成稳定支撑。凤眼式架杆方法多用于美式台球。

根据击打主球位置的不同，架杆手背可以平直、稍弓起或弓起去找击球点的下点、中点、上点。

（2）特殊架杆方法。在台球比赛中，主球的位置是千变万化的。当主球靠近台面边缘以及主球后面有球时，都需要运用特殊的架杆方法。

① 当主球靠近台面边缘时，架杆手需将四指压在台边上。

② 当主球后有其他球时，架杆手需将四指立起来，避免球杆碰到球。

（3）杆架的使用。除了上述架杆方法外，当主球远离台边，用常规的击球姿势无法击打主球时，就必须使用杆架。

杆架的使用方法：身体适度前倾，手持球杆的尾部，一只手拇指在下，食指、中指在上夹住球杆，无名指、小指自然弯曲；另一只手将杆架放于适当位置，将杆架整体放在台面上，用手按住，以防运杆、出杆时杆架晃动。

杆架有长、中、短之分，一般杆架的十字铜头有两种架杆高度可供选择。另外，还有几种高脚杆架，当遇到主球后有球阻挡时选用。

（4）架杆时的注意事项。

① 架杆距离：一般架杆手的中指尖距离主球15～20厘米，可根据主球在球台的距离，对出杆力量做适当调整。

② 杆的稳定性：在运杆时要注意架杆手不要随之微动。

③ 架杆的手臂位置：尽可能使肘关节贴在台面上，并且适当放松，注意不要耸肩。

④ 架杆手的着台部位：一般情况下，掌根、拇指侧的大鱼际部位、小拇指及小鱼际部位紧贴台面。注意：食指是手桥的着力点。

2. 运杆

在出杆击主球前，会有一个运杆的动作过程，这个动作过程可分解为3个部分，即运杆、后摆和暂停。

（1）运杆。在确定击打主球的部位后，便开始做运杆动作。在运杆时，要求身体保持稳定，持杆手的手臂前后运杆尽可能使球杆平直运摆。运杆的目的是获得击球的准确性。运杆的次数不宜太多，注意节奏均匀。

（2）后摆。后摆的幅度大小取决于所需要的击球力量。在肌肉用力相同时，后摆幅度大，球杆击球力量也要大；后摆动作要做到稳和慢，以保证出杆的平直。

（3）暂停。暂停是出杆前的一个短暂的停顿，以保证平稳出杆。

3. 出杆击球

正确的握杆、身体姿势、架杆及运杆是有效击球的重要准备工作。出杆击球是台球击球动作结构中最重要的环节，它决定着最终的击球效果。

出杆击球是在后摆停顿后所完成的动作。出杆击球的动作要领及注意事项：以肘关节为轴，前臂向前送出，触击球瞬间，根据击球的要求，注意对手腕力量的控制，避免由于过分抖动手腕造成击球的不准确。出杆时，肩部和身体不要用力，出杆动作要果断、清晰，即便是打一个轻缓的球也要如此。

4. 顺势跟进

击球后的球杆跟进动作是为了保证击球的力量充分作用在主球上以及击球动作的协调连贯。适当的跟进动作对击球动作的完成起着重要的作用。如果跟进过多，杆头出得太长，会使肩、肘下沉，破坏击球动作的正确性，影响击球质量；如果跟进过少，则会使击球动作发紧，使力量既不能有效作用于主球，也不能保持好出杆击球的稳定性。

思政课堂

北京环卫职工参加台球赛

近日，为丰富广大职工文体生活，增强企业活力，由北京环卫集团主办、北体运动教育科技（北京）有限公司承办的2023北京环卫集团首届“互助保障·京环杯”职工台球比赛于2023年2月20日至23日成功举办。

本次比赛按照中国台球协会2017版《中式台球竞赛总则》，设置个人赛和团体赛，经过4天角逐，280余场对决，近200名环卫职工参与其中。尤其在团体赛阶段，京内18家单位的40支参赛队伍悉数登场，全方位展现了攻防智慧。他们的精彩表现赢得了现场观众的阵阵喝彩。

据介绍，随着全民健身的普及与发展，职工体育作为群众体育的重要组成力量，发挥着举足轻重的积极作用。企业的重视、专业力量的助力、政策的扶持、职工的广泛参与，多方汇聚的力量将不断延展全民健身的广度和深度，积极助力体育强国、健康中国建设。

（资料来源：《中国体育报》，2023年2月28日，有删改）

任务二　花样跳绳

一、花样跳绳简介

花样跳绳是指参与者通过各种方式跳过一根或多根绳子的运动。花样跳绳在传统跳绳的基础上融合了舞蹈、技巧、武术、街舞和音乐等多种运动及艺术形式，将速度与力量、难度与花样相结合，逐步发展为集健身、娱乐、竞技、表演多种功能于一体的运动项目。

二、花样跳绳动作方法

（一）单人单绳

1. 直摇

在基本摇绳姿势的基础上，两手持绳向前、向后摇动。当绳体接触地面时，两脚并拢跳跃过绳，绳子绕过身体一周。一摇一跳的动作称为直摇。（图14-2-1）

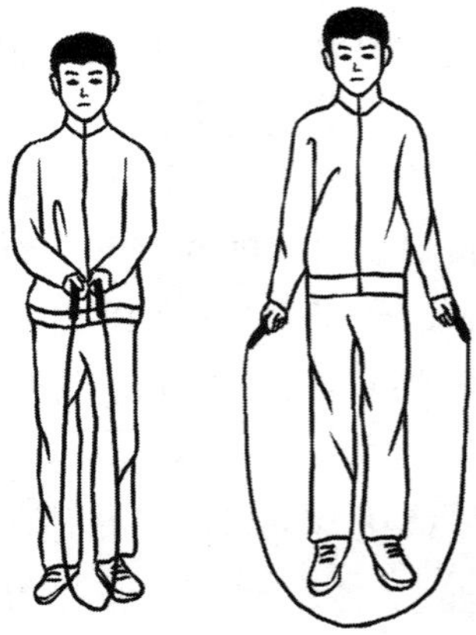

图 14-2-1

动作要领：

（1）手臂保持基本摇绳姿势，控制手臂摇绳节奏。

（2）两脚并拢向上跳，落地向下只需前脚掌着地。

（3）绳子打地就向上跳一次。

2. 单脚交换跳

在基本摇绳姿势的基础上，当绳子过脚的同时，先抬起一只脚跳过、放下，再抬起另一只脚跳过绳子。两脚交替落地的动作称为单脚交换跳。（图14-2-2）

动作要领：

（1）手臂保持基本摇绳姿势，控制手臂摇绳节奏。

（2） 抬脚时脚尖下压，并且脚尖与地面的距离不宜超过10厘米，用前脚掌着地。

（3）单脚交换跳时，绳子过脚再抬脚交替跳。以右脚落地算1个为例，50个为一组，间歇进行练习。

3. 开合跳

在基本摇绳姿势的基础上，两手持绳向前摇。当绳子过脚置于空中时，两脚分开与肩同宽；当绳子打地快过脚时，两脚并拢跳过绳。一拍一动，完成开合跳。（图14-2-3）

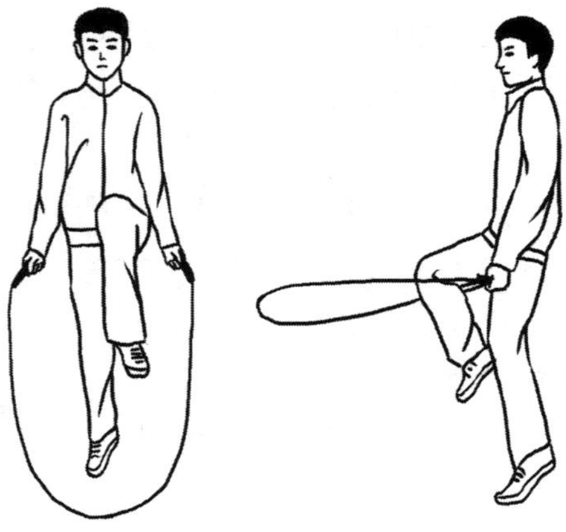

图 14-2-2

图 14-2-3

动作要领：

（1）手臂保持基本摇绳姿势，控制手臂摇绳节奏。

（2）脚步打开时两脚分开，与肩同宽。

（3）脚步成开合时，绳子先过脚再打开，由开到合，先合两脚再过绳。

4. 弓步跳

在基本摇绳姿势的基础上，两手持绳向前摇。当绳子过脚置于空中时，两脚分开成前后弓；当绳子打地快过脚时，两脚并拢跳过绳。一拍一动，完成弓步跳。（图14-2-4）

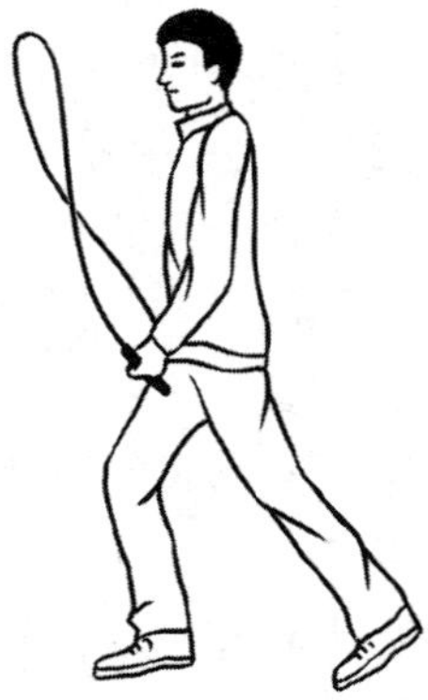

图 14-2-4

动作要领：

（1）手臂保持基本摇绳姿势，控制手臂摇绳节奏。

（2）脚步打开时前一只脚落地，膝关节弯曲成30°～60°角，后面的脚必须伸直并且脚跟不能着地。两脚间距为20厘米左右。

（3）脚步成弓步时，绳子先过脚再打开，由弓步到合，先合两脚再过绳。

5. 并脚左右跳

在基本摇绳姿势的基础上，绳子过脚置于空中时，两脚并拢向左右两边跳。一拍一动，左右两边各跳4次的动作称为并脚左右跳。（图14-2-5）

动作要领：

（1）手臂保持基本摇绳姿势，控制步法节奏。

（2）脚步左右跳时间间隔不宜过长，左右跳距离保持与肩同宽最好，左右跳时一直保持并脚。

（3）并脚左右跳时，绳子先过脚再落地。

6. 左右钟摆跳

两手持绳向前摇。当绳子过脚置于空中时，一只脚向同一侧摆动，另一只脚直立跳跃过绳。换另一只脚动作，一拍一动，左右两边各4次，完成左右钟摆跳。（图14-2-6）

图 14-2-5

图 14-2-6

动作要领：

（1）手臂保持基本摇绳姿势，控制手臂摇绳节奏。

（2）脚步打开时，一只脚落地并跳过绳子，另一只脚置于空中，直立跳跃过绳；换另一只脚动作，一拍一动。

（3）脚步成钟摆时，由绳子先过脚再打开。

（二）双人单绳

双人单绳是指两名跳绳者利用一根绳子，在侧打绳的摇动中，跳绳者在绳中或绳外完成各个转体、跳跃、力量等动作，以此展现个人良好的身体素质和高超的绳技。

1. 带人跳双摇

带人者持绳，两名跳绳者可面对面站立，也可同向站立，协调配合，绳子同时过两名跳绳者身体为完成一次动作。跳绳者可位于带人者体前或体后，可延伸出跳绳者原地转身等花样。（图14–2–7）

图 14–2–7

动作要领：两名跳绳者节奏一致，相互配合。

2. 双人和谐跳

两名跳绳者各执绳子一端，并排站立。右边的跳绳者右手握绳，左边的跳绳者左手握绳。将绳子置于两名跳绳者身后，两人同时摇绳，同时过绳。

动作要领：两名跳绳者摇绳节奏一致，相互配合，起跳一致。

3. 一人内转360°

两名跳绳者各执绳子一端，并排站立。右侧跳绳者进绳跳一次，然后原地向内（左）转体360° ，回到进绳之前的位置跳跃过绳，接着左侧跳绳者重复此动作。两名跳绳者轮流进行练习。

动作要领：转身者在向下“送绳”给同伴跳时开始转身，转到180°时手臂上举，回到原位后摇绳给自己跳。转体时保持摇绳节奏不变。

4. 两人内转 360°

两名跳绳者各执绳子一端，并排站立。将绳子由后向前摇动，同时向内转体360° ，回到初始位置。转身时绳子在中间打空。

动作要领：两名跳绳者动作要同步，特别是转身和摇绳动作；转体后两手随绳子的惯性打开成初始位置；转体与摇绳节奏一致，不要因为转体而忘记摇绳。

5. 直摇

两名跳绳者两手持绳并排站立，假设左边的跳绳者为A，右边的跳绳者为B，A、B将内侧手（A的右手与B的左手）持的手柄相互交换。听到指令后，两名跳绳者同时用同侧手（A、B同时出左手或右手）将置于最后面的绳子向上摇起。当绳子到达最高点时，再将另外一只手（同侧）的绳子向上摇起，并且两名跳绳者依次跳过各自一方的绳子。（图14–2–8）

动作要领：

（1）两前臂在体侧依次做圆周运动，并且贴近身体。

（2）在摇绳的过程中两手臂的夹角是180°。

（3）两名跳绳者在跳的过程中同侧手的动作一致。

6. 交叉

在直摇的基础上，当绳子摇过头顶后，两名跳绳者同时将左手（右手）手柄向右（左）在体前做交叉贴于腹部。绳子过脚后再同时将右手（左手）手柄向左（右）在体前交叉贴于左手（右手）前臂上。绳子过脚后，先将左手（右手）手柄翻腕向下跳过向左（右）打开，再将右手（左手）手柄翻腕向下跳过向右（左）打开，还原成直摇。（图14-2-9）

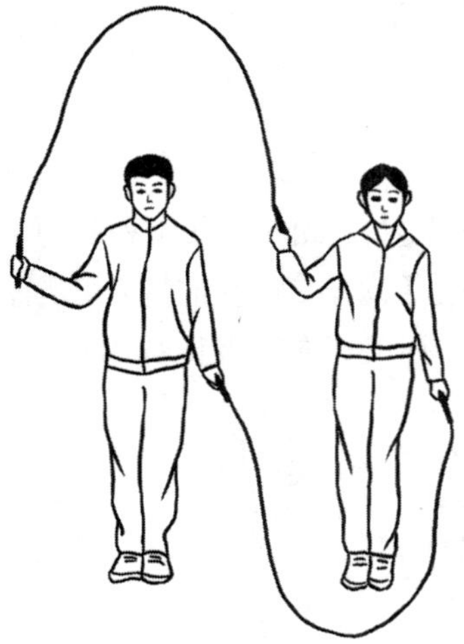

图 14-2-8

图 14-2-9

动作要领：

（1）两前臂在体前做交叉时要贴近身体。

（2）交叉时要充分活动手腕。

（3）在做动作的过程中始终保持好节奏。

（4）跳的时候要连续跳两次。

思政课堂

“奔跑吧·少年”全国青少年家庭健康跳绳大赛（赣州站）决赛落幕

日前，2023年“奔跑吧·少年”全国青少年家庭健康跳绳大赛（赣州站）决赛在江西省赣州市于都县体育中心开赛。

本次比赛旨在深化体教融合，促进青少年健康成长。本次比赛分为线上预赛和线下决赛两个阶段。经过48 000余名小选手预赛阶段的激烈角逐，共有来自赣州市

14个区县的330名选手成功晋级线下决赛。决赛共设置了速度赛、花样赛2个大项目6个子项目，按年龄分为A、B、C、D4个组别进行。

参赛选手纷纷以最佳状态投入比赛中。“特别荣幸能够进入此次决赛，能和父母一起参赛，有种全家人一起‘战斗’的感觉，信心十足。比赛中，我也展现出属于青少年的竞技风采，为家乡增光。”于都县扬德学校参赛选手彭观观说。

（资料来源：《中国体育报》，2023年8月10日，有删改）

任务三　轮滑

一、轮滑简介

轮滑运动是从滑冰运动过渡而来的。目前，美国、德国、意大利是世界轮滑运动强国。我国轮滑运动开展较晚。轮滑运动仅作为娱乐活动于 19 世纪传入我国，当时仅限于沿海个别城市，直到 20 世纪 80 年代初期，我国才有正式的轮滑比赛出现。现在，轮滑运动已经成为我国青少年喜爱的运动项目之一。

二、轮滑基本技术与练习

（一）轮滑基本技术

1. 站姿

（1）平行站位法。两脚平行站立，间距稍窄于肩，双膝微屈，以保持重心平稳。以脚踝的力量控制好鞋子，不要让脚左右摆动，要保证轮子垂直于地面。穿专业轮滑鞋平行站立时，因受鞋的结构设计影响，两脚会自然地向外压外轫。

（2）“丁”字站位法。一只轮滑鞋的最后一个轮子抵在另一只轮滑鞋的第二个轮子和第三个轮子之间，两膝微屈，两腿之间稍有间隙，以保持重心平稳，仍然是以脚踝的力量控制鞋子。

（3）“八”字站位法。两脚跟靠近，脚尖自然分开；上体稍前倾，两膝微屈，重心在两脚之间。

2. 起步

从“丁”字形站姿起步，前脚保持前进姿势，后脚向外推轫，就会有前进的力量。

3. 滑行

滑行时，为保持较好的平衡，一只脚稍稍提起放在另一只脚前方，膝关节弯曲。

4. 身体的摆动

先将身体重心移至左脚，用右脚向外侧推轫、伸展、滑行，然后两脚并行；然后将身体重心移至右脚，左脚向外侧推轫、伸展、滑行。如此左右不断交替前进。

5. 身体的姿势

身体稍稍半蹲，像是要坐；两脚向前伸出，弯曲膝关节及脚踝，使重量放在整双鞋上。

6. 停止

以上述姿势滑行，两脚靠近保持平行，有刹车的那只脚稍稍向前滑行，两脚距离约有半只脚，提起脚尖直到刹车脚碰触到地面，然后慢慢将重心移至刹车脚，增加压力，直到停下来。

（二）平衡的练习

平衡是掌握轮滑的基础。轮滑鞋与地面接触面积小，加之滑轮与地面摩擦后的滚动，所以轮滑不易掌握平衡。练习轮滑平衡是非常重要的，具体做法如下。

（1）原地踏步，练习原地平衡，熟悉轮滑的性能。

（2）用互助法和扶助法练习平衡。两人相互扶助或两手扶住身边的其他物体，前后、左右移动，练习平衡。

（3）借助外力练习平衡，如可以通过对静止物体的反作用力使自己滑动；或让他人用力推动自己；或抓住正在移动的人或其他物体，使自己前进或后退。

（三）移动重心的练习

1. 原地站立与踏步练习

穿好轮滑鞋，两脚平行站立，与肩同宽。两腿微屈，上体稍前倾，两臂自然下垂。身体重心移至左腿，右腿稍抬起、放下；身体重心移至右腿，左腿稍抬起、放下。反复进行练习，逐渐加快速度。

2. 单脚支撑平衡练习

在掌握原地踏步的基础上，保持原来的姿势。手扶栏杆或同伴，将重心移至一条腿上，另一条腿向侧伸出再收回呈开始姿势。换腿重复练习以上动作。

3. 模仿滑行姿势的蹲起练习

速度轮滑的滑行姿势直接关系到滑行速度的快慢。正确的滑行姿势：上体前倾接近水平，肩背稍高于臂部，腿部弯曲；上体与地面成15°～20°角，大腿和小腿成90°～110°角，两踝关节成50°～70°角，两手互握放于背后或在体侧自然摆动，头部自然抬起，两眼注视前方5～10米处。

4. 外“八”字行走练习

两脚呈外“八”字站立。保持好站立姿势，先将身体重心移至左脚，右脚向前迈一步，身体重心随之移至右脚，然后抬左脚向前迈一步，重心随之移至左脚。如此重复上述练习。

5. 交叉步行走练习

原地站立。先将重心移至左腿，收右腿，向左腿前外侧迈步呈交叉姿势，重心随之移至右腿，接着收左腿，左侧跨一步，呈开始姿势。重复上述动作，反复练习。

（四）直道滑行

上体前倾，肩稍高于臀部，背部自然放松。大腿与小腿成110°左右的夹角，小腿与地面成60°左右的夹角。头部自然抬起，两眼注视前方10米左右的地面。如果右脚支撑前滑，左脚在左后侧蹬地，左脚蹬地后，屈腿后摆再前收，靠右脚后落地支撑滑行，接着右脚在右后侧蹬地，交替滑行。

摆臂方法：左脚蹬地时，左臂向右前上方摆，右臂向右后上方摆，以肩为轴，协调配合腿部动作。

（五）弯道滑行

弯道滑行技术和直道滑行技术有明显的区别。弯道滑行技术的特点在于练习者用交叉步滑行。由于向心力的作用，上体不仅要前倾，而且要向左倾。

1. 左脚支撑、右脚连续蹬地的滑行

从站立姿势开始，右脚用外轫蹬地后迅速与左脚并拢，接着右脚再做一次蹬地动作，左脚继续做前外曲线滑行。

2. 在圆弧上做不连贯的交叉步滑行

在圆弧上用直线滑行步法，中间插入弯道交叉步。当左脚稳定平衡时，右脚向左脚左侧前方迈一小步。只要右脚有短暂的滑行，左脚就迅速从右后方收回，同时右脚蹬左脚直线滑进。重复上述动作。

（六）停止法

在滑行中，有时需要及时停止，所以在初步掌握滑行基本动作的同时，要学会停止滑行的方法。常用的停止法有“T”形停止法和两脚急停法两种。

1. “T”形停止法

在向前滑行过程中，身体重心移至右脚，右膝弯曲，同时抬起左脚横放在右脚后呈“T”形，然后以左脚四轮的侧面摩擦地面，减缓滑行速度，直到停止滑行。

2. 两脚急停法

在向前滑行中，两脚并拢，两脚同时向逆时针方向（顺时针方向）转体 90°，右脚以内侧轮、左脚以外侧轮压紧地面，同时屈膝后坐。上体前倾，身体向左（右）倾倒，两臂前伸，两脚用力压紧地面，即可停止滑行。

思政课堂

强化使命担当　矢志为国争光——国家滑板、轮滑集训队为训练备战凝心聚力

近日国家滑板、轮滑集训队在杭州亚运会赛前集训期间共同收看了国家体育总局组织的国家队“学思想、强担当、立新功”巴黎奥运会倒计时一周年主题演讲活动。大家认真聆听了12位优秀运动员、教练员和工作人员代表的演讲，深受启发。

国家滑板、轮滑集训队组织大家进行了分享交流。曾经参加过东京奥运会滑板比赛的运动员曾文蕙表示，备战巴黎奥运会要以为国争光为己任，以为国建功为光荣。

自由式轮滑花式绕桩运动员朱思怡听了国家跳水队教练员陈若琳的演讲后，备受鼓舞。“国家跳水队诠释了竞技体育的成功、完美和超越的责任，以及‘学思想、强担当、立新功’的价值观。”

自由式轮滑速度过桩运动员虞骏颜对国家举重队队员石智勇的演讲感触颇深。“举重队队员以国家队身份为骄傲，面对困难不轻言放弃。国家队队员正是将个人梦、强国梦紧密联系在一起，才形成了克服困难的强大精神力量。”

接下来国家滑板、轮滑集训队将牢记使命担当，坚持“三从一大”，用好复合团队保障体系，为梦想而奋斗，为成功而拼搏。

（资料来源：《中国体育报》，2023年8月1日，有删改）

任务四　高尔夫球

一、高尔夫球简介

高尔夫球起源于苏格兰。相传古时的一位苏格兰人在放牧时，偶然用棍子将一颗石子击入兔子洞穴，由此发明了高尔夫球，并逐渐形成了有一定规则的体育运动项目。高尔夫球是英文“golf”的中文英译名词。它的基本方法是用长短不等的球杆，从开球台上把一个高尔夫球击入球洞。

二、高尔夫球基本技术

（一）握杆

握杆是指球员用手握住球杆的位置和方法。杆面瞄准的方向取决于握杆的方法，而球飞行的方向取决于杆面瞄准的方向。因此，要想精准地击球，就一定要建立正确的握杆方式。

目前常用的握杆方式有以下3种。

（1）棒球式握杆：左手拇指对着球杆握柄上的标志，右手并排握在左手上方，右手的虎口对着握柄上的标志。

（2）重叠式握杆：将右手小指和左手食指重叠的握杆方式。

（3）互锁式握杆：将右手小指和左手食指钩住的握杆方式。

（二）击球准备姿势

（1）侧面动作：①抬头挺胸，两脚打开，垂直拿着球杆；②慢慢放下球杆，在腋下碰到身体时停止动作；③慢慢倾斜上半身；④维持手臂的角度，身体前倾，双膝轻松、舒适地弯曲。注意：保持腋下和膝盖的位置在拇指肚之后。

（2）正面动作：①左臂保持放松，自然下垂握住球杆；②右手从旁握出，轻松地握杆；③两脚的宽度因杆的长度而异，如握6号铁杆时，两脚与肩同宽。

（三）挥杆

挥杆分为以下6个部分。

（1）起杆。起杆是开始拉动球杆的动作，是挥杆的关键。起杆时，注意运用肩部的力量带动左腕挥杆。

（2）上杆顶点。在做该动作时，左脚、左膝、左肩成一条直线；大幅度地转动上半身，注意挥杆的节奏，不能突然变快，也不能用手上杆；头部稍微右转，大幅度地旋转上半身，用开始挥杆时的速度将球杆带到上杆顶点。

（3）下杆。在过转点时不要转动腰部，保持平行移动。上杆顶点是挥杆的回转点。接下来要做下杆，但是这时不能用手臂的力量挥杆。要先让腰平行移动到目标方向，左膝回到准备动作的位置，重心移至左脚后再挥杆。

（4）击球瞬间。集中精神将力量传到目标方向。在身体向左移动的过程中，想象将球笔直地击到目标方向，这是一种有效提高球杆动作效率的方法。这与理想的击球姿势和杆头的加速度有关，如果想象将球杆推到锐角或是想象把球打高会使速度分散。

（5）送杆。将球杆加速挥向身体左侧。击球瞬间，杆头像要超越两手般加快速度，腰部继续保持转动，这时身体在左侧会产生空间，使球杆在击球后继续向内侧挥动。但是，不能过度挥动使左腋下产生空间。在右手不勉强的情况下，可将右手放在左手前挡住左手的力量，肩会顺畅地跟着转动。

（6）收杆。左脚站立，重心移至左脚。右脚脚尖着地，胸部、右膝和右脚背朝向目标方向做好动作。收杆是挥杆的终点。收杆时，保持身体平衡将直接影响击球的效果。收杆的动作稳定，挥杆也会稳定。

（四）开球

开球不仅要将球打远，而且要因地制宜地根据赛场的情况，采取不同的方法击球。对于高尔夫爱好者来说，开球杆杆身较长，能够增加杆头速度，将球击得更远，但很难控制。开球可以使用1～4号木杆，许多职业球员都会选用1号木杆来开球，但1号木杆的杆头最小，几乎没有倾斜面，容易出现失误。因此，初学者可以选用2号木杆来开球。

（1）左脚的位置是准确击中球的关键。在准备动作时，注意身体与球的间隔。保持前倾姿势，右手持球杆，球杆保持自然角度，之后依左脚、右脚的顺序决定好站姿。不论何种情况，一定要保持左脚不动，根据要打的球路调整右脚的位置。

（2）用身体承受球杆的加速度。1号木杆是球杆中最长、离心力最大的球杆。换句话说，1号木杆是最能表现出速度的球杆。铁杆的开球速度不如木杆，因此需要注意转动身体。使用木杆时，身体必须承受力量，用身体来承受球杆的运动能量是很重要的。因此，球杆是主，身体是从，只注意转动身体会导致挥杆变慢。

（3）开球的站姿。两脚间距比肩稍宽，保持下半身稳定；在扭转身体的时候，右膝保持微屈，要有弹性。挥杆转肩的幅度比铁杆大。

（4）梯架高度。正确的梯架高度是杆面上缘与球的中线等高。

（五）铁杆

铁杆是进攻目标的球杆。要想打好铁杆，就必须做好稳定的击球准备姿势，然后运用好不同铁杆的站姿及球位。

（1）铁杆的站姿。两脚站立，位置取决于所使用球杆的杆身长度。当使用3号铁杆时，两脚与球的距离最远，背部较挺直。相比之下，6号铁杆杆身长度比3号铁杆杆身短，所以站立位置离球近一些，腰身弯曲的幅度也相对较大一点。对于杆身更短的9号铁杆，脚则必须站得离球位更近，腰身也必须弯曲更大幅度，以制造陡直的高挥杆轨道。

（2）铁杆的球位。当使用击远距离球效果最好的3号铁杆时，球位和使用木杆相似。9号铁杆触击时的击球面倾斜角度须较小，所以球位要向后移一些，才能准确地击出球。6号铁杆所需要的击球面倾斜角度介于两者之间，球位也位于两者之间。

参考上述步骤，也能找到其他铁杆的最佳球位。

（六）劈起球

劈起球是进攻果岭的高飞球，落地后滚动幅度不大。劈起杆使用的范围是距果岭20～60码（18.288～54.864米）处，适用于旗杆在沙坑前，或是果岭大，想把球打到旗杆近时使用。劈起球时，可以使用高抛挖起杆、沙坑挖起杆、劈起杆，甚至9号果岭，但由于各旗杆面角度的不同，距离会有所改变。使用角度大的杆击球时，球的线路高且落地柔和，但是距离不如角度小的杆击出来的球。

劈起球要正确地判断目标的远近，以适当的挥杆幅度及力量来控制距离。

（1）击球准备动作。两脚间距小于两肩，采取开放式站姿。右脚尖要打开30°左右。左脚后移5厘米左右，球位在中间，杆身和左手臂成一条直线，但要对准目标，握杆稍短。

（2）上杆。采用陡峭上杆方式，注意屈腕时机，视上杆幅度而定，一定要完成屈腕动作。

（3）击球与送杆。下杆击球，保证平顺地加速，以维持良好的击球节奏。击球后，顺势送杆，注意轻松握杆。

（4）落点选择。一般从球位至目标，被击起的球飞行70%的距离、滚动30%的距离。不同情况下有不同的选择：若地偏硬，落点可距目标远些；若地偏软，落点可距目标近些；下坡落点应距目标远一些，上坡落点距目标近一些。

（七）起扑球

起扑球是先低飞再滚动的球。起扑球通常适用于球洞在果岭边缘区域时。与劈起球不同的是，起扑球在空中停留的时间相对较短，之后在地面上向球洞方向滚动的距离比较长。

（1）击球准备动作。球杆要握短，杆身和左臂成一条直线，杆面对准目标，开放式站姿。重心的60%移至左脚，球位偏右后移，身体重心向前。

（2）上杆。以杆头上杆的幅度来控制距离。当上杆幅度较小时，球低飞，滚地距离长；当上杆幅度稍大时，球向上飞，滚地距离短。如果想让球飞得更高，可用木杆击球。

（3）击球与送杆。击球时手腕伸直，用肩的旋转来挥杆，上杆的角度和收杆的角度要一致。身体要随着手臂的摆动而转动，这样才能保证动作的协调。

（八）沙坑球

沙坑球是高尔夫球场专为球员击球时设置的障碍，一般都设在果岭的周围和球道途中。这些沙坑被故意设置得大小不一、沙质各异、深浅不同。打沙坑球用的是沙坑挖起杆。

（1）击球准备动作。眼睛瞄准球后方2～5厘米的位置，把杆面打开，可以少挖一些沙，握短球杆。在身体的正面用两手握杆，以开式杆面握杆；两脚稳定地站在沙中。

（2）击球与送杆。击球时用比起扑球大2～3倍的力量挥杆；在击球的瞬间要充满力量，把周围的沙一起打起来。

（九）推杆

推杆是将球送入球洞的关键技术。高尔夫球的得分约有40%是推杆得来的。推杆是使用频率最高的技术。

（1）击球准备动作。两眼注视球的正上方，杆面与目标线垂直。将手腕固定，通过肩的旋转来击球。

（2）击球与送杆。肩、手臂和推杆成一条直线，然后匀速击球。由上而下推杆会让球路不稳定，降低准确率。推杆的动作要像钟摆一样，水平摆动，匀速击球。

思政课堂

女子高尔夫世界排名——中国选手首次两人进前十

新一期女子高尔夫运动员世界排名于6月27日出炉，中国选手殷若宁凭借在美国进行的高尔夫大满贯赛事女子PGA锦标赛上的夺冠，获得100个世界积分，世界排名从第25位跃升至世界第5位，成为中国排名最高的女子职业高尔夫球员。另一名中国选手林希妤在这场赛事获得并列第三，排名从第14位升至第9位，这是殷若宁和林希妤首次进入世界前十，也是中国第一次同时有两位选手进入世界前十。

本次公布的世界排名前四位选手和位次未发生变化，韩国选手高真荣仍以8.31分的场均积分位居榜首。第二至第四名分别是美国选手内莉·科达、新西兰选手高宝璟和美国选手莉利娅·乌。值得一提的是，高真荣在高尔夫“世界一姐”的宝座上已经坐了159周，她因此成为在女子世界排名第一位置上停留时间最久的选手——此前这一纪录的保持者是墨西哥天后劳瑞娜·奥查娅（158周），当时年仅28岁的奥查娅于2010年突然宣布退役，而这项纪录在此后10余年间始终未被打破。

（资料来源：《中国体育报》，2023年6月29日，有删改）

项目十五
特定专项运动

任务一　固定滚轮

一、器械介绍

固定滚轮结构图如图15-1-1所示。

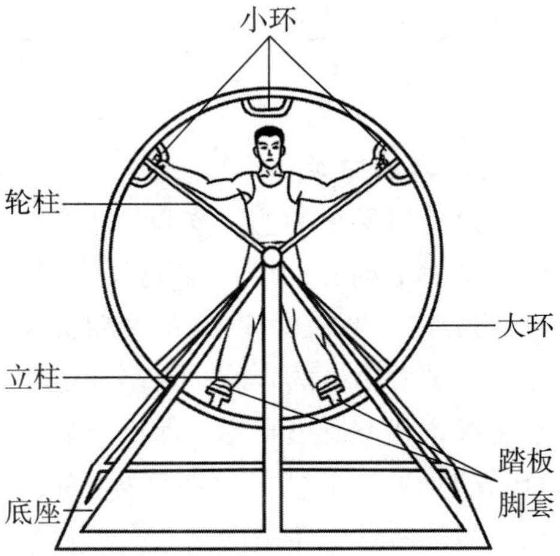

图 15-1-1

二、练习内容

（一）侧转

1. 预备姿势

两脚踏进横踏板脚套，两臂微屈，两手正握两小环。头稍转向转动方向，微收腹，如图15-1-2（a）所示。

2. 动作要领（以向右侧转为例）

（1）摆动。摆动由起动与制动2部分组成。练习侧转前应先学会摆动。

① 起动。重心右移，蹬右腿，屈左腿，右臂用力直臂撑环，左臂微屈，左手拉环，使滚轮向右摆转。

② 制动。当右摆转至身体无法再坚持时，松开右手，身体右转，身体重心左移，左臂向右伸直，制动滚轮右摆。制动后，当滚轮自然向左回摆时，蹬直左腿，身体左转，右手提拉环，恢复预备姿势。再蹬左脚，屈右腿，左手推、右手拉，使滚轮继续左摆。再向左转体，松左手，重心右移，右手向左伸直，制动滚轮左摆。如此来回摆动、制动，滚轮的摆幅会越来越大。

（2）转动。右侧转时，不再制动右转动。当身体将成水平时，臀部用力向上方挺起，形成一个以臀部为一角的角顶，以右手、上体和右腿为两边的三角形（第三边是手脚之间的连线）。接着开始撑直左臂，至身体倒立时两腿微屈，微低头收腹，两臂充分伸直，转过倒立部位后，臀部向滚动方向移动，左臂继续撑直，右臂屈臂，右手拉环。当身体再次水平时，臀部用力向上方挺起，同时伸直左腿形成一个三角形。当转动接近一周时，臀部又移向转动方向，使身体重心向右做圆周运动。接着，蹬直右腿，经预备姿势后重复用力使滚轮连续转动，如图15-1-2（b）所示。当要停止转动时，臂、腿、臀部不再做用力动作，接近直立时制动滚轮。

左侧转的动作要领与右侧相同，只有臂、腿、臀部用力，方向相反，如图15-1-2（c）所示。

（a）　（b）　（c）

图 15-1-2

3. 保护与帮助

以自我保护为主。当身体水平时，在下方的臂、腿一定要充分伸直，臀部向上挺起；当身体倒立时，两臂必须充分伸直，否则极易掉下。如果发觉可能掉下，两脚要努力勾住。另外，两手任何时候都不能松开，头部不得后仰超出轮柱。

保护者应有两人，一人站在滚轮转动方向一侧扶滚轮，另一人站在前面。初学者应在滚轮静止状态下进出轮。保护者在练习者水平时托其腰，头朝下时托其肩，但一定要防止自己的手臂受到伤害。如果练习者可能掉下，保护者要积极将其抱住，另一人要及时停轮。当练习者动作错误时，保护者可用语言、用手碰触练习者身体有关部位给予提醒，必要时系上保护腰带、脚带。

4. 易犯错误

（1）倒立前左臂伸直过晚，从而造成两臂未能伸直而掉下。

（2）当身体水平时，下方臂、腿未能充分伸直，臀部未能向上挺起，未能形成三角形而掉下。

（3）头部过度后仰超出轮体碰触立柱。

（二）前转

1. 预备姿势

两脚踏进纵踏板脚套，两手分握轮柱或前后正握小环，如图15-1-3（a）所示。

2. 动作要领

（1）起动与前转。

① 两臂前压，身体前挺使滚轮向前转动；②接近俯卧水平时，头、两臂、上身成一

条直线，收腹、拱臀、直腿，臀部尽可能靠近滚轮圆心，使整个身体呈圆心角状，并保持这种状态向前转动；③转过仰身状态后，两臂稍用力拉滚轮并向前挺身，经开始姿势后，再按以上要领连续向前转动，如图15–1–3（b）所示。

（2）制动与下轮。当身体接近正立时，两手向后拉滚轮，臀部迅速后移，制动滚轮前转，滚轮停稳后下轮。

3. 保护与帮助

以自我保护为主。当身体俯卧时，臂、腿一定要充分撑直，收腹、提臀，使臀部尽可能靠近滚轮圆心。如果发觉有可能掉下，两脚要努力勾住。另外，两手任何时候都不能松开。

保护者一人站在滚轮转动方向一侧扶滚轮，另一人站在前面。当练习者腹朝下时保护者托其腹、头朝下时保护者托其肩、臀朝下时保护者托其臀，但一定要防止自己的手臂受到伤害。保护者要控制好滚轮，协助练习者进出轮。如果练习者可能掉下，保护者一人积极将其抱住，另一人控制好滚轮及时停轮。在练习者动作错误时，保护者可用语言、用手碰触练习者身体有关部位给予提醒。必要时练习者应系上保护腰带、脚带。

4. 易犯错误

（1）两臂向前推压滚轮时挺腹过猛，未能及时直臂、收腹、拱臀而掉下。

（2）转动时，身体乱动，不能始终保持圆心角状态。

（三）后转

1. 预备姿势

两脚踏进纵踏板脚套，两手分握轮柱或大环（注意：握轮柱的手与立柱之间必须有足够的空间），如图15–1–3（c）所示。

（a）　　（b）　　（c）

图 15–1–3

2. 动作要领

（1）起动与后转。两臂后拉，臀部后坐使滚轮向后转动，直臂抬头挺身，重心高抬；头即将朝下时用力拉肩，使头、两臂、上身成一条直线，同时拱臀、屈腿；伸直腿、收腹，臀部接近滚轮圆心，使整个身体呈圆心角状。转过一周后重复用力连续向后转动。

（2）制动与出轮。当身体接近正立时，两臂向前推滚轮，臀部迅速前移。滚轮静止后出轮。

3. 保护与帮助

以自我保护为主。当头朝下时，拱臀、屈腿，向后拉肩，两臂必须充分伸直，否则极易掉下。如果发觉有可能要掉下，两脚要努力勾住。两手任何时候都不能松开。当身体俯卧时，臂、腿一定要充分伸直，收腹、提臀，臀部尽量接近滚轮圆心，使整个身体呈圆心角状。

保护者一人站在滚轮转动方向一侧扶滚轮，另一人站在前面。当练习者腹朝下时保护者托其腹、头朝下时保护者托其肩、臀朝下时保护者托其臀。但保护者一定要注意防止自己的手臂受伤。对于初学者，保护者要固定住滚轮，协助其进出轮；如果其可能掉下，一人积极将其抱住，另一人及时停轮。在练习者动作错误时，保护者可用语言、用手碰触练习者身体有关部位给予提醒。必要时练习者可系上保护腰带、脚带。

4. 易犯错误

（1）头即将朝下时未能拉肩、直臂、屈腿、拱臀或做得太晚，导致脚勾不住掉下。

（2）转动时，两腿、身体乱动，不能始终保持圆心角状态。

（四）向前坐转

1. 预备姿势

用保护带绑住腰部（不宜太紧），两手分握轮柱（注意：手与立柱之间应有足够的距离），一只脚踏轮柱下端，另一只脚踏地，如图15–1–4（a）所示。

2. 动作要领

（1）起动与摆动。踏地脚用力向前下方蹬地，两手向后上方拉轮，身体尽量升高，上体尽量前倾，使身体重心抬高且接近滚轮圆心，使滚轮向后上方摆动。蹬地脚蹬地后，迅速踏上轮柱下端。当滚轮由后上方自然回落时，上体后仰靠近大环，两脚用力蹬轮柱；当摆过垂直下方向上摆动时，上体顺势前倾向前上方晃动；再回落时上体再次靠近大环，摆过垂直下方向上摆动时，上体顺势前倾向后上方晃动。如此反复进行，使摆幅不断加大。

（2）制动与出轮。与摆动用力相反，当身体向下摆动时，上体尽量离开大环，使身体重心尽量靠近滚轮圆心。下落至垂直部位时，上体迅速后仰靠近大环，并保持此姿势上摆。滚轮静止后出轮。

（3）前转。当身体向后上方摆至水平线以上时，上体顺势向前上方晃动，低头、微屈臂，上体前探；当身体转过上方垂直线向下转动时，两臂伸直，抬头，上身接近大环，使身体重心远离滚轮圆心，摆过垂直下方向上摆动时，屈臂向滚动方向拉环，上体前倾顺势向后上方晃动，如图15–1–4（b）所示。

3. 保护与帮助

以自我保护为主。系好保护腰带，手抓紧，脚勾牢。

保护者一人站在滚轮转动方向一侧扶滚轮，另一人站在靠板对面，随时准备给予保护和帮助，但一定要注意防止自己的手臂受伤。对于初学者，保护者应固定住滚轮，协助其进出轮，如果其可能掉下，积极将其抱住，及时停轮。在练习者动作错误时，保护者可用语言、用手碰触练习者身体有关部位给予提醒。必要时练习者可系上保护腰带、脚带。

4. 易犯错误

（1）身体晃动与转动不协调。

（2）晃动的力度、幅度不够。

（五）向后坐转

1. 预备姿势

用保护带绑住腰部（不宜太紧），两手分握轮柱（注意：手与立柱之间应有足够的距离），一只脚踏轮柱下端，另一只脚踏地，如图15–1–4（a）所示。

2. 动作要领

（1）起动与摆动。踏地脚用力向前下方蹬地，两手向后上方拉滚轮，身体尽量升高，上体尽量前倾，身体重心抬高且接近滚轮圆心，使滚轮向后上方摆动。踏地脚蹬地后，迅速踏上轮柱下端。当滚轮由后上方自然回落时，上体后仰靠近大环，两脚用力蹬轮柱；当摆过垂直下方向上摆动时，上体顺势前倾向前上方晃动；再回落时上体再次靠近大环，摆过垂直下方向上摆动时，上体顺势前倾向后上方晃动。如此反复进行，摆幅不断加大。

（2）制动与出轮。与摆动用力相反，当身体向下摆动时，上体尽量离开大环，使身体重心尽量靠近滚轮圆心。下落至垂直部位时，上体迅速后仰靠近大环，并保持此姿势上摆。滚轮静止后出轮。

（3）后转。当滚轮由后上方回落时，上体顺势用力后仰，加大晃动力度，转过立柱后低头、屈臂，上体前倾顺势向前上方晃动，在惯性作用下转过垂直上方，如图15–1–4（c）所示。

（a）　（b）　（c）

图 15–1–4

3. 保护与帮助

以自我保护为主。系好保护腰带，手抓紧，脚勾牢。

保护者一人站在滚轮转动方向一侧扶滚轮，另一人站在靠板对面，随时准备给予保护和帮助，但一定要注意防止自己的手臂受伤。对于初学者，保护者应固定住滚轮协助其进出轮，如果其可能掉下，积极将其抱住，及时停轮。在练习者动作错误时，保护者可用语言、用手碰触练习者身体有关部位给予提醒。必要时练习者可系上保护腰带、脚带。

4. 易犯错误

（1）身体晃动与转动不协调。

（2）晃动的力度、幅度不够。

（六）向前卧转

1. 预备姿势

靠坐在大环与轮柱交叉点上，一只脚踏进纵踏板脚套，另一只脚踏地；两臂伸直上举，两手分握轮柱，背靠大环。[图15–1–5（a）]

2. 动作要领

（1）起动与摆动。与“向前坐转”动作要领相似，踏地脚向前下方用力蹬地，身体离开大环，使滚轮向后上方摆；踏地脚蹬地后立即踏上纵踏板。当滚轮由后上方回摆时，上体后仰贴紧大环，同时臀部尽量用力下坐。摆过下方垂直部位后，两臂伸直，两腿稍屈，上体前移，离开大环挺腹，加大向前上方摆动的速度。当滚轮自然回摆时，上体又后仰贴紧大环，重复前述用力过程，使摆幅不断加大。[图15–1–5（b）]

（2）制动与出轮。停止上述用力，身体重心向相反方向移动，即上摆时身体紧贴大环，下摆时身体靠近滚轮圆心。滚轮静止后出轮。

（3）前转。逐渐加大摆幅后，当滚轮由前上方回摆过垂直部位后，两臂稍屈向后上方拉滚轮，上体向后、向上、向前晃动，挺腹，使身体重心移向滚轮圆心，转过上方垂直部位后，低头收腹，使背紧靠大环，用力下摆。

3. 保护与帮助

以自我保护为主，系好保护腰带，手抓紧，脚勾牢。

保护者一人站在滚轮转动方向一侧扶滚轮，另一人站在靠板对面，随时准备给予保护和帮助，但一定要注意防止自己的手臂受伤。对于初学者，保护者应固定住滚轮，协助其进出轮，如果其可能掉下，积极将其抱住，及时停轮。在练习者动作错误时，保护者可用语言和用手碰触练习者身体有关部位予提醒。必要时练习者可系上保护腰带、脚带。

4. 易犯错误

（1）从后上方向前方转动时身体前伸、挺腹不充分。

（2）从前上方向下转动时身体后仰贴滚轮不充分或太晚。

（3）从下方向后上方转动时身体未能离开大环，制动了滚轮转动。

（七）向后卧转

1. 预备姿势

靠坐在大环与轮柱交叉点上，一只脚踏进纵踏板脚套，另一只脚踏地；两臂伸直上

举，两手分握轮柱，背靠大环。[图15-1-5（a）]

2. 动作要领

（1）起动与摆动。与“向后坐转”动作要领相似，踏地脚向前下方用力蹬地，身体离开大环，使滚轮向后上方摆，踏地脚蹬地后，立即踏上纵踏板。滚轮由后上方回摆时上体后仰贴紧大环，同时臀部尽量用力下坐。摆过下方垂直部位后，两臂伸直，两腿稍屈，上体前移离开大环挺腹，加大向前上方摆动的速度。当滚轮自然回摆时，上体又后仰紧贴大环。重复前述用力过程，使摆幅不断加大。[图15-1-5（b）]

（2）制动与出轮。停止上述用力，身体重心向相反方向移动，即上摆时身体紧贴大环，下摆时身体靠近滚轮圆心。滚轮静止后出轮。

（3）后转。当滚轮由后上方回摆时，两臂伸直，臀部后移，上体后仰背靠滚轮，同时臀部尽量用力下坐。转过立柱向前上方转动时，挺腹，使身体重心移向滚轮圆心，同时向前上方晃动。身体转过垂直部位上方后，随即收腹，背靠大环，使滚轮加速向下转动。[图15-1-5（c）]

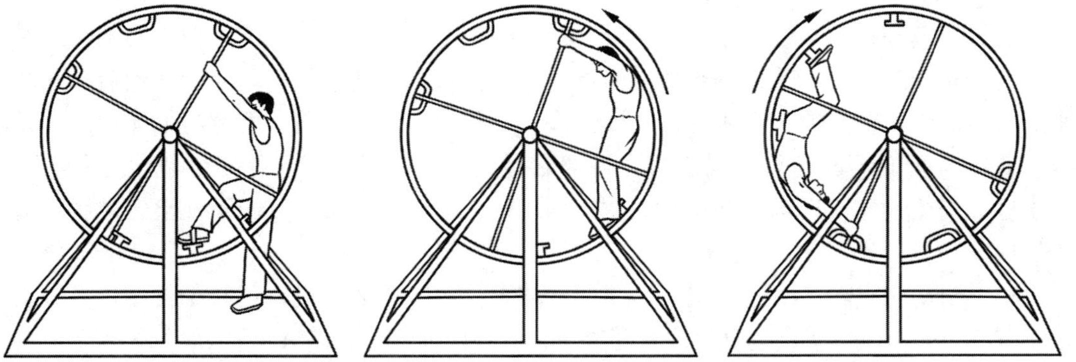

（a）　　（b）　　（c）

图 15-1-5

3. 保护与帮助

以自我保护为主，系好保护带，手抓紧，脚勾牢。

保护者一人站在滚轮转动方向一侧扶滚轮，另一人站在靠板对面，随时准备给予保护和帮助，但一定要注意防止自己的手臂受伤。对于初学者，保护者应固定住滚轮协助其进出轮，如果其可能掉下，积极将其抱住，及时停轮。在练习者动作错误时，保护者可用语言、用手碰触练习者身体有关部位给予提醒。必要时练习者可系上保护脚带。

4. 易犯错误

（1）从后上方向下方转动时身体贴轮不充分，用力不大。

（2）从下方向前上方转动时身体未能离轮，用力向上晃动。

任务二　活动滚轮

一、器械介绍

活动滚轮结构图如图15-2-1所示。上杠、中杠、下杠将除两下杠之间部分的大轮五等分。在滚轮外面对滚轮横面站立时，靠近身体的大轮为内大轮，距身体较远的大轮为外大轮。立于滚轮中间面前的大轮为前大轮（内大轮），背后的大轮为后大轮（外大轮）。

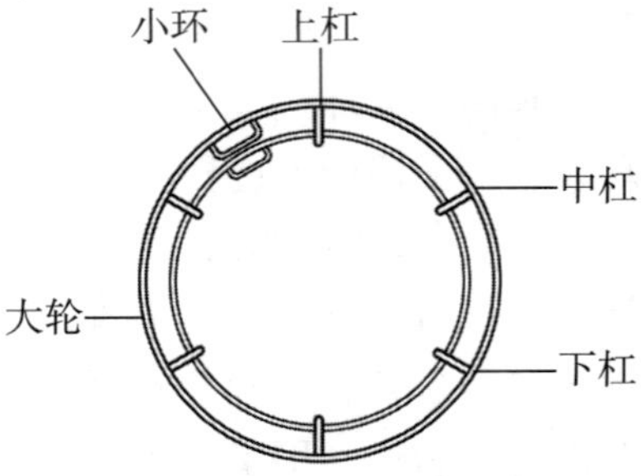

图 15-2-1

二、练习内容

（一）挂足前滚

1. 预备姿势

两手正握中杠，上体稍后仰，一条腿弯曲，脚踏入小环，另一只脚踏地。[图15-2-2（a）]

2. 动作要领

（1）起动与滚动。踏地脚蹬地，两手向后上方拉杠，使滚轮稍向后滚，然后踏地脚迅速踏入小环。两臂向前下方压杠，随即低头、含胸、收腹、屈髋，两臂与上体接近一条直线。上体与两腿约成直角的圆心角，臀部靠近滚轮圆心，保持这一姿势使滚轮前滚。接近滚过一周至上体接近垂直部位时，两臂稍压杠，挺腹、顶肩、收腹，使滚轮继续前滚。[图15-2-2（b）至图15-2-2（d）]

（2）制动与出轮。滚过头朝下后，两臂伸直，两腿弯曲，使臀部与小腿靠近，制动滚轮前滚。当滚至身体接近垂直时两臂屈臂拉杠，身体前移，制动滚轮后滚。[图15-2-2（e）至图15-2-2（g）]

在滚轮即将开始前滚时，一只脚迅速着地，另一只脚也跟着向前着地、下蹲，两手继续握杠顺势出轮。出轮后应继续控制滚轮，不让其滚动。[图15-2-2（h）至图15-2-2（k）]

3. 保护与帮助

保护者一人控制滚轮，另一人跟随滚轮（脚尖向前，防止脚被压）移动。当练习者腹部朝下时保护者托其腹、腹部朝上时保护者托其背、头朝下时保护者托其肩，必要时给予语言提醒。一旦练习者掉下，保护者应及时将其抱住，同时立即停轮。

另外，练习者要注意自我保护，即努力做到手不松杠、脚不脱环。

4. 易犯错误

（1）两臂向前推压滚轮时用力过猛，未能及时直臂、收腹，造成屈臂、挺身、塌腰而掉下。

（2）转动时，两腿、身体乱动，不能始终保持圆心角状态。

（二）挂足后滚

1. 预备姿势

两手正握中杠，上体稍后仰，一条腿弯曲，脚踏入小环，另一只脚踏地。[图15-2-2（a）]

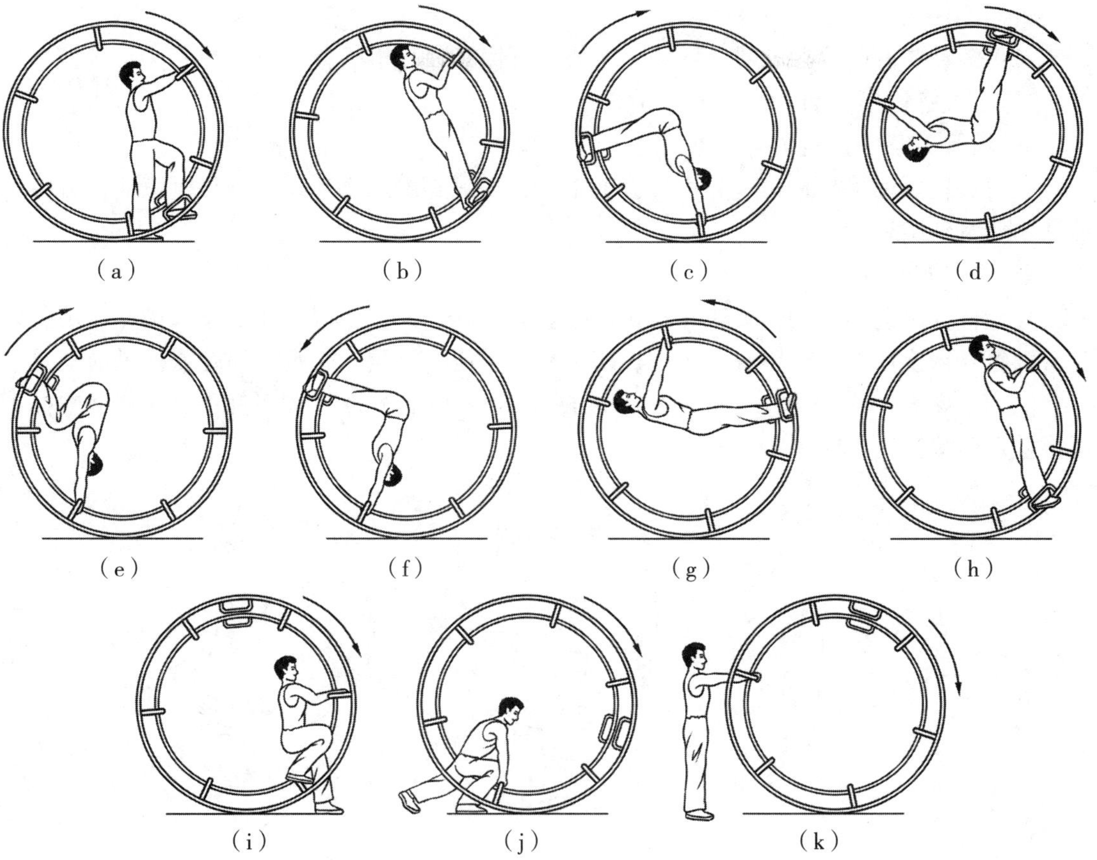

图 15-2-2

2. 动作要领

（1）起动与滚动。起动与滚动在呈前滚制动状态后，滚轮开始后滚，两腿顺势伸直后蹬，两臂向后上方拉杠，随即上体后倒，抬头、挺胸、展髋。滚至头接近朝下时，开始拉肩、直臂、屈腿、收腹提臀（像前滚制动状态），接着蹬直两腿，屈体成直角后滚。在身体接近上仰水平时稍直臂、抬头、挺胸、展髋，呈开始后滚姿势，继续用力使滚轮连续后滚。[图15-2-2（f）、图15-2-2（g）]

（2）制动与出轮。当滚至身体即将直立时，直腿、展髋、曲臂，滚轮即停止后滚；在滚轮前滚时与挂足前滚的出轮方法一样出轮。[图15-2-2（h）至图15-2-2（k）]

3. 保护与帮助

保护者一人控制滚轮，另一人跟随滚轮（脚尖向前，防止脚被压）移动。当练习者腹部朝上时保护者托其臀、背，头朝下时保护者托其肩，腹部朝下时保护者托其腹，必要时给予语音提醒。一旦练习者掉下，保护者应及时将其抱住，同时立即停轮。另外，练习者要注意自我保护，即努力做到手不松杠、脚不脱环。

4. 易犯错误

（1）头即将朝下时未能及时拉肩、直臂、屈腿提臀或做得太晚，从而造成双臂撑不住、脚勾不住而掉下。

（2）滚动中两腿弯曲、身体乱动，不能始终保持圆心角状态。

（三）大错臂挂足前滚

1. 预备姿势

一只手正握前下杠，另一只手反握前中杠，一只脚踏入小环，另一只脚蹬地，上体稍后仰。[图15–2–3（a）]

2. 动作要领

大错臂挂足前滚的动作要领与挂足前滚基本相同。其主要区别如下。大错臂挂足前滚时，两臂要依次压杠，握中杠手先压，握下杠手后压。挺腹、收腹的幅度比挂足前滚要小一些但力量要大一些。[图15–2–3（b）、图15–2–3（c）] 出轮时，握下杠手迅速移握中杠，再按挂足前滚方法出轮。

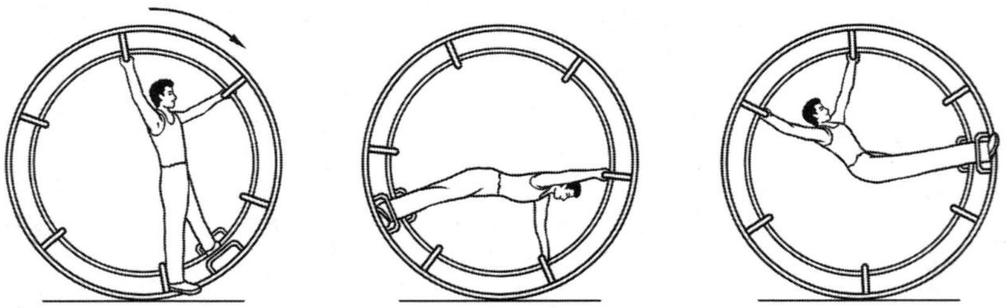

（a）　（b）　（c）

图 15–2–3

3. 保护与帮助

保护者一人控制滚轮，另一人随滚轮（脚尖向前，防止脚被压）移动。当练习者腹部朝下时保护者托其腹、腹部朝上时保护者托其背、头朝下时保护者托其肩，必要时给以语言提醒。一旦练习者掉下，保护者应及时将其抱住，同时停轮。另外，练习者要注意自我保护，即努力做到手不松杠、脚不脱环。

4. 易犯错误

两臂向前推压滚轮时用力过猛，未能及时直臂、收腹，造成屈臂、挺身、塌腰而掉下。

（四）大错臂挂足后滚

1. 预备姿势

一只手正握前下杠，另一只手反握前中杠，一只脚踏入小环，另一只脚蹬地，上体稍后仰。[图15–2–3（a）]

2. 动作要领

大错臂挂足后滚的动作要领与挂足后滚基本相似。当前滚呈制动状态时，趁滚轮回滚之势，顺势用力蹬直两腿，使滚轮加速后滚，两臂依次拉杠，握下杠手先拉，握中杠手后拉。挺腹、拉肩、收腹、屈腿拱臀的幅度比挂足后滚要小一些，但力量要大一些。[图15–2–4（a）至图15–2–4（c）]

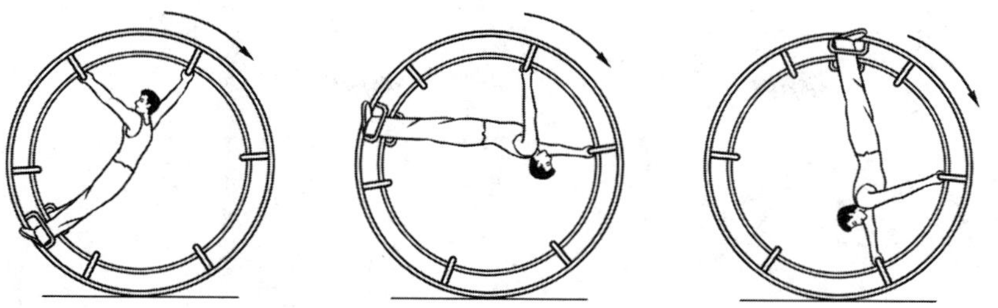

（a）　（b）　（c）

图 15–2–4

3. 保护与帮助

保护者一人控制滚轮，另一人跟随滚轮（脚尖向前，防止脚被压）移动；当练习者腹部朝上时保护者托其背、臀，头朝下时保护者托其肩，腹部朝下时保护者托其腹，必要时给予语言提醒。一旦练习者掉下，保护者应及时将其抱住，同时立即停轮。另外，练习者要注意自我保护，即努力做到手不松杠、脚不脱环。

4. 易犯错误

（1）头即将朝下时未能及时拉肩、直臂、屈腿提臀或做得太晚，造成双臀撑不住、脚勾不住而掉下。

（2）滚动中两腿弯曲、身体乱动。

（五）侧滚

1. 预备姿势

两手手心相对正握上杠，两脚踏两下杠。［图15–2–5（a）］

2. 动作要领（以向左侧滚为例）

（1）摆动。摆动由起动与制动2部分组成。

① 起动。身体重心左移，左脚蹬杠，右腿屈膝放松，左臂向左推压上杠，右臂屈臂向左拉杠，使滚轮向左滚动。

② 制动。当滚轮左滚至身体无法再坚持时，向左转体约90°，左手松开，右手向左推杠，身体后移，伸直左腿，右腿弯曲放松，微含胸、收腹、坐臀，使整个身体靠近右侧大轮，制动滚轮左滚。接着滚轮向右回滚。身体右转，左手握杠，蹬直右腿，经过预备姿势后，重心右移，继续蹬直右腿，左腿稍弯曲，右臂伸直向右压杠，左臂屈臂向右拉杠。当滚轮向右滚动至身体无法再坚持时，向右转体约90°，右手松开，左手向右推杠，蹬直右腿，左腿弯曲放松，身体后移，微含胸、收腹、坐臀，使整个身体靠近左侧大轮，制动滚轮右滚。如此来回摆动，滚轮的摆幅不断加大。［图15–2–5（b）、图15–2–5（c）］

（2）滚动。当决定向左滚动后，不再做左滚制动动作。当滚至身体接近水平时，右脚压杠，臀部上提，使左臂、上体与下肢形成一个三角形的两边（第三边是手脚之间的连线），臀部是一个角的角顶，以维持身体平衡。滚过水平部位后，右臂逐步伸直压杠，滚至头朝下时，两臂充分伸直，屈腿、稍抬头收腹，呈两脚夹杠的倒立姿势。转过倒立部位后，右臂和右腿充分伸直支撑，同时屈左臂，左脚压杠，臀部上提，以伸直

右臂，右腿支撑身体，保持身体平衡。如此依次用力完成连续侧滚。[图15–2–5（d）至图15–2–5（f）]

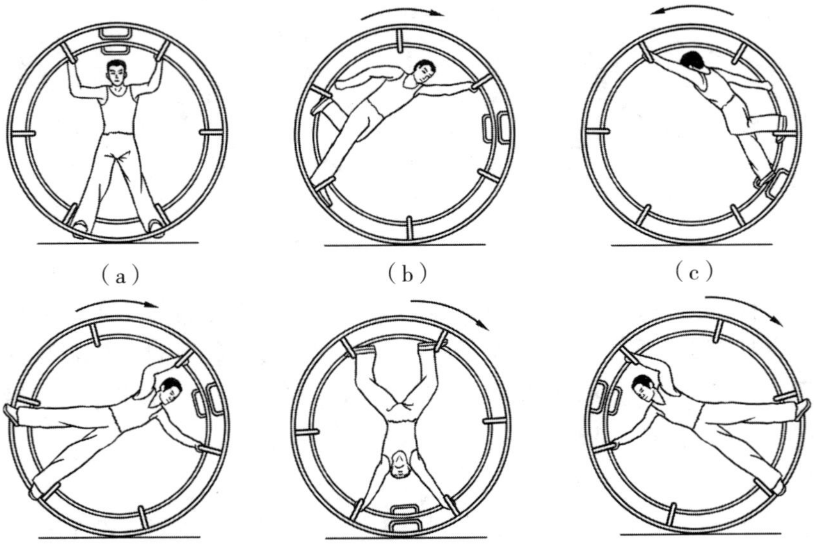

图 15–2–5

（3）出轮。制动左滚，恢复预备姿势后向前出轮。向右侧滚的动作要领与向左侧滚相同，但手脚用力方向相反。在此，向滚轮爱好者介绍一种新练习——单臂侧滚，仍以左侧滚为例。

① 起动、摆动与制动。起动、摆动与制动都只有左臂用力，右手叉腰。向左滚动时，蹬直左腿，左臂直臂推轮，滚至一定角度后，身体左转，重心右移，制动左滚。接着，蹬直右腿，身体右转。滚过直立状态后，身体继续右转，重心移向左侧，左臂向右侧推轮，制动右滚。

② 滚动。经过摆动后，确定左滚时，第一次水平与侧滚一样，依靠伸直左臂、左腿、提臀来维持平衡。当滚过水平部位接近倒立时，身体偏向支撑臂一侧，呈单臂倒立支撑状态。滚过倒立部位后，身体迅速右转，同时蹬直右腿，至水平状态时，左腿压杠，提臀，依靠右腿和左臂维持身体平衡。然后身体左转呈正立姿势后按上述方法继续侧滚。

3. 保护与帮助

保护者一人控制滚轮，其责任如前所述。另一人于练习者背侧，脚尖朝前，随轮移动，在练习者水平时托其腰，倒立时托其肩。练习者即将掉下时，保护者应及时将其抱住，或推其背，让其两脚落于滚轮外。

自我保护：身体呈水平状态时下方的臂、腿一定要伸直，倒立时两臂必须伸直。一旦发觉坚持不住，收腹并用肢体力量让两脚落于滚轮外的地面。

4. 易犯错误

（1）身体呈水平状态时下方的臂、腿未能充分撑直，臀部未能向上挺起，未能形成三角形而掉下。

（2）倒立前右臂撑直过晚，造成倒立时两臂未能伸直而掉下。

（3）倒立时挺身塌腰，造成无法支撑而掉下。

（六）单人踏轮侧滚

1. 预备姿势

两手手心相对分握两杠，两腿微屈，两大腿并拢，两脚分别踏前后大轮或小环。后腿弯曲程度要大于前腿，使身体重心居两大轮中间。[图15–2–6（a）]

2. 动作要领

（1）摆动（起动）。本动作属于偏心滚动，必须先经过反复左右摆动，逐步加大摆幅之后才能完成。以向右摆动为例，向右下偏移重心，左手拉杠，右手直臂压杠，使轮开始右滚。在滚轮滚到最高点后，两臂用力将身体向左上方移动完成第一次制动。随着滚轮自然向左回滚之势，左臂用力压杠，右臂拉杠，全身也用力向下压滚轮，使轮左滚。当左滚至最高点时，两臂用力将身体向右上方摆动，完成第二次制动。如此来回摆动，使摆幅不断加大。

此外，还有一种起动方法，可立即完成滚动。预备姿势：两手手心相对分握两上杠，脚踏下杠。两手拉杠，两脚跳起成屈体悬垂后，两脚一前一后蹬踏小环，然后臀部向滚动方向移动，开始滚动。

（2）滚动。当摆动的幅度超过水平面后，身体重心（主要指臀部）用力向滚动方向做弧形摆动。滚过上方垂直部位后除身体继续顺势摆动外，同侧手推压杠，异侧手提拉杠，使滚轮加速滚动。总之，身体重心要顺势按滚动方向用力做圆周运动。[图15–2–6（b）、图15–2–6（c）]

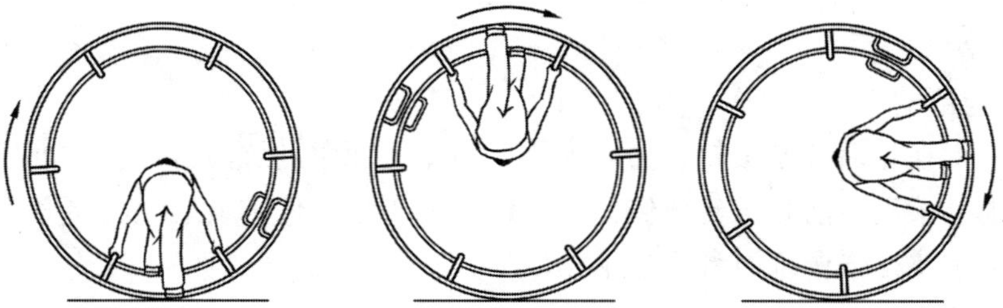

（a）　　（b）　　（c）

图 15–2–6

（3）制动与出轮。当决定停止滚动时，不再做推拉杠等动作，在新一轮滚动即将开始时，臀部向相反方向移动即可制动滚轮。

制动后，随着滚轮回滚，两脚依次着地，身体转向滚动方向，两手同握一杠，下蹲完成出轮，出轮后继续控制滚轮不让其滚动；也可不经制动，两脚依次着地，身体转向滚动方向下蹲出轮。

向左滚动的动作要领与此相同，但用力方向相反。

3. 保护与帮助

保护者一人在轮后控制滚轮，另一人立于滚轮侧面（靠近头部一侧）随练习者移动，其目的主要是托练习者臀部助其滚动，防止滚轮侧倒。一旦练习者脱手，保护者一人应及时将其抱住，另一人及时停轮。自我保护主要是强调练习者不松手。

4. 易犯错误

（1）身体未能按滚动方向做圆形晃动或与滚轮的滚动不协调。

（2）身体不是左右晃动而是前后晃动，易使滚轮晃动甚至侧倒。

（七）双人踏轮侧滚

1. 预备姿势

两人面对滚轮横面，面对面站立。第一人采用单人踏轮预备姿势，手握中杠与下杠，并控制好滚轮；另一人站立其前，手握中杠与上杠。第一人为组长。

2. 动作要领

（1）起动与滚动。第一人完成预备姿势后，第二人拉杠跳起，两脚分踏前后大轮。然后，两人臀部同时移向滚动方向，两手一压一拉，做连续侧滚。每到滚至下方者，可用一只脚蹬地或扭动滚轮控制滚速和方向。

（2）制动与出轮。当组长发出“出轮”口令后，两人不再做移动重心与拉压杠动作，第一人滚至下方时先出轮，其动作要领是向滚动方向转体，面向滚动方向，两脚依次着地，松开异侧手，两手同握一杠，低头、含胸，用力拉杠直到无法再拉为止，以降低滚轮滚速。第二人滚至下方时采用相同的方法出轮。最后两人起立，第二人拉住滚轮，不让其滚动。（图15–2–7）

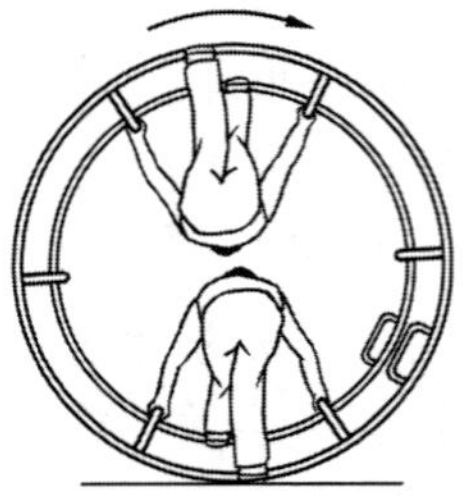

图 15–2–7

3. 保护与帮助

保护者一人在轮后控制滚轮，另一人立于滚轮侧面跟随练习者移动，其目的主要是托练习者臀部助其滚动，防止滚轮侧倒。一旦练习者脱手，保护者应及时将其抱住，及时停轮。自我保护主要是强调练习者不松手。

4. 易犯错误

（1）两人起动时动作不协调，第二人还未完成预备姿势滚轮已滚动。

（2）两人身体圆弧形晃动不协调。

（3）身体不是左右晃动而是前后晃动，易使滚轮晃动。

（4）两人出轮时动作不协调，先出轮者未拉滚轮减速。

（八）5人踏轮侧滚

1. 预备姿势（以向右滚动为例）

第一人立于轮纵面外侧，左手侧平举握上方下杠；其他4人成一列横队，间隔一臂侧立。第一人为组长。

2. 动作要领

（1）进轮与滚动。第一人拉下杠随即下蹲进轮，右手握中杠，两脚一前一后蹬大轮；第二人左手拉中杠进轮，右手握上杠，依次类推。注意：哪只脚在前、哪只脚在后，五人动作应统一。5人按动作要领同侧手推压轮，异侧手拉轮，身体向滚动方向弧形摆动，使滚轮向右侧滚。每人滚至下方时，根据组长的口令两脚落地后做加速、减速或纠正方向的动作。

（2）制动和出轮。当组长发出“出轮”口令后，大家停止用力，并适当向相反方向用力，变压为拉、变拉为压，以降低滚轮速度。当第一人滚至下方时，向右转体，面向转动方向，两脚依次着地，松左手与右手同握一杠，含胸、低头，出轮。出轮后仍要用力拉轮降低滚轮速度。其余4人同法依次出轮，根据组长口令起立，最后一人仍需拉轮不让滚轮滚动。（图15-2-8）

图 15-2-8

3. 保护与帮助

保护者随轮移动，一旦发现意外情况及时防护与停轮。

4. 易犯错误

（1）进轮时拉滚轮方向不正，使滚轮滚动方向不正。

（2）滚动中身体前后摆动。

（3）出轮时未拉滚轮减速。

（九）单人挂膝后滚

1. 预备姿势

面对滚轮纵面站立于轮外，两手正握中杠。[图15-2-9（a）]

2. 动作要领

（1）起动与后滚。两手向后下方用力拉、压中杠，退后一两步下蹲，进入滚轮；随着滚轮的滚动，身体逐步起立，两臂用力向上、向后拉杠，两脚顺势用力蹬地向后上方跳起，随即两膝弯曲勾挂上杠，两臂伸直，抬头、挺胸、展髋，向后滚动。当滚至头即将朝下时，臀部后坐，收腹、拱臀，大腿下部压坐于杠上。两臂伸直顶肩使两臂与上体成一条直线。当滚至接近地面时，两小腿前伸着地，随即蹬地向后上方跳起，使滚轮继续后滚。[图15-2-9（b）至图15-2-9（d）]

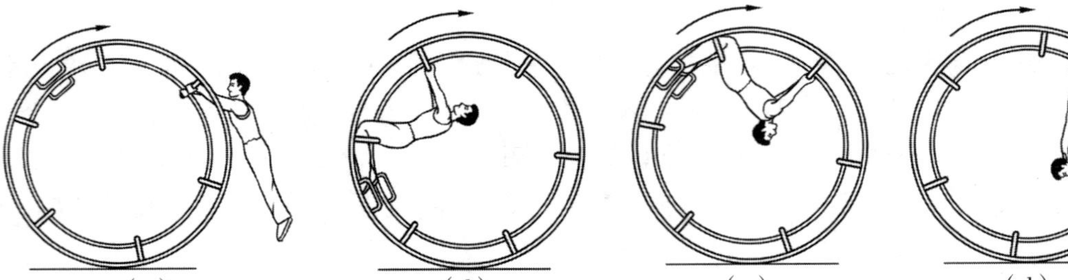

图 15-2-9

（2）制动与出轮。当滚轮后滚至脚即将着地时，小腿前伸，两脚着地，两臂用力向体前下方拉、压杠，使滚动速度减慢，接着坐下，松两只手或一只手出轮。松两只手时由保护者帮助控制滚轮。也可在两脚着地后，不再做拉杠蹬地起跳动作，两臂用力向体前下方拉、压杠，使滚轮回滚，然后两手握杠下蹲出轮，出轮后拉滚轮起立，完成出轮。

3. 保护与帮助

保护者两人在滚轮两侧跟随滚轮跑动，在练习者腹部朝上时托其臀、背，头朝下时托其肩，腹部朝下时托其腹。如果练习者未能一次完成滚动，保护者可助其完成，必要时给予语言提醒。一旦练习者掉下，保护者一人积极将其抱住，另一人立即停轮。另外，练习者要注意自我保护，努力做到手不松杠。如果不能一次完成挂膝后滚，在下方时应用力压杠，使滚轮继续滚动。

4. 易犯错误

（1）进轮时蹬地跳起过早、过晚或起跳力度不够。

（2）进轮后挺身力度不足。

（3）当头即将朝下时未能及时拉肩、直臂、坐臀或做得太晚，造成两臂撑不住，腿挂不住而掉下。

（4）脚即将着地时未伸直小腿，不是用大腿压杠。

（十）双人挂膝后滚

1. 预备姿势

第一人立于轮中，体前屈两手拉下方下杠；第二人立于轮纵向后面拉握上杠。第一人为组长。[图15-2-10（a）]

2. 动作要领

（1）进轮与后滚。第一人在轮中向后上方拉杠，接着两脚蹬地跳起，两膝挂中杠，向后上方挺身；第二人在轮外同时拉、压杠进轮后同样蹬地、挂膝、挺身。两人各自按单人挂膝后滚动作要领使滚轮后滚。

（2）制动与出轮。当组长发出“出轮”口令后，第一人滚至后下方时两臂支撑、松膝向后方落下，接着向上拉轮、推轮，使滚轮减速并回滚。此时，第二人先压轮，使轮停止后滚，等第一人落下、后滚轮回滚时下蹲出轮。（图15-2-10）也可用顺势坐地的方法出轮，先坐地出轮者应一只手用力拉滚轮，使滚轮减速。

（a）　　（b）　　（c）

图 15-2-10

3. 保护与帮助

保护者两人在滚轮两侧跟随滚轮跑动，在练习者腹部朝上时托其臀、背，头朝下时托其肩，腹部朝下时托其腹。如果练习者未能一次完成，保护者可助其完成，必要时给予语言提醒。一旦练习者掉下，保护者一人积极将其抱住，另一人立即停轮。另外，练习者要注意自我保护，努力做到手不松杠。如果滚轮内的练习者挂膝后滚轮未能继续后滚，滚轮外的练习者要用力拉滚轮，不让滚轮回滚。

4. 易犯错误

（1）进轮时蹬地跳起过早或过晚。

（2）进轮后挺身力度不足。

（3）当头即将朝下时，未能及时拉肩、直臂、坐臀或做得太晚，造成两臂撑不住、腿挂不住而掉下。

（4）脚即将着地时未伸直小腿，不是用大腿压杠。

（5）出轮时配合不好，第一人准备跳下时第二人未压轮，或第一人跳下后未拉轮。

（十一）5人挂膝后滚

1. 预备姿势

5人成一路纵队，面对滚轮纵向、前后距离一臂站立。第一人两手握上方下杠。第一人为组长。[图15-2-11（a）]

2. 动作要领

5人挂膝后滚的动作要领与单人挂膝后滚基本相同。第一人握下杠，按单人挂膝后滚动作要领进轮，其余4人依次用力拉杠进轮。每人滚至下方两脚落地时，根据组长的口令做加速、减速或纠正方向的动作。出轮方法：当组长滚至接近地面时发出“出轮”口令，其余四人等组长滚至地面时松手坐下，单手拉滚轮，使滚轮减速。也可使滚轮回滚下蹲出轮。每人出轮时均稍拉杠，降低滚动速度。（图15-2-11）

3. 保护与帮助

保护者要随滚轮移动，发现意外情况及时停轮。

4. 易犯错误

（1）进轮时拉滚轮方向不正，使滚轮滚动方向不正。

（2）出轮时未拉滚轮减速。

（a）　　（b）　　（c）

图 15-2-11

（十二）单人穿越踏杠前滚

1. 预备姿势

在滚轮内手握中杠或上杠，一只脚踏下杠或中杠，另一只脚立地。[图15-2-12（a）]

2. 动作要领

（1）起动与前滚。两臂压杠，踏杠脚用力蹬杠，使滚轮前滚，随即下蹲出轮。等全身出轮后在身体即将直立时屈臂拉杠，两脚依次蹬地跳起前穿，先后踏身前横杠。[图15-2-12（b）]滚至两脚快着地时，依次着地。如此重复不断前滚。

（2）制动与出轮。当要停止练习时，两脚落地后，下蹲拉杠出轮，最后两手拉滚轮立定。[图15-2-12（c）]

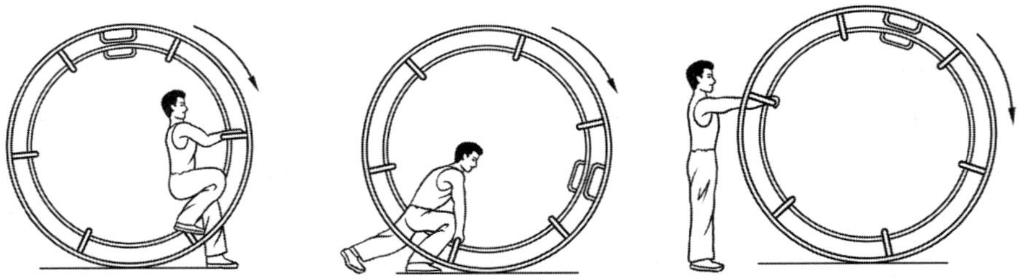

（a）　　（b）　　（c）

图 15-2-12

3. 保护与帮助

保护者如发现练习者未能正确完成练习时，一人或帮助其完成或及时停轮，另一人将其抱住。

练习者要注意自我保护。如果前穿未能踏上杠，则立即在轮中屈臂悬垂，两脚分开落于滚轮外；如已踏上杠，但是未能前滚，反而后滚，此时除弯腿屈臂悬垂外，还可以两小腿挂膝后滚。一定要掌握好起跳时机，起跳过早不仅影响前滚还会倒滚，起跳过晚则易使小腿碰杠。

4. 易犯错误

（1）起跳过早或过晚，犹豫不决。

（2）起跳时拉滚轮过早，使滚轮减速。

（十三）双人穿越踏杠前滚

1. 预备姿势

第一人在滚轮内前部一只脚踏下杠，另一只脚踏地，两臂正握中杠；第二人在滚轮后部两脚前后开立，手握中杠，一只脚踏地。第一人为组长。

2. 动作要领

（1）起动和前滚。第一人两手用力压杠，踏杠脚用力蹬杠使滚轮前滚；第二人先向前上方推滚轮，接着蹬地跳起，屈臂，两腿向前穿越踏杠，然后臂拉、压杠，脚用力蹬杠使滚轮加速前滚；接着，第一人完成穿越踏杠，使滚轮继续前滚。

（2）制动和出轮。组长发出“出轮”口令后，第二人不再起跳、拉杠，使滚轮减速后松手站立；第一人两脚落地，下蹲出轮，拉滚轮站立。

3. 保护与帮助

保护者两人在滚轮两侧随滚轮跑动，如果练习者未能一次完成可助其完成，必要时给予语言提醒。一旦练习者掉下，保护者一人积极将其抱住，另一人立即停轮。

练习者要注意自我保护，努力做到手不松杠。当一人踏杠后滚轮未能前滚时，另一人可努力让滚轮前滚，也可变成双人挂膝后滚。

4. 易犯错误

（1）穿越时蹬地跳起过早或过晚。

（2）起跳时用力拉滚轮，使滚轮减速。

（十四）单人支撑前滚

1. 预备姿势

两手正握中杠，一只脚站在轮内地上，另一只脚踏下杠，上体稍后仰。[图15-2-13（a）]

2. 动作要领

（1）起动与前滚。着地脚充分蹬直，两手向后上方拉杠，使滚轮稍向后滚，接着趁滚轮前滚之势，蹬杠脚用力蹬杠，两手向前下方用力压杠，使滚轮快速前滚，两脚跟进。当手握杠滚至腹部时，两腿伸直，两脚积极蹬地向上跳起，两臂伸直正撑于中杠，抬头、挺胸前滚。滚过垂直面后，稍收腹、塌腰。当前滚到脚即将着地时，一只脚蹬杠，另一只脚着地，然后继续做蹬杠、蹬地跳起、拉杠等动作，使滚轮继续前滚。[图15-2-13（b）至图15-2-13（e）]

（2）制动与出轮。在身体下降时，两脚依次着地，两臂用力控制滚速，下蹲，握杠出轮。

3. 保护与帮助

保护者两人均跟随滚轮移动。保护者要特别注意练习者未完成练习时的灵活处置，或帮助练习者完成练习，或及时停轮。

练习者要注意自我保护。练习者一旦发现未能完成练习，不要慌张，如果两臂已形成支撑，则让滚轮自然回滚，两脚落地后小步后退；如果两臂未形成支撑，则立即屈臂弯腿悬垂，防止小腿撞击横杠，然后灵活处置，或随滚轮后滚落地，或随滚轮前滚两腿落地下蹲出轮；如果支撑不稳上体前倒，则顺势做前翻成屈臂悬垂。

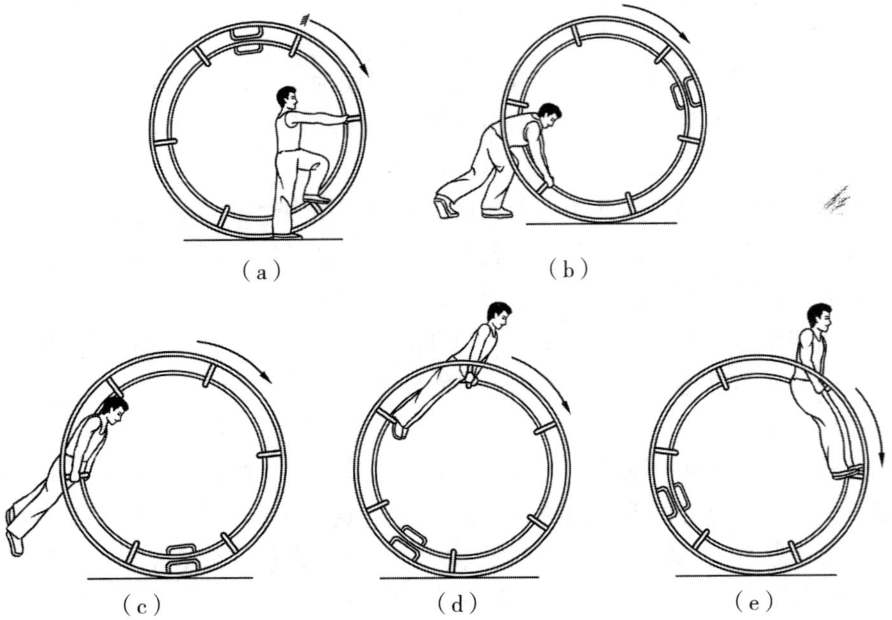

图 15-2-13

另外，练习者一定要掌握好起跳时机，起跳过早，不仅会影响前滚还会倒滚，起跳过晚则两臂无法形成支撑，而且易使小腿碰杠。因此，练习者应抓住正确时机果断跳起，切勿犹豫。

4. 易犯错误

（1）跳起过早或过晚，犹豫不决。

（2）跳起时有拉杠、压杠现象，使滚轮减速。

（3）跳起过猛而且方向过于向前，形成支撑后上体前倒。

（十五）双人支撑前滚

1. 预备姿势

第一人在轮内前部两手握中杠，一只脚踏下杠，另一只脚着地；第二人在滚轮内后部两手握中杠。第一人为组长。[图15-2-14（a）]

2. 动作要领

（1）起动与制动。起动时，轮内者用力蹬杠、压杠，轮外者借势起跳成支撑前滚。如此轮内、轮外位置不断交替用力，使滚轮不断前滚。[图15-2-14（b）、图15-2-14（c）]

（2）制动与出轮。组长发出“出轮”口令后，正处于轮外者不再跳起，稍拉滚轮后松手；处于轮内者，两脚落地，下蹲出轮，最后拉滚轮站立。

3. 保护与帮助

保护者两人均跟随滚轮移动。保护者要特别注意练习者未完成练习时的灵活处置，或帮助练习者完成练习，或及时停轮。

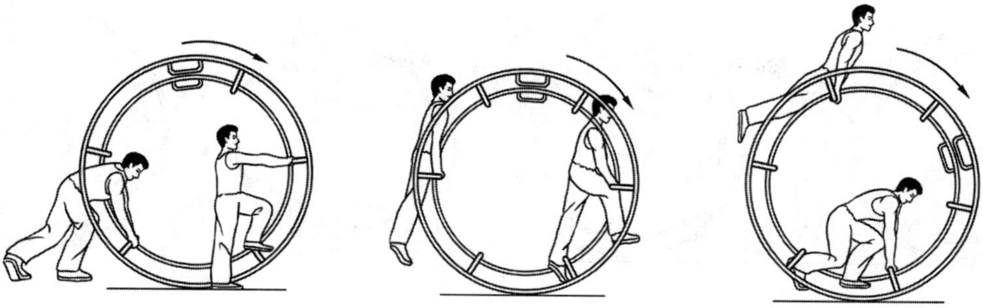

（a）　（b）　（c）

图 15-2-14

练习者要注意自我保护。练习者一旦发现未能完成练习，不要慌张，如果两臂已形成支撑，而滚轮回滚，则处于轮内者根据情况灵活处理，可以努力使轮前滚，也可以压轮使滚轮缓慢回滚；如果两臂形成支撑，则立即屈臂弯腿悬垂，防止小腿撞击横杠，然后灵活处置，或随滚轮后滚落地，或随滚轮前滚两脚落地下蹲出轮；如果支撑不稳上体前倒，则顺势做前翻成屈臂屈腿悬垂。

另外，练习者一定要掌握好起跳时机。起跳过早，影响前滚还会倒滚；过晚，则两臂无法形成支撑，而且易使小腿碰杠。因此，练习者应抓住时机果断跳起，切勿犹豫。

4. 易犯错误

（1）跳起过早或过晚，犹豫不决。

（2）跳起过猛而且方向过于向前，形成支撑后上体前倒。

（3）跳起时有向下拉杠、压杠现象，使滚轮减速。

（十六）单人燕式前滚

1. 预备姿势

在轮前外，侧对纵向滚轮，一只手握上方下杠。[图15-2-15（a）]

2. 动作要领

（1）起动与前滚。握杠手用力拉杠，进轮后转体面向滚动方向，另一只手迅速在背后握杠；一只脚踏杠，另一只脚用力蹬地，上身尽量前探，使身体重心向上、向前运动。蹬地脚蹬地后勾杠。当身体接近水平时，充分抬头、挺胸，身体重心继续前移，滚过水平面后，身体重心尽量靠近前下方。当滚至头朝下时，低头、含胸、收腹，臀部靠杠，两臂用力拉杠；当滚至脚在下方时，勾杠脚着地，顺着滚轮前滚之势用力蹬地，给滚轮加速，继续前滚。[图15-2-15（b）至图15-2-15（d）]

（2）制动与出轮。不再做蹬地、挺身、前探动作，身体、两臂压杠使滚轮回滚，然后一脚着地，制动滚轮、出轮；或者滚轮回滚后当臀部接近地面时顺势坐下，两手先后换握前杠，出轮后一手拉滚轮转身起立。

3. 保护与帮助

保护者两人均跟随滚轮移动。保护者要特别注意练习者未完成练习时的灵活处置，或帮助练习者完成练习，或及时停轮。

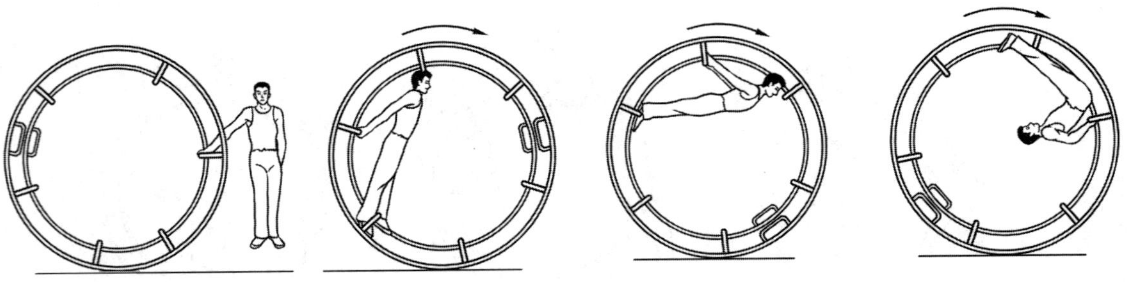

图 15-2-15

练习者要注意自我保护。练习者一旦发现未能完成练习，滚轮回滚，不要慌张，臀部后移贴滚轮，低头、含胸，固定姿势，让滚轮来回摆动后自然停住，或坐地出轮。

4. 易犯错误

（1）跳起过早或过晚，犹豫不决。

（2）一只脚蹬地，另一只脚踏杠时过猛，从而制动了滚轮。

（3）当头部接近地面时未低头。

（十七）双人燕式前滚

1. 预备姿势

滚轮纵向向前，第一人在滚轮外侧立，一只手侧平举拉握中杠；第二人在滚轮内后部，两臂在体后反握中杠，一只脚踏下杠，异侧腿微弯曲，脚踏地。第一人为组长。

2. 动作要领

（1）起动与前滚。滚轮内第二人用力向前上方拉中杠，踏地脚用力蹬地，上体前探使滚轮向前滚动的同时，第一人随即用单人燕式前滚的动作要领进轮，完成单人燕式前滚。两人各自按单人燕式前滚动作要领操作，使滚轮不断前滚。

（2）制动与出轮。当组长发出“出轮”口令后，练习者不再做使轮前滚的动作，而是用力使滚轮回滚，正处下方者先坐地，用一只手拉滚轮，使滚轮减速。第二人也用同样的动作坐地拉滚轮，然后起立。

3. 保护与帮助

保护者两人均跟随滚轮移动。保护者要特别注意练习者未完成练习时的灵活处置，或帮助练习者完成练习，或及时停轮。

练习者需要注意自我保护。练习者一旦发现未能完成练习，滚轮回滚，不要慌张，在滚轮前部者用力压滚轮，在滚轮后部者一只脚撑地，制动滚轮回滚，接着合力使滚轮前滚。

4. 易犯错误

（1）跳起过早或过晚，犹豫不决。

（2）一只脚蹬地，另一只脚踏杠时过猛，从而制动了滚轮。

（3）头部接近地面时未低头。

（4）出轮时未拉滚轮减速。

（十八）5人燕式前滚

1. 预备姿势

5人成一列横队，间隔一臂站在纵向滚轮外。第一人一只手握上方下杠。第一人为组长。

2. 动作要领

（1）起动与前滚。起动时，按单人燕式前滚动作要领，五人依次用力拉杠转体进轮。保持收腹、臀部贴杠姿势，每人脚着地时，可蹬地助力前滚或纠正方向。

（2）制动与出轮。当组长发出“出轮”口令后，练习者不再做使轮前滚的动作，而是用力使滚轮回滚。第一人处于下方时坐地，用一只手拉滚轮，使滚轮减速；其余4人也用同样的动作坐地拉滚轮，最后一人将滚轮拉住后起立。（图15-2-16）

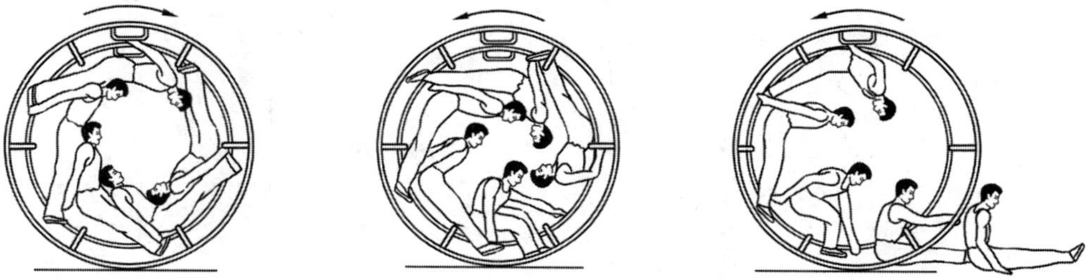

图 15-2-16

3. 保护与帮助

保护者两人均跟随滚轮移动。保护者要特别注意练习者未完成练习时的灵活处置，或帮助练习者完成练习，或及时停轮。

练习者要注意自我保护，努力做到手脚不离杠。

4. 易犯错误

（1）进轮时拉滚轮方向不正，使滚轮滚动方向不正。

（2）滚动中身体乱动或挺腹过大。

（3）出轮时未拉滚轮减速。

（十九）单人穿杠摆越

1. 预备姿势

轮中屈体站立，一只手握中杠，另一只手握下杠。

2. 动作要领（以向左滚动为例）

（1）起动与滚动。左手拉杠，右手压杠，两脚用力蹬地，尽可能使滚轮向右摆动到最高处，臀部靠近右手握杠处。当轮自然回滚时，左手用力压杠，右手用力拉杠，使滚轮加速左滚。此练习还有第二种起动方法，即用单人踏轮侧滚第二种预备姿势，跳起直接两腿摆越，臀部贴于右手握杠处。这种起动方法能很快进入滚动。

两脚在即将离地时顺势用力蹬地，用两臂的力量将臀部、两腿向滚动方向摆越，身体伸展，使臀部从左手握杠处摆越到右手握杠处，带动滚轮向左滚动。保持这种姿势滚到两脚触地后，臀部离杠，左手压杠，右手拉杠，使滚轮加速。接着身体右转，使臀部

靠近左手握杠处，开始新一轮的摆越。向右滚动的动作要领同向左滚动，但用力方向相反。（图15–2–17）

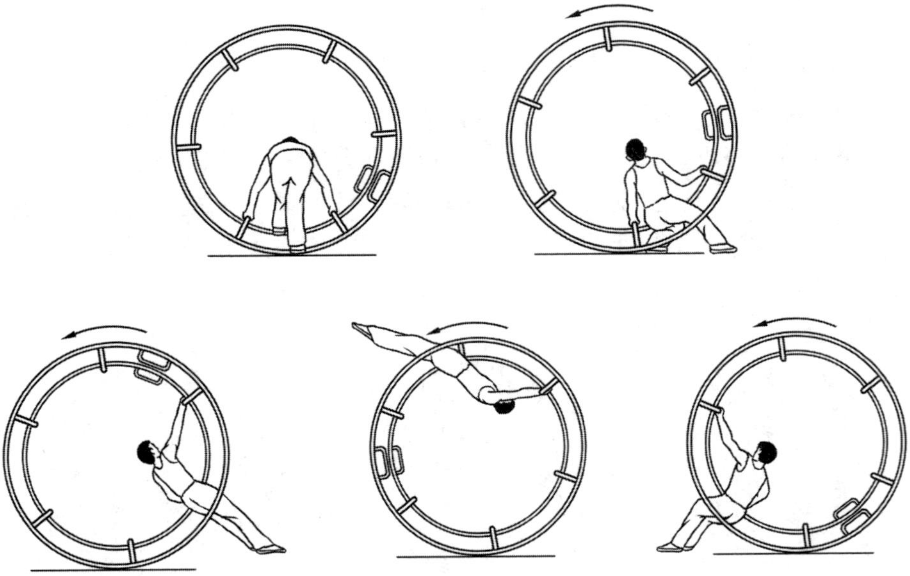

图 15–2–17

（2）制动与出轮。出轮时，用手控制轮速，转体面对滚动方向，松一只手，两手同握一杠，蹲立，出轮，拉杠起立。

3. 保护与帮助

保护者两人均跟随滚轮移动。保护者要特别注意练习者未完成练习时的灵活处置，或帮助练习者完成练习，或及时停轮，防止滚轮侧倒。

练习者要注意自我保护。练习者一旦发现未能完成练习，滚轮回滚，不要慌张，两脚落地后重新开始，或者顺势向另一侧穿杠摆越。

4. 易犯错误

（1）两脚蹬地摆越时，臀部压在左手上使轮减速。

（2）两腿摆越方向不正，不是左右摆动，容易使滚轮晃动甚至侧倒。

（二十）双人穿杠摆越

1. 预备姿势

两人面对面，第一人手握中杠与下杠，采用单人穿杠摆越的一种预备姿势；第二人手握中杠与上杠，采用另一种预备姿势。第一人为组长。

2. 动作要领

（1）起动与滚动。在第一人左手压杠、右手提拉杠准备两脚蹬地摆越两腿时；第二人跳起、收腹、举腿、穿杠，直接将臀部贴靠于右手处。两人轮流摆越使滚轮不断向一侧滚动。（图15–2–18）

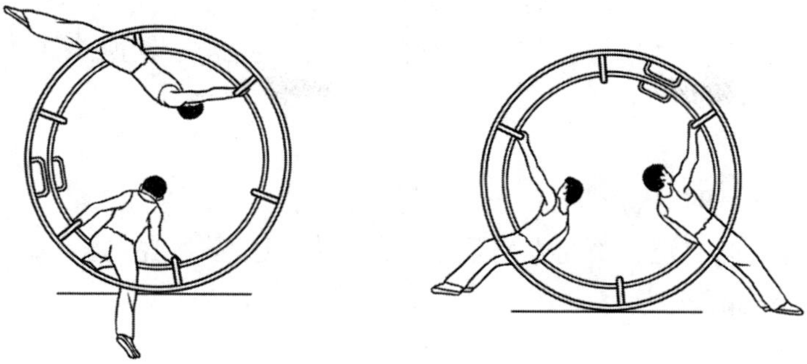

图 15-2-18

（2）制动与出轮。当组长发出“出轮”口令后，第一人处在下方时随即两脚落地，改为右手压杠，左手拉杠，使滚轮减速，接着向滚动方向转体，右手松开，与左手同握一杠，下蹲出轮，但两手仍应用力拉滚轮，使滚轮减速；第二人滚至两脚着地后用同法出轮，最后拉滚轮起立。

3. 保护与帮助

保护者两人均跟随滚轮移动。保护者要特别注意练习者未完成练习时的灵活处置，或帮助练习者完成练习；或及时停轮，防止滚轮侧倒。

练习者要注意自我保护。练习者一旦发现未能完成练习，滚轮回滚，不要慌张。在下方者两脚落地后用力使滚轮不回滚，然后两脚用力蹬地，两手用力拉压杠，使滚轮继续滚动，两腿重新摆越；或者顺势向另一侧穿杠摆越。

4. 易犯错误

（1）两脚蹬地摆越时，臀部压在左手上使滚轮减速。

（2）两腿摆越方向不正，不是左右摆动，容易使滚轮晃动甚至侧倒。

（二十一）5人穿杠摆越

1. 预备姿势

第一人立于滚轮纵向外侧，右手侧平举握上方下杠，其余4人成一列横队，间隔一臂侧立。第一人为组长。

2. 动作要领

（1）起动与滚动。第一人一只手拉、压下杠，接着进轮，另一只手拉中杠；第二人拉中杠及上杠；第三人拉两根上杠。此时，第一人臀部贴靠于中杠后，顺势按单人穿杠摆越的动作用力穿杠摆越，接着第二人、第三人、第四人、第五人依次穿杠摆越，使滚轮继续前滚。

（2）制动与出轮。当组长发出“出轮”口令，第一人滚至最下方时，按单人出轮方法出轮，同时拉滚轮控制滚轮滚速；接着，其余4人依次出轮，最后一人出轮后拉滚轮起立。

3. 保护与帮助

保护者两人均跟随滚轮移动。保护者要特别注意练习者未完成练习时的灵活处置，或助其完成练习，或及时停轮。

练习者要注意自我保护。练习者一旦发现未能完成练习，滚轮回滚，在下方者两手用力，一只手拉杠，另一只手压杠，加大两脚蹬地力量，阻止滚轮回滚并使轮继续前滚。也可反方向做此练习。

4. 易犯错误

（1）两脚蹬地摆越时，臀部压在左手上过久使滚轮减速。

（2）两腿摆越方向不正，不是左右摆动，从而使滚轮前后晃动。

（二十二）骑撑前滚

1. 预备姿势

练习者位于滚轮内，两手正握中杠，一只脚踏下杠，另一只脚着地，上体微后仰。[图15-2-19（a）]

2. 动作要领

两手向前下用力拉、压杠，踏杠脚用力蹬杠，使滚轮加速前滚，两脚向前着地，紧跟一两步下蹲出轮。起立过程中，两臂先向后、向上拉杠，然后向前上方向推杠，加速滚轮前滚。松手紧跟滚轮前跑数步，用单跳双落的跳马踏跳技术起跳，两手分握左右大轮，两腿分开伸直骑撑于滚轮上前滚。当滚轮滚至上方的垂直部位时，两手向后移握，身体即将掉下时，两手向后推滚轮向前跳下，并小步向前跑。[图15-2-19（b）至图15-2-19（e）]

3. 保护与帮助

保护者两人在滚轮两侧跟随滚轮跑动。当练习者未完成前滚时，保护者应帮助练习者完成。当练习者出错骑上后方向不正而向一侧滑落时，保护者一人积极将其抱住，另一人停止滚轮。若滚轮可能侧倒，保护者扶住滚轮不让其倒下，练习者跳下时给予保护，防止其跌倒。

练习者要注意自我保护。当练习者未能完成动作而滚轮回滚时，冷静处理，在回滚到必须跳下时两手向前推滚轮，轻轻向后跳下，小步后退，避免跌倒。

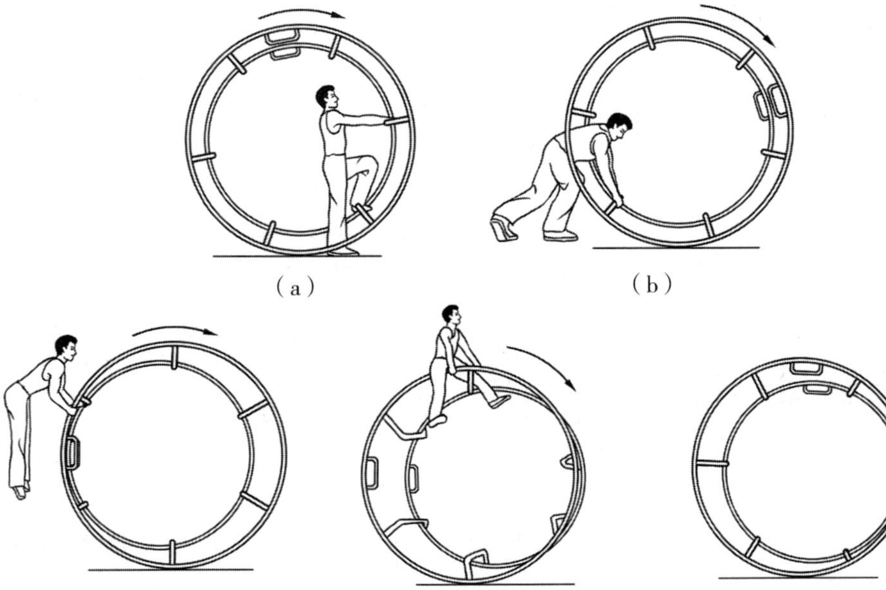

（a）　（b）　（c）　（d）　（e）

图 15-2-19

4. 易犯错误

（1）起动时，出轮后助跑前两手拉滚轮使轮减速。

（2）起跳时机把握不好，过早或过晚。

（3）跳上方向不正，造成分腿骑轮偏向一侧，甚至向一侧滑下。

（二十三）鱼跃后滚（一字后滚）

1. 预备姿势

手握两小环，两脚前后踏下杠（踏同一下杠）。

2. 动作要领

（1）起动与滚动。一只脚轻踏前下杠，异侧腿弯曲放松。两手向前轻轻压滚轮，使滚轮小幅前摆，接着蹬直后腿，稍屈臂向后拉滚轮，身体后坐，使滚轮后滚。当身体无法继续支撑即将掉下时，两手积极向后推滚轮，两脚均蹬踏前下杠，抬头、挺胸，使臂、身、腿呈反弓形。当头部即将朝下时，逐步收腹、弯腿，身体重心向滚轮圆心移动。在头部正朝下时，身体呈直臂、低头、含胸、弯腿、两脚顶住下杠的倒立姿势。当继续后滚至脸部朝下时，积极蹬直两腿，同时提臀、躬身、直腿，呈俯弓形；滚过水平部位后，逐步直髋、挺肩呈预备姿势。

（2）制动与出轮。当即将滚至直立部位时，身体重心前移，两手向前推小环。在滚轮停住后，出轮。

3. 保护与帮助

保护者一人控制滚轮滚速，另一人保护帮助练习者。保护者除用语言提醒练习者动作要领外，还要在练习者臀部朝下时托其臀、头朝下时托其肩、腹朝下时托其腹。当练习者掉下时保护者应及时将其抱住。控制滚轮者及时在练习者头朝上时将滚轮停住。

练习者要注意自我保护，努力做到不松手，一旦掉下努力让脚落在轮外。

4. 易犯错误

（1）后坐接挺身呈反弓形过早，造成滚轮回滚。

（2）身体后坐接挺身呈反弓形过晚或不充分，造成直接跌下。

（3）当头部即将朝下时未及时收腹，身体重心向滚轮圆心方向移动，造成跌下。

（二十四）鱼跃前滚

1. 预备姿势

鱼跃前滚动作要领同鱼跃后滚。两手握小环，两脚一前一后踏下杠或两脚均踏下杠（靠近身体的下杠）。

2. 动作要领

（1）起动与滚动。鱼跃前滚的技术原理与鱼跃后滚相似。先一只脚轻踏后下杠，另一侧腿弯曲放松，两手向后轻轻拉环，使滚轮小幅后摆；蹬直前腿，稍屈臂向前压滚轮，身体重心前移同时前探，使滚轮前滚。当身体无法继续支撑时，两臂伸直积极向前推轮，两脚均蹬后下杠，直腿、屈髋、拱臀、低头、含胸，呈俯弓形。当头部即将朝下时，逐步直髋、弯腿，身体重心后移靠近滚轮圆心。在头部正朝下时，身体呈直臂、低头、含胸、两腿弯腿顶住下杠的倒立姿势。当继续前滚至背部朝下时，积极蹬直两腿，同时抬头、挺胸、挺腰、直臂呈反弓形，支撑身体。滚过水平部位后，收腹、坐臀，恢复至预备姿势。

（2）制动与出轮。当即将滚至直立部位时，身体重心后移，两手向后拉小环。在滚轮停住后，出轮。

3. 保护与帮助

保护者一人控制滚轮滚速，另一人保护帮助练习者。保护者除用语言提醒练习者动作要领外，还要在练习者腹部朝下时托其腹、头朝下时托其肩、臀朝下时托其臀。一旦练习者掉下，保护者应及时将其抱住。控制滚轮的保护者应及时在练习者头朝上时将滚轮停住。

练习者的自我保护要努力做到不松手，一旦掉下努力让脚落在滚轮外。

4. 易犯错误

（1）身体前探后，直臂、拱臀、直腿动作做得过早，造成滚轮停止前滚而后滚。

（2）上述动作做得过晚或不充分，造成直接跌下。

（3）当头部即将朝下时未及时收腹，重心向滚轮圆心方向移动，造成跌下。

（4）当头朝下又滚至身体接近水平时，反弓形做得过早或过晚或不充分，造成跌下。

（二十五）前螺旋（也称内螺旋、里刃）

1. 预备姿势

两腿分踏下杠，两手分握上杠稍前处。

2. 动作要领

（1）摆动与进入螺旋。下面以顺时针螺旋为例介绍前螺旋。与侧滚的起动一样，滚轮右滚快结束时，两臂迅速向左后方用力拉轮，身体稍后移，使前大轮离开地面。当滚轮向左前方反弹前大轮又落地时，蹬左脚、伸直左臂迅速向左前方用力压滚轮，右臂弯曲，稍向上提轮，收腹，身体重心左移，使前轮左侧从下到上依次着地又离地，进入螺旋。接着，右手也用力压轮，使前轮上部从左到右依次着地，前大轮的下部依次离地，两腿弯曲，两脚紧紧蹬夹下杠，身体呈头部在前下方、两脚在后上方的状态；右脚蹬直，右臂继续压轮，左臂弯曲向上提轮，使前轮右侧从上到下依次着地又离地，前大轮的上部逐渐抬走，下部从右到左依次着地并向左侧旋转，上体逐渐抬起。重复上述动作，用力使滚轮不断螺旋。

（2）退出螺旋。当前大轮的右侧逐步离地、上身逐渐拍起后，右、左脚依次用力蹬杠，收腹，上体后坐；左、右手依次向左后上方拉滚轮，使后大轮着地向左侧滚，用侧滚的方法制动和出轮。

3. 保护与帮助

保护者主要是防止练习者向后侧方拉滚轮太猛，使滚轮后倒。熟练的保护者也可以帮助练习者进入螺旋，即保护者立于轮的后侧，用力推轮协助练习者滚轮前大轮离地，接着依次着地进入螺旋。

练习者要注意自我保护，努力做到不松手。一旦无法继续螺旋，练习者两臂控制滚轮，两脚轻轻落地，同时在两臂的继续用力的情况下使滚轮继续螺旋，慢慢地停止螺旋后才倒下。

4. 易犯错误

（1）不敢用力向侧后方拉滚轮，变成侧滚。

（2）不是向侧后方拉滚轮，而是向侧前方压滚轮，造成滚轮进不了螺旋而直接倒下的情况。

（3）两手同时压轮，而不是一压一拉，造成滚轮进不了螺旋很快倒地。

（4）不是坚持用力让滚轮继续螺旋，而是轻易放弃，两脚落地。

任务三　旋梯

一、器械介绍

旋梯有单梯和双梯2种，即一架器械有一个或两个旋梯。旋梯如图15-3-1所示（图中只画出下半截旋梯）。

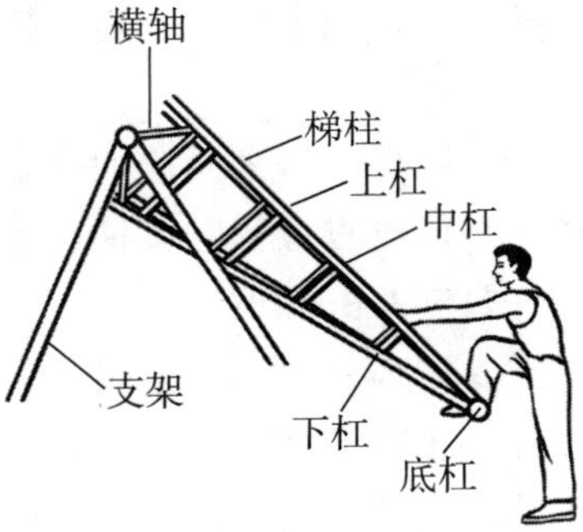

图 15-3-1

教学前，教师应仔细检查器械是否安全可靠、转动是否灵活、各横杠连接是否牢固等。教学中，教师应重视安全，应画出一个范围为梯区，即支架及旋梯转动时所及（再加一定的余量）范围以内。在旋梯转动时，无关人员严禁入内。练习者下梯后也应取捷径迅速离开梯区。保护者应及时引导练习者这样做。

二、练习内容

（一）后回环

1. 预备姿势

初学者可在有保护者固定旋梯的情况下，两手经内外梯柱之间穿过，正握上杠。一只脚踏底扛，另一只脚从下杠上方穿过，脚尖勾住底杠。（图15-3-2）

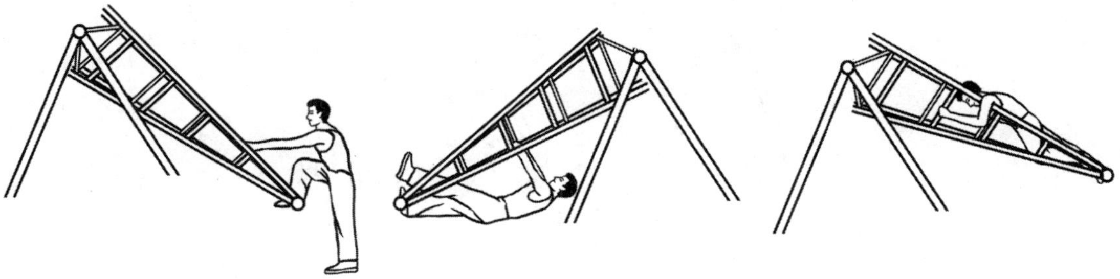

图 15-3-2

对于熟练者，两手不必从两梯柱之间穿过，可直接握上杠或外梯柱、内梯柱。两脚不必一勾一蹬，而是直接踏在底杠上。

2. 动作要领

（1）起动与摆动。初学者可由保护者将旋梯向后上方举起。当旋梯下摆时，直臂下蹲，使重心远离旋梯横轴。两腿用力蹬杠，摆至下方垂直面时必须充分蹬直两腿，同时身体紧贴旋梯，保持这种姿势上摆至最高点。当旋梯开始下摆时重复上述下蹲用力动作，摆至下方垂直面时两腿必须充分蹬直，身体紧贴旋梯，保持这种姿势上摆至最高点。如此来回摆动，使摆幅不断加大。

较熟练者还可采用以下2种起动方法。

① 一只手握一个梯柱末端，另一只手握另一个梯柱下杠附近。一只脚蹬底杠，另一只脚踏地。起动时，两手用力向后上方拉梯柱，踏地脚蹬地，使旋梯向后上方摆起，蹬地脚离地。接着开始发力做向前摆动动作。在此过程中完成好手脚的握、踏动作。

② 两手均握梯柱末端，直体直臂高举旋梯。用力蹬地向上跳起，使旋梯再上摆一段。随着旋梯的下摆，一边前推旋梯一边完成一系列上梯和摆动动作。这种起动方法能很快进入回环。

（2）回环。经来回摆动摆幅达到水平面以上，当旋梯从下方向前上方转动时，用力蹬直腿，身体挺直、紧贴旋梯，加大前摆速度，在惯性作用下旋梯越过上方垂直面，进入回环。[图15–3–3（a）]

进入回环后，再重复前述用力继续回环。事实上后续回环无须太用力，只需身体重心稍离开又紧贴梯身即可。[图15–3–3（b）]

（3）制动。与摆动相反，旋梯下摆时身体站直并紧贴旋梯，摆至下方垂直面时突然充分下蹲，保持这种姿势上摆。摆到最高点后开始下摆时又突然站直身体并紧贴旋梯，保持这种姿势下摆。如此来回用力，旋梯会迅速停摆。

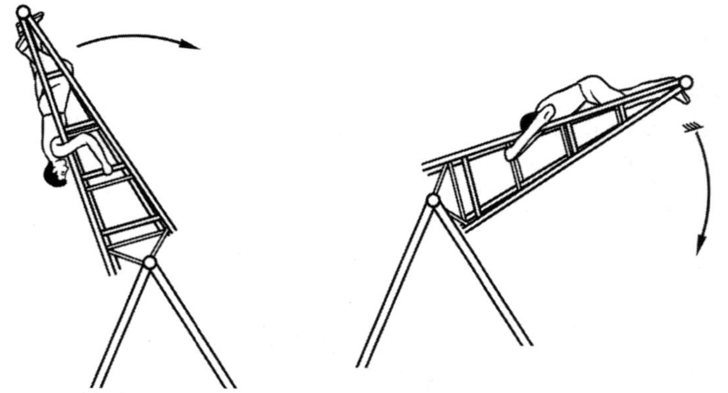

（a）　　　　（b）

图 15–3–3

（4）下法。

① 初学者的下法是：在经过制动，等旋梯停稳后，在保护者的辅助下完成下梯，并迅速取捷径离开梯区的。

② 比较熟练者可以在经制动旋梯减速，前摆接近终点时，两手握中、下杠之间的内梯柱，两脚均蹬底杠，旋梯下摆至垂直下方时，一只脚蹬底杠，另一只脚擦地面，使旋梯减速。[图15–3–4（a）] 当后摆接近终点时，两手顺梯柱下滑，然后推梯柱跳下，并迅速取捷径离开梯区。[图15–3–4（b）]

③ 经制动旋梯减速，后摆到最高点开始前摆时，两手下移到中、下杠之间，一只脚仍踏底杠，另一只脚准备着地。当摆至下方垂直面时，两脚依次着地，两手向上推梯柱后松手向前跑出梯区。

④ 经制动旋梯减速，后摆接近终点时，两手握中、下杠之间的内梯柱，两脚蹬底杠。前摆接近终点时，两脚蹬离底杠，伸展身体，松手挺身跳下，并迅速向前跑出梯区。[图15–3–4（c）]

（a）　（b）　（c）

图 15–3–4

后回环也可以进行双人练习。其中，第一人为技术掌握较好者，担任组长。当第一人摆至正上方时，由保护者固定旋梯，并协助第二人上梯。当第二人做好预备姿势后，保护者再推动旋梯继续旋转。双人练习不属于偏心转动，比较容易完成回环，因此，只需稍稍用力就能使旋梯继续回环。当组长发出“下梯”口令或第二人提出要求终止练习时，两人即刻停止用力并制动。在第一人转至正上方时，保护者将旋梯固定，协助第二人先下梯，并引导其取捷径迅速走出梯区，接着第一人制动、下梯。

3. 保护与帮助

（1）由两名保护者负责保护与帮助。一人站在练习者跳下时的落地区，防止练习者落地后摔倒。另一人站在支架与旋梯之间，控制旋梯防止旋梯伤人，并根据情况给予练习者帮助。在练习者下梯时引导其取捷径迅速走出梯区。

（2）练习者练习摆动时，保护者除用语言提示外，还可助其摆动。

（3）当练习者转至上方垂直部位不能进入回环时，保护者稍用力推梯帮助其进入回环。

（4）对于初学者，可用保护腕带和保护腰带（不准使用保护脚带）。

（5）练习者的自我保护也很重要，练习者任何情况下都不能松手。练习者如在练习中身体不适，应及时报告，保护者应立即协助其制动旋梯。

（6）保护者要注意防护，不让自己受伤。

4. 易犯错误

（1）摆动与制动身体下蹲与起立时机不准确，造成摆动中有制动成分，制动中有摆动成分，影响迅速进入回环或制动。

（2）身体下蹲或蹬直两腿不充分。

（3）要进入回环时，身体紧贴旋梯不充分。

（4）有恐惧心理，不果断、不敢用力。

（5）下梯后不能迅速取捷径走出梯区，如去捡掉落在地上的小物品等。如果器械是双梯，这种行为非常危险，因为这样极易受到正在旋转的另一旋梯的伤害。

（二）前回环

1. 预备姿势

前回环的预备姿势同后回环。

2. 动作要领

（1）起动与摆动。前回环的动作要领与后回环相同。

（2）回环。当旋梯从前上方向下摆时，身体充分下蹲。［图15-3-5（a）］摆过下方垂直面后向后上方摆时，两腿用力蹬直，主要是臀部和手臂随身体的蹬直用力向后上方猛带梯柱，全身紧贴旋梯。转过后方水平面之后，头及上身向前上方探出。［图15-3-5（b）］转过上方垂直面后，身体稍下蹲离开旋梯下摆。

（a）　（b）

图 15-3-5

（3）制动。前回环动作要领与后回环相同。

（4）下法。前回环动作要领与后回环相同。与双人后回环一样，前回环也可以双人练习，方法与后回环相同。

3. 保护与帮助

保护与帮助与后回环相同。

4. 易犯错误

（1）摆动与制动时身体下蹲、起立时机不准确、不协调，造成摆动中有制动成分，制动中有摆动成分，影响迅速进入回环或制动。

（2）身体下蹲或蹬直两腿不充分。

（3）即将进入回环时身体紧贴旋梯不充分；转过下方垂直面后，身体、两臂顺势向后上方猛带旋梯力度不足。

（4）有恐惧心理，不果断、不敢用力。

（5）下梯后不能迅速取捷径走出梯区，如去捡掉落在地上的小物品等。

（三）坐杠后回环

1. 预备姿势

两手握中杠，两腿坐下杠。初学者可两脚勾住底杠或梯柱。初学者可在保护者固定旋梯的情况下完成此预备姿势。熟练后，此动作可在采用各种起动方法之后完成。

2. 动作要领

（1）起动与摆动。坐杠后回环动作要领与后回环相同。对于初学者，可由保护者将旋梯推向后上方开始。当旋梯从后上方向下摆动时，伸直两臂，臀部向后移动使双膝窝靠近下杠，同时两腿用力压杠。当摆至下方垂直面时，臀部前移，两腿前伸，稍展腹挺身。保持这种姿势向前上方摆至最高点后，在旋梯下摆时收腹举腿，将臀部向后下方移动，使两腿膝窝接近下杠。保持这种姿势摆至下方垂直部位时又恢复稍展腹挺身姿势，并保持这种姿势向后上方摆动。如此来回摆动，使旋梯摆幅不断加大。（图15–3–6）

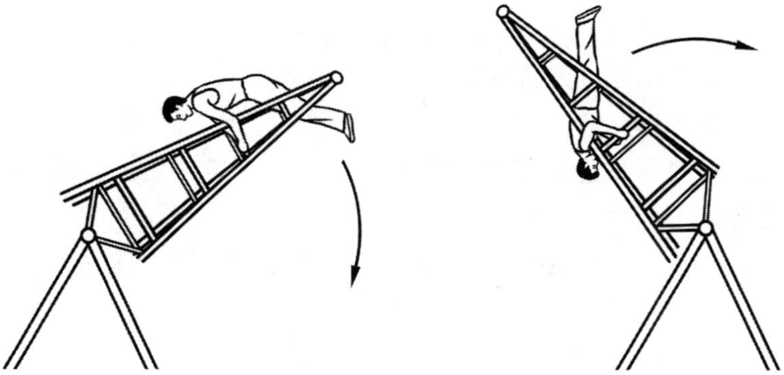

图 15–3–6

（2）回环。经来回摆动，当摆幅达到水平面以上，旋梯从下方向前上方转动时，臀部及两腿用力压杠，尽量挺直身体、紧贴旋梯，以加大前摆速度，在惯性作用下旋梯越过上方垂直面，进入回环。

进入回环后，再重复前述动作继续回环。事实上后续回环无须太用力，只需身体稍展腹、展体即可。

（3）制动。当决定终止练习时，做与摆动相反的动作，即当旋梯摆至下方垂直部位时突然收腹，臀部下坐，双膝挂在下杠上。保持这种姿势上摆到前上方最高点后旋梯开始下摆时，再臀部前移，稍展腹、挺身。保持这种姿势下摆至下方垂直面时又突然臀部下坐，双膝挂在下杠上，并保持这种姿势上摆。如此来回动作，使旋梯停止摆动。

（4）下法。初学者可在保护者的帮助下下梯，并迅速取捷径离开梯区。较熟练者可在初步制动旋梯不再回环后，迅速将坐杠姿势转换成两脚踏底杠姿势，采用其他方法下梯。

在此，向爱好者介绍一种新下法——后翻下。这种下法在旋梯经初次制动后摆幅低于水平面时实施。当旋梯从后方向下、向前转动时，两手握内梯柱，臀部后移，两膝挂坐下杠。当旋梯接近前方最高点时，松两手，上体后倒向下、向前翻转。当旋梯转至最高点时，两小腿微微伸直后离开下杠，身体后翻一周后落地。落地后随即向前走出梯区。

3. 保护与帮助

（1）由两名保护者负责保护与帮助。一人站在练习者跳下时的落地区，防止其落地后摔倒；另一人站在支架与旋梯之间，控制旋梯，防止其伤人，并根据情况给予练习者帮助。在练习者下梯时引导练习者取捷径迅速走出梯区。

（2）练习者练习摆动时，保护者除用语言提示外还可助其摆动。

（3）练习者转至上方垂直部位不能进入回环时，保护者稍用力推梯帮助练习者进入回环。

（4）初学者可用保护腕带和腰带，但不要系得太紧，以免影响臀部移动。

（5）练习者的自我保护也很重要，练习者任何情况下都不能松手。如果练习者出现身体不适，应及时报告。此时，保护者应立即协助制动旋梯。

（6）保护者要注意防护，不让自己受伤。

4. 易犯错误

（1）摆动与制动时臀部前后移动及伸腿、展腹时机不准确，造成摆动中有制动成分，制动中有摆动成分，影响迅速进入回环或制动。

（2）臀部移动或展腹不充分。

（3）即将进入回环时身体紧贴旋梯不充分。

（4）有恐惧心理，不果断、不敢用力。

（5）下梯后不能迅速取捷径走出梯区，如去捡掉落在地上的小物品等。

思政课堂

走进中国“飞行员的摇篮”空军航空大学　多项专项训练提升学员抗眩晕能力

飞行员良好的体能水平是减少飞行事故、提升飞行技能、提高战斗力的必然要求。为强化飞行学员前庭功能，提升其空间定向能力和抗眩晕能力，中国人民解放军空军航空大学（以下简称空军航空大学）注重航空体育专项训练。空军航空大学航空基础学院航空体育系有关领导在接受中国新闻社记者采访时说，其中抗眩晕训练遵循“由徒手到器械、由主动到被动、由单轴向多轴”循序渐进的训练原则。

该领导还说，根据学习特点和身心发展规律，学员要先进行徒手平衡操训练，再进行旋梯、固定滚轮、活动滚轮等训练。滚轮训练是为了提高学员空间定向能力：学员在滚轮里通过人体重心移动变化使滚轮转动，从而使身体得到锻炼。

该领导介绍，学员第二学年则使用电动转椅、三维旋转训练矫治舱、多维滚轮训练器等进行训练，将前庭功能筛查与训练相结合，使人体被动接受刺激，达到前庭脱敏习服的目的。

飞行最讲求严格标准、严谨细致，在日常生活中学员们也在锤炼过硬作风。空军航空大学航空基础学院学员、三大队九队队长王振宇介绍，学员们的内务秩序要整齐划一，被子要叠成“豆腐块”，洗漱物品要按顺序摆放，衣服叠放也有标准。“就是通过这些细节，在学员飞行之初潜移默化地培养出他们严谨细致、令行禁止、雷厉风行的过硬作风。”

（资料来源：中国新闻网，2023年7月30日，有删改）

参考文献

[1] 人民教育出版社，课程教材研究所体育课程教材研究开发中心．体育与健康：南方版［M］．北京：人民教育出版社，2009.

[2] 王润平．体育锻炼与心理健康［M］．桂林：广西师范大学出版社，2005.

[3] 邓树勋，陈小蓉．现代大学体育理论教程［M］．广州：广东高等教育出版社，2006.

[4] 杨文轩．当代大学体育［M］．北京：人民体育出版社，2005.

[5] 陈瑜，徐广华．体育与健康教程：南方版［M］．长春：吉林大学出版社，2010.

[6] 邹继豪，孙麒麟．体育与健康教程：修订版［M］．沈阳：辽宁大学出版社，2007.

[7] 徐斌，陈学东，赵刚．民航飞行体育教程［M］．北京：中国民航出版社，2018.

[8] 朱征宇，陈卓源．排球［M］．广州：中山大学出版社，2003.

[9] 沈辉，周国海，袁桂才．大学体育健康教程［M］．北京：北京体育大学出版社，2018.

[10] 孙卫星．现代网球技术教学法［M］．北京：北京体育大学出版社，2007.

[11] 杨忠令．现代网球教程［M］．杭州：浙江大学出版社，2011.

[12] 杨宁．网球底线技术图解［M］．北京：北京体育大学出版社，2003.

[13] 刘海元，李健康，王兴一，等．学校体育教程［M］．北京：北京体育大学出版社，2021.

[14] 周文胜，闫美怡．网球：基础与实战技巧［M］．成都：成都时代出版社，2007.

[15] 易勤，赵俊浩，王忠，等．大学体育教程新编［M］．武汉：武汉大学出版社，2008.

[16] 林志超．大学体育标准教程［M］．北京：北京体育大学出版社，2007.

[17] 艾扬格．艾扬格瑜伽［M］．莫慧春，译．天津：天津社会科学院出版社，2011.

[18] 赵彦．祖本瑜伽大全［M］．北京：华文出版社，2010.

[19] 王碧怡．大学体育与健康教程［M］．北京：北京体育大学出版社，2018.

[20] 毛振明，王长权．学校心理拓展训练［M］．北京：北京体育大学出版社，2004.

[21] 刘梅，杜勇，邓财林．体教融合下大学生体育与健康教育指导［M］．北京：北京体育大学出版社，2021.

[22] 黄伟，张茂松，朱玲，等. 新时代大学生体育与健康教育指南[M]. 北京：北京体育大学出版社，2021.
[23] 凌昆，鄢行辉，骆红斌. 中医药院校体育与健康教程[M]. 北京：北京体育大学出版社，2015.
[24] 吴必强，许定国. 武术基本功[M]. 重庆：重庆大学出版社，2008.
[25] 兰翔，张宁. 高职体育实用教程[M]. 北京：北京体育大学出版社，2019.
[26] 闫静，李志诚，杨光. 健康教育学[M]. 北京：北京体育大学出版社，2022.